# 日本法のアイデンティティに関する総合的・比較法的研究

―― 源流の法とグローバル化の法 ――

早稲田大学比較法研究所編

"Japanese Law in an International Context :
Law in its Origin and Law in its Global Context"

早稲田大学比較法研究所叢書
**33**
Waseda University Comparative Law Study Series 33

"Japanese Law in an International Context:
Law in its Origin and Law in its Global Context"
ISBN978-4-7923-3233-4   C3032
Published by
The Institute of Comparative Law, Waseda University
1-6-1, Nishi-waseda, Shinjuku-ku, Tokyo 169-8050, Japan
©2006   by Authors & Editor All rights reserved. Printed in Japan.

Seibundo Publishing Co., LTD.
514 Waseda-tsurumakicho, Shinjuku-ku, Tokyo 162-0041, Japan

## 巻　頭　言

　本書は，早稲田大学比較法研究所が平成14年度科学研究費補助金（基盤研究B）に採択され，平成14（2002）年度から平成16（2004）年度にかけて実施した「日本法のアイデンティティに関する総合的・比較法的研究――源流の法とグローバル化の法」の研究成果を収めたものである。この研究は，かつて福島正夫客員教授を中心にしたグループによる「法の継受と近代化」をめぐる共同研究が行われたことはあるが，その後の比較法の各論的細分化の傾向とも絡んで比較法学の方法論的課題に独自に取り組むことが少なかったとの反省のうえに，この課題を検討する一環として比較法研究所が独自のプロジェクトを組織し，科学研究費を得て取り組んだものである。これと先行し，また，並行して行われた比較法研究所の連続講演会については，第Ⅰ期（2001～2002年度）に関し，『比較法研究の新段階――法の継受と移植の理論――』（叢書30号），第Ⅱ期（2003～2004年度）に関し，『日本法の国際的文脈――西欧・アジアとの連鎖――』（叢書32号）として出版されている。

　本書の内容は2部に分けられる。第1部は，研究代表者を含めて6名の研究分担者による研究論文を収めている。これらは，各研究員の研究課題に則して，源流の法とグローバル化の法という分析視角を基礎としながら当該のテーマとの関係でその法のアイデンティティを問い，その位相を明らかにしようとしたものである。そのうち4つの論文は，直接日本法の特定の分野を扱うが，残りの2つの論文は，EU拡大に伴う法の継受とハンガリーにおける体制転換に伴う法の展開の問題を扱う。このような外国の法についての分析も日本法のアイデンティティに関する比較法的研究に示唆的であるといえよう。研究期間が法科大学院の立ち上げの時期と重なったこともあって，論文の完成が遅れ，研究分担者全員の論文を掲載することができなかった。分野的にやや偏りがあるのはこの点と関連する。第2部は，2004年11月28日に開催された「法のグローバル化と日本法のアイデンティティ」と題するシン

ポジウムの報告原稿，コメント，質疑応答を収める。このシンポジュウムは，本科研費研究の総まとめとして，テーマの報告者としてふさわしい外国人学者を招聘し，比較法研究所の研究員にコメントをお願いして開催されたものである。「日本法のアイデンティティ」についての基調報告の後，「法の継受と移植」「法のグローバル化とアイデンティティ」「知的財産に関する法のグローバル化とアイデンティティ」3つのセッションに分けられ，最後に全体討論とまとめが行われた。

　ようやく本書が出版できるようになった。この点については，まず，シンポジウムにおいて貴重な報告をして頂いた中央大学マルコム・スミス（Malcolm Smith）教授，ベトナム・カントー大学グエン・コック・ディエン（Nguyen Ngoc Dien）教授，神戸大学季衛東教授，マックス・プランク無体財産法研究所アンネッテ・クアー（Annette Kur）教授，中国社会科学院法学研究所李明徳教授に篤くお礼を申し上げるとともに，出版の遅れにつきお詫び申し上げたい。また，本書に原稿を寄せていただいた野村稔研究代表者をはじめ研究分担者およびシンポジウムでコメンテーターを務めて頂いた研究員の皆様にお礼申し上げたい。さらに，企画推進者として重要な役割を果たしていただいた戒能通厚研究員，合宿等を含めて種々お世話いただいた比較法研究所幹事尾崎安央研究員，研究企画委員会委員長石川正興研究員，出版編集委員会委員長水島朝穂研究員をはじめ関連する皆様に謝意を表したい。

　2006年3月

　　　　　　　　　　　早稲田大学比較法研究所長　木 棚 照 一

# 目　次

巻頭言　　　　　　　　　　　　　　　　　木棚照一　i
序　文　　　　　　　　　　　　　　　　　野村　稔　1

## 第1部　研究成果報告

1　遺棄罪の立法過程について
　　　―危険犯としての純化の過程　　　　野村　稔　5
　I　はじめに …………………………………………………… 5
　II　旧刑法以前の遺棄罪規定の状況 ……………………… 8
　III　旧刑法の遺棄罪規定（明治13年7月17日太政官布告
　　　第36号・明治15年1月1日施行）………………………… 11
　IV　現行刑法の遺棄罪規定及びそれ以後の状況 ……… 13
　　1　現行刑法の遺棄罪規定 ……………………………… 13
　　2　戦前の刑法改正事業における草案の遺棄罪規定 …… 17
　　3　戦後の刑法改正作業における草案の遺棄罪規定 …… 22
　　4　平成七年法律第九一号改正（刑法の一部を改正する
　　　　法律・平成七年五月一二日公布；六月一日施行）……… 24
　V　おわりに ………………………………………………… 25

2　企業倒産処理法制にみるアメリカ法への傾斜
　　　　　　　　　　　　　　　　　　加藤哲夫　27
　I　はじめに ………………………………………………… 27
　II　企業倒産処理法制の成立過程 ……………………… 29
　　1　法制近代化の萌芽 …………………………………… 29

2　第二次大戦前における倒産処理法制 …………………………… *31*
　Ⅲ　企業倒産処理法制の転機―アメリカ法への傾斜 ……………… *36*
　　1　第二次世界大戦後における潮流 ………………………………… *36*
　　2　21世紀における転機
　　　　―急激なアメリカ法への傾斜 ………………………………… *37*
　　3　改正検討事項に対する評価 ……………………………………… *43*
　Ⅳ　再建型倒産処理手続の等質化の方向性 ………………………… *44*
　　1　倒産処理法制にみる企業維持の発想 …………………………… *44*
　　2　手続の等質化とその展望 ………………………………………… *45*


## 3　欧州連合（EU）拡大と法の継受
　　　―拡大に対する新加盟国の対応―　　　　須網隆夫　*47*
　Ⅰ　問題の所在 ………………………………………………………… *47*
　Ⅱ　中東欧諸国のEU加盟に至る経緯 ……………………………… *48*
　　1　加盟交渉開始までの経緯 ………………………………………… *48*
　　2　加盟交渉の開始
　　　　―「アジェンダ2000」と加盟候補国の選定― ……………… *51*
　Ⅲ　「EU法の継受」に向けた努力 ………………………………… *53*
　　1　「EU法の継受」に関するEUの主導権 ……………………… *53*
　　2　EUの「加盟前戦略」 …………………………………………… *54*
　　3　欧州審議会を通じた協力 ………………………………………… *57*
　Ⅳ　「EU法の継受」に際して生じた困難と対応 ………………… *58*
　　1　「EU法の継受」を阻害する共通要因 ………………………… *58*
　　2　「EU法の継受」に困難が生じた法領域 ……………………… *60*
　　3　加盟後の対応
　　　　―「加入条約」に規定された例外措置― …………………… *63*
　Ⅴ　EU拡大の経験に対する考察 …………………………………… *66*
　　1　「法の継受」に伴う困難と継受される法の変容 …………… *66*

  2 行政・司法機関の能力の重要性 …………………………… 67
  3 「法の継受」と「継受されるべき法の範囲」 ……………… 68
 VI EU拡大のEU自体への影響
   ―憲法条約の調印― ………………………………………… 68

## 4 刑事訴訟における精密司法論の意義  田口守一 70

 I はじめに ………………………………………………………… 70
 II 精密司法論の意義 ……………………………………………… 71
  1 松尾理論の概要 …………………………………………… 71
  2 精密司法論の多義性 ……………………………………… 73
  3 精密司法論の評価 ………………………………………… 76
 III 精密司法論と刑事司法改革 …………………………………… 80
  1 精密司法論における改革論 ……………………………… 80
  2 刑事司法改革論のあり方 ………………………………… 82
 IV 精密司法論と実体的真実主義 ………………………………… 84
  1 精密司法論と実体的真実主義 …………………………… 84
  2 相対的実体的真実主義の提唱 …………………………… 86
 V むすびに代えて ………………………………………………… 89

## 5 独占禁止法の継受に関する研究序説
  ―不公正な競争方法の制定過程を中心に―  土田和博 91

はじめに ……………………………………………………………… 91
 I 「日本独自の規制体系の形成」論 …………………………… 93
  1 法継受の失敗＝原罪論 …………………………………… 93
  2 不公正な取引方法規制の独自性 ………………………… 94
  3 将来に向けた課題 ………………………………………… 95
  4 本稿の課題 ………………………………………………… 96

II　原始独禁法における不公正な競争方法の成立 ……………97
　1　経　緯 ………………………………………………97
　2　小　括 ………………………………………………104
 III　原始独禁法制定時までのFTC法5条の審判決 …………109
 結　語 …………………………………………………………112

6　ハンガリー議会政の史的考察
　　―体制転換期における議会制民主主義再建への道程
　　　　　　　　　　　　　　　　　　　　　　　早川弘道 114
 I　課題と方法 …………………………………………………114
 II　ハンガリー議会制の史的沿革 ……………………………117
 III　社会主義「人民権力」体制とその民主化問題 …………120
 IV　体制転換と議会制民主主義の再建 ………………………130
 結語―体制移行の現在 ………………………………………138


## 第2部　国際シンポジウム

《法のグローバル化と日本法のアイデンティティ》

開会の辞 ……………………………………………木棚照一 145
シンポジウムの趣旨説明 …………………………戒能通厚 148

**基調講演**
　日本法のアイデンティティ
　The Identity of Japanese Law　………………マルコム・スミス 153
セッションI　「法の継受と移植―ベトナムの経験」
　報　告　「外国法の継受と移植
　　　　　　―ベトナムにおける法整備支援プロジェクト」

Introduction and reception of foreign laws:
Legal technical assistance projects in Viet Nam
　　　　　　………………グエン・ゴック・ディエン　*165*
ディエン報告へのコメント ………………内田勝一　*188*
討　　論 ………………………………司会　鎌田　薫　*191*

セッションⅡ　「法のグローバル化とアイデンティティ」
　報　告　「中国法のパラダイムとグローバルな
　　　　　　時代における文明間の対話」………季　衛東　*203*
　季報告へのコメント ……………………………小口彦太　*220*
　討　　論 ………………………………司会　石田　眞　*223*

セッションⅢ　「知的財産に関する法のグローバル化と
　　　　　　アイデンティティ」
　報　告　「知的財産権法における法のグローバル化と
　　　　　　アイデンティティ」
　　　　　　Globalization of law and Identity of Law
　　　　　　in Intellectual Property ………………アネット・クァ　*233*
　クァ報告へのコメント ……………………………木棚照一　*258*
　報　告　「中国における知的財産法の新たな展開」
　　　　　　The Establishment and Development of
　　　　　　the Intellectual Property System in China
　　　　　　………………………………李　明徳　*263*
　李報告へのコメント ……………………………渡辺宏之　*273*
　討　　論 ………………………………司会　須網隆夫　*277*

全体討論 ……………………………………戒能通厚　*285*

まとめ ……………………………………………戒能通厚 301
閉会の辞 …………………………………………尾崎安央 305

資　料　国際シンポジウム「法のグローバル化と日本法の
　　　　　アイデンティティ」趣意書
執筆者紹介

# 序　文

　わが国は明治維新以来近代国家制度を樹立するため，とりわけ法制面においては西欧法を継受し，各種法典を整備すると同時に，それを運用する司法官の養成にも精力的に取り組んだ。西欧法を継受しそれがわが国に根付いたことは，単に西欧法を文字通り継受したわけではなく，わが国の伝来的法観念（固有法）をも加味して継受したことも大きな一因であろう。例えば，旧刑法の制定過程における日本刑法草案の議事録によれば，ボアソナードと鶴田皓のやり取りの中でしばしばボアソナードが鶴田皓の意見に譲歩していること，さらには旧刑法の制定後自分の見解が十分に反映されなかったことを理由にボアソナードが旧刑法の改正案を作成していることからも理解できる。戦後は新たな憲法の制定の下，例えば，刑事訴訟法においては特にアメリカの制度の導入により，従来の職権主義的訴訟構造から当事者主義的訴訟構造への変革を受け，また憲法の理念とする経済活動における自由主義に基づき，アメリカの反トラスト法をモデルに経済活動における公正かつ自由な競争を促進するため独占禁止法が制定された。しかし，刑事訴訟法において一挙に当事者主義化されたわけでなく，言わば従来の職権主義的訴訟構造に当事者主義的訴訟構造が接木され，実務においても後者の考え方が徐々に浸透していったと見ることができる。戦後の経済復興は国主導でかつ計画的に進められ，公正かつ自由な競争を保護する不当取引制限罪で告発が行われたのは実に独占禁止法制定から27年後である。

　このようにわが国においては外国法を継受する場合その中味を日本の実情に適応するように修正し，または運用面においてもわが国の実情に適合するようにするという妙技を発揮してきた。しかし，市場化に伴う法制度の整備におけるワールドスタンダード化（グローバル化）は当然であるが，例えば組織犯罪の防圧やテロ対策に伴う資金洗浄の対策の充実に向けた国内法の整備が要請されている。また他方でアジア諸国に対する法整備支援事業が行わ

れつつあり，わが国の法の継受のあり方も参考になるであろう。

　このような状況下において比較法研究の新たな枠組みを探るため，「日本法のアイデンティティに関する総合的・比較法的研究—源流の法とグローバル化の法」と題して，10名の研究員が研究分担者として参加し，共同研究することとなった。そこで比較法研究所管理委員会のご了承を得て，平成14年度科学研究費（基盤研究（B）（2））に申請したところ，幸いにも採択され，平成14年度から平成16年度にわたり科学研究費の交付を受けて研究する運びとなった。本研究は研究分担者の個別分野に関する研究成果と国際シンポジウムとから構成されている。本研究の成果が比較法研究の新たな発展への寄与と比較法研究所の更なる発展と固有性の確認に資するものとなれば幸いである。

　　2006年3月15日
　　　　研究代表者・元早稲田大学比較法研究所長・早稲田大学教授

　　　　　　　　　　　　　　　　　　　　　　野　村　　　稔

# 第1部　研究成果報告

平成14年度～平成16年度　科学研究費補助金　基盤研究（B）
〈研究課題名〉
　「日本法のアイデンティティに関する総合的・比較法的研究
　　──源流の法とグローバル化の法」

# *1* 遺棄罪の立法過程について
―危険犯としての純化の過程―

野　村　　　稔

　I　はじめに
　II　旧刑法以前の遺棄罪規定の状況
　III　旧刑法の遺棄罪規定
　IV　現行刑法の遺棄罪規定及びそれ以後の状況
　V　おわりに

## I　はじめに

　近代刑法の原理は，第1に，刑法と倫理・道徳の峻別である。それにより，倫理・道徳の内面性に対して，刑法の外面性が導かれる。犯罪は構成要件に該当する違法・有責な「行為」であるとされるのはこれに基づく。さらに倫理と刑法の峻別の結果，刑法の機能は倫理・道徳の保護にあるのではなく，個人の人格的発展に資するに重要な利益の保護に求められる。法益の保護原則がこれである。したがって，遺棄罪についていえば，生命・身体に対する抽象的危険犯として純化すべきである。
　第2に，罪刑法定主義である。比喩的に言えば，森の中で森の動物とともに一人ひとり自らの生命・身体・財産などの利益を守っていた人間が，複数の者による協同・協力に基づき自らの生命・身体・財産などの利益を守る方が効率的であることに気付き，自らの自由の一部を拠出しあうことによって法を定立するために社会契約を締結した。それ以来人間は森の中で森の動物

とともに暮らす存在でなく，法共同体の構成員としての存在に至るのである。法共同体では他人の自由を侵害すればその見返りに不自由の制裁を受けることになる。ここに行為の予測可能性を保障することにより自由を保障するという原理が帰結される。これが罪刑法定主義の由来である，

　第3に，責任主義及び制裁（刑罰）の身分的差別の廃止である。個人は一人ひとりが自律的な存在であるので，自らの行為，及びそれに基づく結果についてのみ責任を負担することになる。そして，個人は一人ひとりが自律的な存在であるがゆえに他人の自由を侵害するかしないかの行為の選択の自由があり，したがって，他人の自由を侵害する行為を行ったことにつき非難が可能である。このことから刑法規範の要請を理解し，これに従うことのできる能力のある者（責任能力者）のみが，故意・過失がある行為ついてのみ責任を負担することになる（責任主義）。しかも，その責任に基づく制裁は責任のみに基くものである（制裁・刑罰の身分的差別の廃止）。

　このような近代刑法の諸原則は明治維新以来の刑法制定史において何時の時点において法文の上で現われたのであろうか。周知のごとく，明治維新以来の刑法制定史[1]を俯瞰すると，フランス刑法に基づき明治13年の旧刑法の制定によって二分される。すなわち，それ以前は，仮刑律（明治元年），新律綱領（明治3年），改定律例（明治6年）などの古法の唐律・養老律や徳川時代の武家法に由来するものとされる。そして，旧刑法においてはじめて[2]，その2条（「法律ニ正条ナキ者ハ何等ノ所為ト雖モ之ヲ罰スルコトヲ得

---

（1）　野村稔「明治維新以後の刑法制定史と未遂規定」早稲田法学会誌24巻（1994年）77頁以下（野村『未遂犯の研究』（昭和59年）31頁以下所収〈引用は後者による〉）参照。

（2）　もっとも，これに先立ってフランス人教師の講義を聴きながらも日本人のみの手になる日本帝国刑法初案においてすでに前述の近代刑法の原則が採用されていたことは注目に値する（野村・前出註（1）未遂犯の研究60頁註11）。このことは鶴田皓など刑法の編纂事業に従事した当時の関係者の西洋刑法の理解力の水準の高いことを物語るものである。しかも，だからといって西洋刑法一辺倒ではなくわが国の伝統をも当時としては合理的な範囲内で維持しようとした姿勢が刑法草案会議筆記の議論のやり取りの中に見られることは，その後旧刑法が改正の運命に晒されたにせよ外国法を継受する立場にとって重要な視点を提供するものである。

ス」），及び3条1項（「法律ハ頒布以前ニ係ル犯罪ニ及ホスコトヲ得ス」）において，罪刑法定主義が，その77条ないし83条において責任主義が規定され[3]，また，旧刑法の施行まで新律綱領及び改定律例が並び施行されていたが，これらの新律綱領（巻一名例律上　閏刑）及び改定律例（巻一名例律上　改正閏刑律十三条，閏刑条例十四条乃至二十一条）に規定されていた，士族と平民との身分による刑罰の差別である閏刑が規定されなかった。

　このように旧刑法には基本的に近代刑法の原則が採用された。しかし，個々の犯罪類型の規定には日本的な色彩（扶養義務の懈怠；尊属の尊重）が残っていた。そのひとつが遺棄罪である。遺棄罪は，後述のように，旧刑法において初めて独自の犯罪とされたものである。そして，現行刑法は，後述するように，遺棄罪を，殺人，（過失）傷害，堕胎に次いで規定し，基本的に生命・身体に対する危険犯と理解していると考えられる。もっとも遺棄罪の危険犯としての性格は比較的新しいもので，とくに労働力の担い手でなくなった老人のいわゆる棄老の社会的風俗の抑止，特定親族者間の扶養義務の懈

---

（3）　旧刑法はこれにつき次の通り規定する。
　　第77条　罪ヲ犯ス意ナキノ所為ハ其罪ヲ論セス但法律規則ニ於テ別ニ罪ヲ定メタル者ハ此限ニアラス
　　　　罪トナルヘキ事実ヲ知ラスシテ犯シタル者ハ其罪ヲ論セス
　　　　罪本重カル可クシテ犯ス時知ラサル者ハ其重キニ従テ論スルコトヲ得ス
　　第78条　罪ヲ犯ス時知覚精神ノ喪失ニ因テ是非ヲ弁別セサル者ハ其罪ヲ論セス
　　第79条　罪ヲ犯ス時十二歳ニ満サル者ハ其罪ヲ論セス但八歳以上ノ者ハ情状ニ因リ満十六歳ニ過キサル時間之ヲ懲治場ニ留置スルコトヲ得
　　第80条　罪ヲ犯ス時十二歳以上十六歳ニ満サル者ハ其所為是非ヲ弁別シタルト否トヲ審案シ弁別ナクシテ犯シタル時ハ其罪ヲ論セス但情状ニ因リ満二十歳ニ過キサル時間之ヲ懲治場ニ留置スルコトヲ得
　　　　若シ弁別アリテ犯シタル時ハ其罪ヲ宥恕シテ本刑ニ二等ヲ減ス
　　第81条　罪ヲ犯ス時満十六歳以上二十歳ニ満サル者ハ其罪ヲ宥恕シテ本刑ニ一等ヲ減ス
　　第82条　瘖啞者罪ヲ犯シタル時ハ其罪ヲ論セス但情状ニ因リ五年ニ過キサル時間之ヲ懲治場ニ留置スルコトヲ得
　　第83条　違警罪ハ満十六歳以上二十歳ニ満サル者ト雖モ其罪ヲ宥恕スルコトヲ得ス
　　　　満十二歳以上十六歳ニ満サル者ハ其罪ヲ宥恕シテ本刑ニ一等ヲ減ス満十二歳ニ満サル者及ヒ瘖啞者ハ其罪ヲ論セス

怠，子供の身分のすり替え・出生の隠蔽などの多様な性格を持っていたことが指摘され，今日でも生命・身体に対する危険犯に純化しつくせないものがあるとされている[4]。

そこで，本稿では，遺棄罪をその近代的性格である，生命・身体に対する危険犯として純化すべきであるとの観点から，その純化の過程を概観することにする。

## II　旧刑法以前の遺棄罪規定の状況

古法といわれる唐律・養老律・明律においては，一般人に対する遺棄罪の規定はなく，親族関係にある者に対する遺棄罪の若干の規定が見られるに過ぎず，その処罰根拠の重点は，扶養義務の懈怠にあるとされている[5]。そして，明治初年のわが国刑法は，律令系統の刑法であり，そこにおける遺棄罪に関する規定は，親族間の扶養義務懈怠を処罰根拠とするものである[6]。

以下に明治初年のわが国刑法における遺棄罪に関する規定を法的性格の観点から概観しよう。

### (1)　仮刑律（明治元年）[7]

仮刑律は，遺棄罪について，次のように規定する。

　訴訟

　父祖ノ奉養ヲ缺條

　　凡子孫家資祖父母父母之奉養ヲ缺ヘカラサル程之者ニシテ故ラニ缺キ因テ祖父母父母訴出レハ笞一百〇若祖父母父母之教令従フヘキナルニ故ラニ違背致シ因テ祖父母父母訴出レハ笞五十

---

(4)　大塚仁「遺棄罪」刑事法講座第7巻（昭和32年）1581頁以下。なお，大塚・刑法概説（各論）（第3版・1996年）58頁註3．

(5)　花村美樹「親族に対する犯罪」牧野教授還暦祝賀・刑事論集（昭和13年）255−257頁。

(6)　花村・前出註（5）257頁，大塚・前出註（4）「遺棄罪」1587-1588頁。

(7)　法務総合研究所・刑事関係旧法令集（刑法編・昭和44年）1頁以下。

前段の奉養義務懈怠罪は，親族関係にある者に対する遺棄罪であるが，その処罰根拠は扶養義務懈怠にあり，後段の祖父母父母之教令違背罪と並んで規定されていることからすると，生命・身体に対する危険犯としての遺棄罪としては理解できない。

(2)　**新律綱領（明治3年）**[8]

　新律綱領は，遺棄罪について，次のように規定する。

　　戸婚律（新律綱領巻三）

　　立嫡違法條

　　　若シ養父母。親生ノ子ナキニ。養子捨去ル者ハ。徒二年

　　訴訟律（新律綱領巻四）

　　子孫違教條

　　　凡子孫。祖父母父母ノ教令ニ違犯シ。及ヒ奉養缺クルコト有ル者ハ。杖一百。祖父母父母ノ親ラ告ルヲ待テ。乃坐ス。

　　逐婿嫁女條

　　　凡無罪ノ婿ヲ逐テ。女ヲ嫁シ。或ハ再ヒ婿ヲ招ク者ハ。杖九十。其女ハ坐セス。男家ノ娶ル者。及ヒ後贅の婿。情ヲ知ル者ハ。同罪。知ラサル者ハ。坐セス。

　子孫違教條の養子捨去は，養父母が，その実子がないにもかかわらず，その養子を捨去る行為を処罰するもので，養父母と養子との間で行われる行為で，親族法上の義務違反がその処罰根拠である。子孫違教條は，子孫が，その祖父母父母の教令に違反して，祖父母父母に対して奉養することができるのに，奉養が十分でない場合を処罰するもので（親告罪である），仮刑律と同趣旨の規定である。いずれも生命・身体に対する危険犯としての遺棄罪としては理解できない[9]。

　また，逐婿嫁女の規定は，離縁すべき罪のない婿を追い出して，その女（娘：婿の妻だった女）を嫁がせた者，又は再び婿とりをした者を処罰するも

---

(8)　法務総合研究所・前出註（7）40頁以下。
(9)　花村・前出註（5）257頁参照。

ので（その女は処罰しないが，事情を知った上でその女を娶った者及び婿となった者も同じく処罰する），養子捨去と類似する規定であり，生命に対する危険犯である遺棄に当たらない。広い意味の悪意の遺棄で親族法上の義務違反が処罰根拠とされている[10]。

### （3） 改定律例（明治6年6月13日太政官布告第206号・同年7月10日施行）[11]

改定律例は，遺棄罪について，次のように規定する。

　戸婚律

　立嫡違法條例

第百十二條　　凡子女ヲ棄ル者ハ。父母。養父母ヲ分タス。并ニ。懲役百日。継父母ハ。一等ヲ加フ。雇ヲ受ケ棄ル者ハ。懲役九十日。婦女ト雖モ。収贖スルコトヲ聴サス。

第百十三条　　凡財ヲ図リ，人ノ子女ヲ乞養シ棄去者ハ，懲役十年，婦女ト雖モ，収贖スルコトヲ聴サス，殺ス者ハ斬

　訴訟律

　子孫違教條例

第二百四十一條　　祖父母父母。老疾シテ。家ニ侍養ノ親ナキニ。故ラニ棄去ル者ハ。懲役二年。

改定律例は，新律綱領が規定していた養子捨去を改めて，およそ子女を棄る者は，父母，養父母を区別することなく処罰し，継父母は一等を加えるとするなどと規定し（改定律例112条1項），また，およそ財を図り，人の子女を乞養し棄去る者は，懲役十年と規定する（改定律例113条）。これらは親族間の遺棄行為を処罰するものであり，処罰根拠はなお扶養義務の懈怠に重点があるにせよ，生命・身体に対する危険犯としての側面も否定できないであろう。とりわけ，老疾の祖父母父母が家で侍養されないのにかかわらず，これを棄去る行為（改定律例241条）は，老疾のため扶助を要すべき祖父母を棄去る行為であり，親族関係にある者の遺棄行為を処罰するものであるが，生

---

[10]　花村・前出註（5）257頁参照。

[11]　法務総合研究所・前出註（7）96頁以下。

命・身体に対する危険犯としての性格をも有するものといえる。

## Ⅲ 旧刑法の遺棄罪規定（明治13年7月17日 太政官布告第36号・明治１５年１月１日施行）[12]

　旧刑法は，遺棄罪につき，次のように規定する。
　　第三編　　身体財産ニ対スル重罪軽罪
　　第九節　　幼者又ハ老疾者ヲ遺棄スル罪
第三百三十六条　　八歳ニ満サル幼者ヲ遺棄シタル者ハ一月以上一年以下ノ重禁錮ニ處ス
　　自ラ生活スル能ハサル老者疾病者ヲ遺棄シタル者亦同シ
第三百三十七条　　八歳ニ満サル幼者又ハ老疾者ヲ寥闃無人ノ地ニ遺棄シタル者ハ四月以上四年以下ノ重禁錮ニ處ス
第三百三十八条　　給料ヲ得テ人ノ寄託ヲ受ケ保養ス可キ者前二条ノ罪ヲ犯シタル時ハ各一等ヲ加フ
第三百三十九条　　幼者老疾者ヲ遺棄シ因テ廢疾ニ致シタル者ハ軽懲役ニ處シ篤疾ニ致シタル者ハ重懲役ニ處シ死ニ致シタル者ハ有期徒刑ニ處ス
第三百四十条　　自己ノ所有地又ハ看守ス可ヘキ地内ニ遺棄セラレタル幼者老疾者アルヲ扶助セス又ハ官署ニ申告セサル者ハ十五日以上六月以下ノ重禁錮ニ處ス若シ疾病ニ罹リ昏倒スル者アルヲ知テ扶助セス又ハ申告セサル者亦同シ
　　第十三節　　祖父母父母ニ対スル罪
第三百六十三条　　子孫其祖父母父母ニ対シ殴打創傷ノ罪其他監禁脅迫遺棄誣告誹毀ノ罪ヲ犯シタル者ハ各本條ニ記載シタル凡人ノ刑ニ照シ二等ヲ加フ但廢疾ニ致タル者ハ有期徒刑ニ処シ篤疾ニ致シタル者ハ無期徒刑ニ処シ死ニ致シタル者ハ死刑ニ処ス
第三百六十四条　　子孫其祖父母父母ニ対シ衣食ヲ供給セス其他必要ナル奉養

---

(12)　法務総合研究所・前出註（7）139頁以下。

ヲ缺キタル者ハ十五日以上六月以下ノ重禁錮ニ処シ二円以上十円以下ノ罰金ヲ附ス

　旧刑法は，遺棄罪を第三編身体財産に対する重罪軽罪の第1章身体に対する罪に位置づけている。ここにいう身体に対する罪の中には，身体に関する法益である生命，身体の安全，意思決定の自由，行動の自由などに対する罪が規定されている。そして旧刑法336条2項が，老者疾病者については「自ラ生活スル能ハサル」との限定をしていること，及び8歳未満の幼者にはかかる限定が規定されていないが，8歳未満の幼者は自ら生活をすることができないと看做しているものと考えられること[13]からすると，遺棄罪はここでは，基本的には生命・身体の安全に対する罪として独立の地位を与えられたものといえる。旧刑法の遺棄罪に関する規定は4つの類型に分けることができる。

　旧刑法は，まず，①幼者遺棄罪（旧刑法336条1項）及び老疾者遺棄罪（旧刑法336条2項）を規定し，また生命・身体に対する具体的危険の発生[14]を加重根拠とする加重遺棄罪（旧刑法337条）を規定し，これらの遺棄罪の加減的身分犯として，旧刑法338条が給料を得て人の寄託を受けて保養義務のある者が行う保養義務者遺棄罪を規定する。次いで，②幼者老疾者単純遺棄罪（旧刑法336条）・幼者老疾者加重遺棄罪（旧刑法337条）・保養義務者遺棄罪（旧刑法338条）によって，傷害（廃疾・篤疾）・死の結果が発生した場合を加

---

(13) 宮城浩蔵講述・日本刑法講義第2巻（4版・明治20年）554頁。ちなみに，これに対して，8歳以上の幼者は旧刑法336条1項の幼者単純遺棄罪の客体に該当しないが，老者疾病者については自ら生活することができないとの限定をしていることからすると8歳以上の幼者は自ら生活をすることができると考えているものである（宮城・前掲書554頁）。

(14) 旧刑法337条の「寥関無人ノ地」とは，「人の通行稀なる原野山林等」を指すもので，市街等通行繁き場所に遺棄する場合には他人が救助することもあるが，人の通行稀なる原野山林等に遺棄するときはしばしば死に瀕することがあるからであるとされる（宮城・前出註（13）555頁）。なお，フランス人教師ボアソナードによれば，当時のフランス刑法349条が「寥関無人ノ地ニ棄タル者ニ付先ツ他人ノ拾ヒ助クルコトナシ故ニ」，「寥関ナラサル地ニ棄タル者」（同法352条）よりも少し重く処罰しているのである（早稲田大学鶴田文書研究会編・日本刑法草案会議筆記第Ⅲ分冊（昭和51年）1930頁）。

重処罰する結果的加重犯（旧刑法339条）を規定する。さらに，③子孫がその祖父母父母に対して，遺棄罪（老疾者単純遺棄罪〈旧刑法336条2項〉，老疾者加重遺棄罪〈旧刑法337条〉，及びこれらの結果的加重犯〈旧刑法339条〉）を犯した場合に加重処罰する尊属遺棄罪（旧刑法363条）を規定し，あわせて子孫がその祖父母父母に対して奉養を欠く行為を処罰する（旧刑法364条）。最後に，④自己の所有地又は看守すべき地内に遺棄された幼者老疾者を扶助しない，又は官署に申告しない者を処罰する被遺棄者不申告・不救助罪（旧刑法340条）を規定する。

ところで，①及び②類型の遺棄罪規定は生命・身体の安全に対する危険犯であるが，③類型の遺棄罪規定の尊属遺棄加重処罰規定は，生命・身体の安全に対する危険犯の性格と尊属の尊重という道義的性格を併せ持つものである。そして，奉養義務懈怠罪は，前述した仮刑律や新律綱領の名残であり，扶養義務懈怠を処罰根拠とするものである。④類型の遺棄罪規定は生命・身体の安全に全く無関係ではないが，それ自体は警察による救助活動に対する一種の協力義務違反を処罰するものである。このように旧刑法の遺棄罪規定にはは生命・身体の安全に対する危険犯の性格，尊属尊重の道義違反的性格，扶養義務懈怠の性格，及び警察活動への協力義務違反の性格が混在していたのである。

## Ⅳ 現行刑法の遺棄罪規定及びそれ以後の状況

### 1 現行刑法の遺棄罪規定

平成7年改正前現行刑法（明治40年4月24日法律45号）は，遺棄罪につき次のように規定する。
　　第三十章　遺棄ノ罪
　　第二百十七条　老幼，不具又ハ疾病ノ為メ扶助ヲ要ス可キ者ヲ遺棄シタル者ハ一年以下ノ懲役ニ處ス
　　第二百十八条　老者，幼者，不具者又ハ病者ヲ保護ス可キ責任アル者之

　　　　ヲ遺棄シ，又ハ其生存ニ必要ナル保護ヲ為ササルトキハ三月以上五年以下ノ懲役ニ處ス
　　　　自己又ハ配偶者ノ直系尊属ニ対シテ犯シタルトキハ六月以上七年以下ノ懲役ニ處ス
　　第二百十九条　前二條ノ罪ヲ犯シ因テ人ヲ死傷ニ致シタル者ハ傷害ノ罪ニ比較シ重キニ従テ処断ス

　現行刑法は，まず遺棄罪（刑法217条）を，次いで保護責任者遺棄・不保護罪（刑法218条1項）を規定し，さらに尊属加重処罰規定（刑法218条2項）と遺棄致死傷罪（刑法219条）を規定する。

　これを旧刑法と比較すると，遺棄罪（刑法217条）及び保護責任者遺棄・不保護罪（刑法218条1項）は，旧刑法の①類型の遺棄罪規定に対応する。ちなみに，刑法218条1項は，旧刑法338条の保養義務者遺棄罪を改定拡張したものであり[15]，したがって，親族関係に基づく保護責任にかぎられない[16]。遺棄致死傷罪（刑法219条）は，旧刑法②類型の遺棄罪規定に対応する。尊属加重処罰規定（刑法218条2項）は，貴族院で修正の結果加えられた[17]もので，③類型の尊属遺棄罪に対応している。これに対して，③類型の遺棄罪規定である奉養義務懈怠罪（旧刑法364条），及び④類型の遺棄罪規定である被遺棄者不申告・不救助罪[18]（旧刑法340条）は削除されている。

　したがって，現行刑法における遺棄罪の性格は基本的には生命・身体に対する危険犯として純化されている。しかも，個人人格の尊重を理念とする近代刑法の原理からは，遺棄罪は生命・身体に対する抽象的危険犯として純化して解釈すべきである[19]から，保護責任者遺棄罪におる保護責任も個人主

---

(15)　高橋治俊＝小谷二郎編集・刑法沿革総覧（大正12年）2204頁。
(16)　花村・前出註（5）258頁。
(17)　花村・前出註（5）258頁。
(18)　不申告については，警察犯処罰令（明治41年内務省令第16号；同年10月1日施行：法務総合研究所・前出註（7）231頁以下）に引き継がれ，「自己ノ占有スル場所内ニ老幼，不具又ハ疾病ノ為メ扶助ヲ要ス者…アルコトヲ知リテ速ニ警察官吏ニ申告セサル者」は30日未満の拘留に処せられる（同令2条10号，1条）。戦後警察犯処罰令廃止後は，軽犯罪法1条18号に規定されている。
(19)　野村「保護責任者遺棄罪」刑法学4（昭和52年）77頁以下（前出註（1）未遂

義的な保護共同体の構成員たる地位に基づく責任であって，法令，契約・事務管理及び条理から生じる作為義務よりも重い責任と考えるべきである[20]。もっとも，保護責任者遺棄罪の違法性の内容は危険と義務違反性から構成される[21]。しかし，現行刑法においては，当初は尊属遺棄罪のほか，尊属殺人罪，尊属傷害致死罪，及び尊属逮監禁罪の尊属重罰規定[22]が残っていた。後述のように，尊属遺棄罪の加重処罰規定は，被害者が尊属であることを理由として加重処罰するもので，危険犯として純化することはできない。

戦後，憲法が改正され，法の下の平等の規定（憲法14条1項）が設けられたことに伴い，これらの尊属に対する加重処罰規定の合憲性が問題となった。周知の如く，当初はこれらの尊属重罰規定はすべて合憲とされた[23]

---

　　犯の研究261頁以下所収〈引用は後者による〉）264頁。生命の安全のみを保護法益とするのは，平野龍一・刑法概説（1977年）163頁，西田典之・刑法各論（第3版・2005年）26頁，など。また，具体的危険犯とするのは，団藤重光・刑法綱要各論（第3版・1990年）452頁。
(20)　野村・刑法総論（補訂版・1998年）189頁。
(21)　野村・前出註（1）264頁，野村・前出註（20）152頁
(22)　これらの尊属に対する重罰規定は次の通りである。
　　　　尊属殺人罪　第二〇〇条　自己又ハ配偶者ノ直系尊属ヲ殺シタル者ハ死刑又ハ無期懲役ニ処ス
　　　　尊属傷害致死罪　第二〇五条二項　②自己又ハ配偶者ノ直系尊属ニ対シテ犯シタルトキハ無期又ハ三年以上ノ懲役ニ処ス
　　　　尊属遺棄罪　第二一八条二項　②自己又ハ配偶者ノ直系尊属ニ対シテ犯シタルトキハ六月上七年以下ノ懲役ニ処ス
　　　　尊属逮捕監禁罪　第二二〇条二項　②自己又ハ配偶者ノ直系尊属ニ対シテ犯シタルトキハ六月上七年以下ノ懲役ニ処ス
(23)　最大判昭和25・10・11刑集4巻10号2037頁（尊属傷害致死罪に関するもの・跳躍上告）。本判決は，一審判決（福岡地裁飯塚支判昭和25・1・19刑集4巻10号2070頁）が，尊属傷害致死を一般人に対するそれよりも重く処罰するのは，法が子の親に対する道徳的義務を重要視することであるが，このことは封建的，反民主主義的思想に胚胎するもので，忠孝一本や祖先崇拝の思想を基盤とする家族社会においてのみ存在を許されるべきものであり，憲法14条1項の規定する法の下の平等に反し，違憲であると判示したのに対し，夫婦，親子，兄弟等の関係を支配する道徳は，人倫の大本で，古今東西を問わず承認されているところの人類普遍の道徳原理（自然法）に属するものであって，原判決が子の親に対する道徳を

が，やがてとくに尊属殺人罪における法定刑の著しい重さが問題であると意識されるようになった。すなわち，親殺しを一般人に対する殺人よりも重く処罰すること自体が合憲であるとしても，親殺しの場合にはそれに至るだけの事情があり情状酌量すべき場合も多いところ，2回減軽しても執行猶予を付することができない。したがって，次第に最高裁は限定解釈[24]をするようになり，ついに違憲の判断を示した[25]。もっともこれより前に改正刑法準備草案がすでに尊属加重処罰規定をすべてその草案から

とくに重視する道徳を封建的，反民主主義的であると断定したことは，親子間の自然的関係を，新憲法において否定された戸主を中心とする人為的・社会的家族制度と混同したものであり，親子の関係は憲法14条1項の社会的身分その他のいずれの事由にも該当せず，また尊属に対する重罰規定は尊属親を保護するのではなく，加害者である卑属の背倫理性をとくに考慮したものであり，その反射的効果として尊属親が一層強い保護を受けるのであり，尊属傷害致死罪に関する規定は合憲であるとした。その後，この判決を引き継ぐ形で，尊属殺人罪につき合憲であるとの判断が示された（最大判昭和25・10・25刑集4巻10号2126頁）。

(24) 最大判昭和32・2・20刑集11巻2号824頁（死亡した配偶者の直系尊属〈実父〉を殺害した場合に刑法旧200条の適用を否定）。

(25) 尊属殺人加重処罰規定の合憲性を肯定した前出註(24)最大判昭和25・10・25から，実に23年を経て，違憲と判断されることになった（最大判昭和48・4・4刑集27巻3号265頁）。

この判決には合憲とする少数意見（1名の裁判官）があるほか14名の裁判官が違憲とした。しかし，違憲とする意見については，多数意見・手段違憲説（8名の裁判官）と少数意見・目的違憲説（6名の裁判官）に分かれた。手段違憲説によれば，「尊属に対する尊重報恩は，社会生活上の基本的道義というべく，このような自然的情愛ないし普遍的倫理の維持は，刑法上の保護に値する」ことを理由に，尊属殺人の加重処罰規定自体はただちに違憲ではないが，加重処罰の程度が合理的程度を超えているときは違憲となるとしつつ，尊属殺人罪（刑法旧200条）の法定刑は死刑又は無期懲役のみで，常に執行猶予を付すことができず情状憫諒すべき事案において妥当な量刑ができないので，合理的限度を超えて尊属殺人を加重処罰するもので，違憲であるというのである（現にこの判決の事案について，最高裁は，原判決を破棄・自判して，刑法199条〈普通殺人罪〉を適用し，被告人に懲役2年6月・執行猶予3年の刑を言い渡した）。これに対して，少数意見・目的違憲説は，田中二郎裁判官のそれによれば，尊属殺加重処罰規定の思想的背景には封建時代の尊属殺人重罰の思想があり，また配偶者の尊属殺人も同列に規定していることから旧憲法時代の家族制度との深いつながりがあり，身分制道徳の見地に立つものなどの観点から尊属殺人を普通殺人よりも重く処罰すること自体が憲法14条1項の法の下の平等に反し，違憲であるとする。

削除していたことは後述するとおりである。尊属殺人加重処罰規定はもとより個人人格の尊重，したがって法の下の平等原則に違反するものである。尊属遺棄加重処罰規定（刑法旧218条2項）につき明確にその合憲性を判断した判例は見あたらないが，尊属殺人罪（刑法旧200条）違憲判決の手段違憲説の趣旨からすると，尊属遺棄加重処罰規定は合憲とされるであろう。現に，尊属傷害致死罪（刑法旧205条2項）については，合憲とされた[26]。

したがって，これによれば，尊属遺棄加重処罰規定は，生命・身体に対する危険犯であるのみならず，人倫の大本で，古今東西を問わず承認されているところの人類普遍の道徳原理である夫婦，親子，兄弟等の関係を支配する道徳，社会生活上の基本的道義である尊属に対する尊重報恩，身分制道徳に違反するという要素を含むものである。法文の上では，実に平成7年改正まで遺棄罪は危険犯として純化されなかったといえよう。

このように現行刑法における遺棄罪の性格は基本的には生命・身体に対す抽象的危険犯であるが，その後の刑法改正事業における諸草案の遺棄罪の性格は多様なものとなっている。

## 2 戦前の刑法改正事業における草案の遺棄罪規定

### (1) 刑法改正の綱領（大正15年臨時法制審議会決議）[27]

刑法改正の綱領が遺棄罪に関係するのは，以下のものである。

1　各罪ニ対スル刑ノ軽重ハ本邦ノ淳風美俗ヲ維持スルコトヲ目的トシ忠孝其ノ他ノ義務ニ関スル犯罪ニ付テハ特ニ其ノ規定ニ注意スルコト

33　生命，身体，自由，名誉又ハ財産ニ関スル罪ヲ犯シタル者其ノ被害者ト親族又ハ師弟等ノ関係ヲ有スルトキハ其ノ関係ヲ考慮シテ刑ヲ加重又ハ減免スル規定ヲ設ケルコト

34　遺棄，扶養義務懈怠等家族制度ヲ破壊スルカ如キ行為ニ対スル現行法ノ不備ヲ補フコト

---

(26)　最判昭和49・9・26刑集28巻6号329頁，最判昭和50・11・20裁判集198号491頁；判時797号153頁，最判昭和51・2・6刑集30巻1号1頁。
(27)　小野清一郎編・刑事法規集第1巻（昭和19年）191頁以下。

刑法改正の綱領が言及する本邦の淳風美俗の維持目的すなわち，忠孝その他の道義の尊重は尊属遺棄罪の加重処罰規定の理念的根拠であり，同綱領33は，尊属遺棄罪の加重処罰規定の存在の根拠である。同綱領34は，遺棄，扶養義務懈怠を家族制度を破壊する行為と位置づけると同時に，とりわけ刑法に扶養義務懈怠を処罰する規定がない不備を指摘するものである。刑法改正予備草案（287条）及び改正刑法仮案（368条）には，規定されている。刑法改正の綱領は遺棄罪を生命・身体に対する危険犯としての性格ばかりでなく，家族制度に伴う，忠孝その他の道義違反や扶養義務懈怠などの多様な性格を混在させるものである。

### (2)　刑法改正予備草案（昭和2年刑法改正委員会審議）[28]

　刑法改正予備草案は，遺棄罪について次のように規定する。

　　　　第三十章　遺棄ノ罪
　第二八六条　老幼，疾病其ノ他ノ事情ニ因リ扶助ヲ要スル者ヲ保護スヘキ責任アル者之ヲ遺棄シ又ハ其ノ生存ニ必要ナル保護ヲ為ササルトキハ五年以下ノ懲治ニ處ス

　　　自己又ハ配偶者ノ直系尊属ニ対シ前項ノ罪ヲ犯シタルトキハ一年以上十年以下ノ懲治ニ処ス

　第二八七条　法律上扶養ノ義務ヲ負フ者其ノ義務ヲ履行セス扶養ヲ受クヘキ者ヲシテ生活上窮迫ノ状態ニ陥ラシメタルトキハ二年以下ノ懲治又ハ千円以下ノ罰金ニ処ス

　　　自己ノ保護又ハ監督スヘキ者ヲ憎悪シテ虐待シタル者亦前項ニ同シ

　　　自己又ハ配偶者ノ直系尊属ニ対シ前二項ノ罪ヲ犯シタルトキハ五年以下ノ懲治ニ処ス

　第二八八条　人ヲ遺棄シテ生命ニ危険アル状態ニ陥レタル者ハ五年以下ノ懲治ニ處ス

　　　自己又ハ配偶者ノ直系尊属ニ対シ前項ノ罪ヲ犯シタルトキハ三年以上

---

[28]　小野編・前出註（27）194頁以下。

ノ有期懲治ニ処ス

　刑法改正予備草案は，現行刑法とは逆に，まず保護責任者遺棄・不保護罪（予備草案286条1項）を規定し，次いで具体的危険犯である遺棄罪（予備草案288条1項）を規定するのは，基本的に生命・身体に対する危険犯たる性格を有するものであるが，さらに，扶養義務懈罪（予備草案287条1項）及び虐待罪（予備草案287条2項）を規定し，これらのすべてについて尊属加重処罰規定（予備草案286条3項，287条3項，288条2項）を設けているのは，生命・身体に対する危険犯たる性格以外に多様な性格を混在させるものである。とりわけ，扶養義務懈怠罪（予備草案287条1項）・尊属扶養義務懈怠罪（予備草案287条3項）の加重処罰規定の新設は，前述の刑法改正の綱領34に依拠するもので，古法の扶養義務懈怠罪に由来する。いずれにしてもこの刑法改正予備草案の多様な性格は後述の改正刑法仮案に引き継がれることになるのである。

### (3) 改正刑法仮案（昭和15年刑法並監獄法改正調査委員会総会決議及留保条項刑法総則各則未定稿）[29]

改正刑法仮案は，遺棄罪について次のように規定する。

　　　　第三十二章　遺棄ノ罪
第三六四条　老幼，疾病其ノ他ノ事情ニ因リ扶助ヲ要スル者ヲ保護スヘキ法律上ノ義義アル者之ヲ遺棄シ又ハ其ノ生存ニ必要ナル保護ヲ為ササルトキハ五年以下ノ懲役ニ處ス

　　前項ノ罪ヲ犯シ生命ニ危険アル状態ニ陥レタトキハ七年以下ノ懲役ニ處ス

第三六五条　自己又ハ配偶者ノ直系尊属ニ対シ前条第一項ノ罪ヲ犯シタルトキハ一年以上十年以下ノ懲役ニ処ス前条第二項ノ罪ヲ犯シタルトキハ二年以上ノ有期懲役ニ処ス

第三六六条　自己ノ保護又ハ監督スヘキ者ヲ著シク虐待シタル者ハ二年以

---

(29) 小野編・前出註 (27) 238頁以下。

下ノ懲役又ハ千円以下ノ罰金ニ處ス
　　　　自己又ハ配偶者ノ直系尊属ニ対シ前項ノ罪ヲ犯シタルトキハ五年以下ノ懲役ニ処ス
第三六七条　自己ノ保護又ハ監督スベキ十六歳未満ノ者ヲ其ノ生命身体ニ危険アル業ニ使用スル興行者又ハ其ノ従業者ニ引渡シタル者ハ五年以下ノ懲役ニ處ス引渡ヲケタル者亦同ジ
　　　　自己ノ保護又ハ監督スベキ十六歳未満ノ婦女ヲ其ノ醜業ニ因リ利益ヲ図ル者又其ノ従業者ニ引渡シ又ハ引渡ヲ受ケタル者亦同ジ
第三六八条　生活上窮迫ノ状態ニ在ル直系血族又ハ配偶者ニ対シ正当ノ理由ナク法律上ノ扶養義務ヲ履行セザル者ハ二年以下ノ懲役若ハ禁錮又ハ三千円以下ノ罰金ニ処ス
　　　　直系尊属ニ対シ前項ノ罪ヲ犯シタルトキハ五年以下ノ懲役ニ処ス
　　　　前二項ノ罪ヲ犯シタル者悔悟シテ義務ヲ履行シタルトキハ刑ヲ免除シ裁判確定後ニ在リテハ其ノ執行ヲ免除ス
第三六九条　人ヲ遺棄シテ生命ニ危険アル状態ニ陥レタル者ハ五年以下ノ懲役ニ處ス
第三七〇条　第三百六十四条乃至第三百六十六条又ハ前条ノ罪ヲ犯シ因テ人ヲ死傷ニ至シタル者ハ傷害ノ罪ニ比較シ重キニ従テ処断ス
第三七一条　第三百六十四条第二項，第三百六十六条後段及第三百六十九条ノ未遂犯ハ之ヲ罰ス

　改正刑法仮案は，まず抽象的危険犯である保護責任者遺棄・不保護罪を（仮案364条1項）を規定し，具体的危険が発生した場合には刑を加重し（仮案364条2項），次いで保護責任のない者の遺棄罪を具体的危険犯として（仮案369条）を補充的に規定する。これはわが国古来の伝統を考慮したものとされる[30]。

　これらの規定はその順序はともかくとして，生命・身体に対する危険犯である。しかし，虐待罪（仮案366条1項），危険業務引渡罪（仮案367条1項），

---

　(30)　大塚・前出註（4）「遺棄罪」1590頁。

醜業務引渡罪（仮案367条2項）及び扶養義務懈怠罪（仮案368条1項）を規定するが，虐待罪はかろうじて遺棄と同視できなくないが，扶養義務懈怠罪は生命身体に対する危険犯と理解するのは困難であろう。危険業務引渡罪及び醜業務引渡罪も同様である。さらに尊属遺棄等加重処罰規定（仮案365条〈尊属保護責任者遺棄・不保護罪〉，仮案366条2項〈尊属虐待罪〉，仮案368条2項〈尊属扶養義務懈怠罪〉）が設けられている。仮案における遺棄罪の規定は多様な性格が混在しているのである。

そのほか扶養義務懈怠罪（仮案368条1項，2項）に関連して刑の言い渡し・執行の必要的免除を規定する（仮案368条3項）。そして，結果的加重犯として現行刑法と同趣旨の遺棄致死傷罪（仮案370条）と，現行法にはない遺棄罪の未遂処罰規定（仮案371条―具体的危険犯である保護責任者遺棄・不保護罪（仮案364条2項），具体的危険犯である尊属保護責任者遺棄・不保護罪（仮案365条後段）及び具体的危険犯である遺棄罪（仮案369条）が設けられている。そして，これら未遂を処罰する遺棄罪はいずれも具体的危険犯であるので，「生命ニ危険アル状態」（具体的危険）の発生につき未必の故意がある場合に，その危険状態が発生しなかった場合が遺棄罪の未遂である。「生命ニ危険アル状態」の発生につき未必の故意がない場合にその危険状態が発生した場合は不可罰である（もっともこの場合，改正刑法準備草案296条は，結果的加重犯として処罰する。しかし，「生命ニ危険アル状態」の発生についての未必の故意と予見可能性を，論理的にはともかくとして，実際に区別することは困難である上に，そもそも抽象的危険犯と具体的危険犯は共に危険の発生が必要であるところ，前者の危険は何らかの程度の危険で足りるが，後者のそれは差し迫った高度の危険であるが，この区別も実際には困難である。改正刑法草案ではこれらのことを考慮して「生命ニ危険アル状態」の発生の場合の結果的加重犯は規定されなかった[31]。

---

(31) 法務省刑事局・法制審議会刑事法特別部会　改正刑法草案附　同説明書（昭和47年）226頁参照。

## 3　戦後の刑法改正作業における草案の遺棄罪規定

### (1)　改正刑法準備草案（昭和37年）[32]

改正刑法準備草案は，遺棄罪について次のように規定する。

　　　第二十九章　遺棄の罪
　　（遺棄）
第二九三条　老年，幼年，不具，傷病その他の事情によって扶助を必要とする者を遺棄した者は，一年以下の懲役に処する。
　　（保護義務者の遺棄）
第二九四条　老年，幼年，不具，傷病その他の事情によって扶助を必要とする者を保護する法律上の義務のある者が，これを遺棄し，又はその生存に必要な保護をしなかったときは，五年以下の懲役に処する。
　　（虐待罪）
第二九五条　自己が保護し又は監督すべき者を著しく虐待した者は，二年以下の懲役又は五万円以下の罰金に処する。
　　（遺棄致死傷）
第二九六条　本章の罪を犯し，その結果，人を傷害し，又は生命に危険のある状態に陥れた者は，一年以上十年以下の懲役に処する。人を死亡させたときは，三年以上の有期懲役に処する。

改正刑法準備草案は，現行刑法と同じく，まず遺棄罪（準備草案293条）を，次いで保護義務者遺棄・不保護罪（準備草案294条）を規定し，そして遺棄致死傷罪（準備草案296条）を規定する。このほか，改正刑法仮案（366条１項）で規定されていた虐待罪（準備草案295条）が規定されている。現行刑法との差異は，虐待罪規定の新設及び尊属遺棄加重処罰規定の削除のほか，遺棄の客体を拡張したこと，遺棄罪の結果的加重犯につき致傷及び致死の場合の中間に「人を生命に危険のある状態に陥れた」場合を規定しそれぞれに独自の法定刑を規定したこと，そして，このことにより遺棄罪が抽象的

---

(32)　刑法改正準備会・改正刑法準備草案　附　同理由書（昭和37年）。

危険犯であることを明確にしたことでる。虐待罪は，遺棄に達しない程度の「著しい虐待行為」の反社会性・反道義性，生命・身体に対する危険性が遺棄におけるそれとさしたる差異がないことを理由として規定されたもので，「虐待」とは，生命・身体の安全を危殆ならしめるような肉体的苦痛を与える行為であって，暴行以外のものとされている(33)が，生命・身体に対する抽象的危険犯として純化する観点からするとやや異質なものを処罰することになる可能性がある。

そして，何よりも特徴的なことは，尊属遺棄加重処罰規定が削除されていることである。その理由は，「遺棄罪が尊属に対して行なわれることが多い事実にかんがみ，少なくとも遺棄の罪についてはこの加重規定を存置すべきである，との意見もあったが，客体が尊属である場合に，一般人に対するときより刑を加重するということは，憲法第14条第1項に違反する疑いがあるし（最高裁昭和25年10月11日判決，判例集4巻10号2037頁参照—尊属傷害致死罪の加重規定〈刑法205条2項〉の合憲性を肯定した判例〈筆者註〉），諸外国の立法例にも殆どその例をみないので，準備草案には規定しないことにした」(34)とされている。

(2) 改正刑法草案（昭和47年）(35)

改正刑法草案（部会草案）は，遺棄罪について次のように規定する

　　　第二十七章　遺棄の罪

第二八二条（遺棄）　老年，幼年，不具，傷病その他の事情によって扶助を必要とする者を遺棄した者は，一年以下の懲役に処する。

第二八三条（保護責任者の遺棄）　老年，幼年，不具，傷病その他の事情によって扶助を必要とする者を保護する責任のある者が，これを遺棄し，又はその生存に必要な保護をしなかったときは，五年以下の懲役

---

(33)　刑法改正準備会・前出註（32）274, 275頁（屋代春雄執筆）。
(34)　刑法改正準備会・前出註（32）273頁（屋代春雄執筆）。
(35)　法務省刑事局・前出註（31）。なお，改正刑法草案（昭和49年法制審議会決定）は，刑事法特別部会の改正刑法草案と条数の変更がある以外同一の内容である。

に処する。

第二八四条（遺棄致死傷）　本章の罪を犯し，その結果，人を傷害した者は，十年以下の懲役に処する。人を死亡させたときは，二年以上の有期懲役に処する。

第二十七章　遺棄の罪（法制審議会改正刑法草案）

第二七八条（遺棄）　老年，幼年，不具，傷病その他の事情によって扶助を必要とする者を遺棄した者は，一年以下の懲役に処する。

第二七九条（保護責任者の遺棄）　老年，幼年，不具，傷病その他の事情によって扶助を必要とする者を保護する責任のある者が，これを遺棄し，又はその生存に必要な保護をしなかったときは，五年以下の懲役に処する。

第二八〇条（遺棄致死傷）　本章の罪を犯し，その結果，人を傷害した者は，十年以下の懲役に処する。人を死亡させたときは，二年以上の有期懲役に処する。

　改正刑法草案（部会草案・法制審議会草案）は，改正刑法準備草案と同じく，現行刑法の遺棄罪の客体を拡張し，尊属遺棄加重処罰規定を削除している。また，改正刑法準備草案と異なり，「虐待」という概念の不明確性から処罰範囲が不当に広がるおそれがあること，及び労働基準法，職業安定法や児童福祉法などの特別法で具体的な類型を定めてきめ細かく処罰されていることから，虐待罪の規定を削除している[36]。

　したがって，改正刑法草案（部会草案・法制審議会草案）の遺棄罪規定は，生命・身体に対する抽象的危険犯として純化されている。

## 4　平成七年法律第九一号改正[37]（刑法の一部を改正する法律・平成七年五月一二日公布；六月一日施行）

第三十章　遺棄の罪

---

[36]　法務省刑事局・前出註（31）225頁。

[37]　この改正につき，麻生光洋＝井上宏＝三浦透＝園部典生「刑法の一部を改正る

（遺棄）

第二一七条　老年，幼年，身体障害又は疾病のために扶助を必要とする者を遺棄した者は，一年以下の懲役に処する。

（保護責任者遺棄等）

第二一八条　老年者，幼年者，身体障害者又は病者を保護する責任のある者がこれらの者を遺棄し，又はその生存に必要な保護をしなかったときは，三月以上五年以下の懲役に処する。

（遺棄等致死傷）

第二一九条　前二条の罪を犯し，よって人を死傷させた者は，傷害の罪と比較して，重い刑により処断する。

　平成7年改正は，条文の平易化の観点からの改正であるが，それと同時に尊属加重処罰規定をすべて削除した。尊属殺人罪の違憲性を認めた判例[38]の多数意見の趣旨からは，尊属殺人罪の法定刑（死刑又は無期懲役）に4年又は5年以上の有期懲役を加えることも可能であるところ，違憲判決後22年にわたり，殺人罪（刑法199条）が適用され，適切な量刑がなされている事実にかんがみ，立法政策として尊属殺人罪の加重処罰規定を削除することとし，これとのバランス上，他の尊属加重処罰規定も削除されることとなったものである[39]。尊属遺棄加重処罰規定の削除された結果，遺棄罪規定は初めて生命・身体に対する（抽象的）危険犯として純化されたといえる

## Ⅴ　おわりに

　近代刑法の原理の一つである個人人格の尊重からすれば，遺棄罪は個人の生命・身体に対する危険犯として純化されるべきものである。この標準から

---

　　　法律について」松尾浩也編・刑法の平易化（1995年）25頁以下，藤永幸治「刑法の一部を改正する法律の概要」改正刑法｛現代用語｝対照条文（1995年）1頁以下など参照。
　(38)　前出註（25）最大判昭和48・4・4。
　(39)　麻生光洋＝井上宏＝三浦透＝園部典生・前出註（37）57頁以下。

遺棄罪規定を俯瞰してきたが，近代刑法の原理を取り入れたとされる旧刑法においても，前述したように，危険犯として純化されず，そこでは危険犯と考えられる遺棄罪の類型のほか，尊属遺棄罪や奉養義務懈怠罪が規定されている。これらの加重処罰根拠は卑属の尊属に対する忠孝報恩の考えであり，「家」制度の基礎に流れるものである。これらは旧刑法編纂の過程で当時の日本側の強い意向を反映したものである[40]。その後明治40年刑法では奉養義務懈怠罪は規定されなかったが，尊属遺棄罪の規定は残った。また戦前の刑法改正事業においては奉養義務懈怠罪も再び顔を出すことになったことはすでに見た通りである。そして尊属遺棄加重処罰規定が法文の上で削除されたのは，実に平成7年の改正においてである。「家」制度を離れて個人主義的観点に立っても子の立場から見て親の恩は否定すべきではない。しかし，これを刑罰で強制することは妥当ではない。親から受けた温かい恩はそれを受けた者の豊潤な人格の内容をなすものであり，それは次世代に受け継がれるべきものである。

いずれにしても，遺棄罪は危険犯として純化された。したがって保護責任者遺棄罪における保護責任も親族関係に伴う責任として考えるのではなく，個人主義的保護共同体の構成員たる地位に基づく責任（一方が他方をあるいは相互に保護する継続的関係）と考えるべきである[41]。しかるときは，保護責任者遺棄罪の違法内容は生命・身体に対する危険と義務違反性とからなるが，生命・身体に対する危険がないときに義務違反のみで保護責任者遺棄罪が成立するものではなく，また当該義務そのものが生命・身体の安全を保護すべきものであるから，保護責任者遺棄罪も実質的には生命・身体に対する危険犯として純化されていると考えられる。

---

(40) 例えば，奉養義務懈怠罪について，旧刑法の基礎となった日本刑法草案の作成過程でフランス人教師ボアソナードがこれを違警罪に置くべきであると指摘したのに対して，日本側の意向により，祖父母父母に対する罪の中に規定されることになった（早稲田大学鶴田文書研究会編・日本刑法草案会議筆記第Ⅳ分冊（昭和51年）2179頁）。

(41) 野村・前出註（1）264頁。

## 2　企業倒産処理法制にみるアメリカ法への傾斜

加　藤　哲　夫

Ⅰ　はじめに
Ⅱ　企業倒産処理法制の成立過程
Ⅲ　企業倒産処理法制の転機―アメリカ法への傾斜
Ⅳ　再建型倒産処理手続の等質化の方向性

## Ⅰ　はじめに

**1**　1992年頃を境とした景気の暗転は、企業倒産件数の急激な増加[1]に呼応して、ことのほか倒産法制の分野に衆目を集めさせた。いうまでもなく、倒産という事態は、企業にとっていわば「生」に対峙する「死」あるいは「死の直前」である財産状況の極限を意味する。このような企業倒産に対処する法制度としては、破産手続（破１条以下）、特別清算手続（会社510条以下）、民事再生手続（民再１条以下）、会社更生手続（会更１条以下）が存在し、また、裁判外の制度として私的整理（任意整理、私整理、内整理）が存在する。これらの手続ないし制度は、企業の終末処理を方向づけるという点で大きな役割をもっていることもいうまでもない。

---

（１）　平成10年版・中小企業白書（1998年）の付属統計資料37表によると、平成９年の企業倒産件数は16,360件（内、中小企業倒産件数は16,293件を占める）である。平成３年（平成９年版・中小企業白書・付属統計資料37表による）が10,723件（内、中小企業倒産件数は10,649件を占める）であったから、５年で1.5倍になっている。

**2** ところで，以上のような昨今の倒産処理の実情との関連で，企業破綻処理法制のあり方を考えてみると，この間に民事再生法の制定があったことが，これまでの倒産処理の実態の変質を招来していると考えられる。とともに，かかる変質の根底には，わが国の倒産処理法制はドイツ法を出発点としていたものの，民事再生法を契機として，完全にアメリカ法を継受ないしアメリカ法に傾斜した結果があるように考えられる。

ここでの研究ではひとまず，企業の倒産処理法制について，1889年（明治23年）の旧商法破産編に端を発するわが国の近代倒産処理法制が，2000年（平成12年）の民事再生法の制定，2004年（平成16年）の破産法の全面改正に至るまでの約110年の間に，先に述べたアメリカ法の継受ないしアメリカ法への傾斜にどのような要因によって至ったのかを明らかにすることを目的とする。いうまでもなく，この分野の立法動向は，外形的にはその時代における経済環境に対応していることに気づく。しかし，法制度全般にわたってそうであるように，単にその経済環境としての不況という要因にとどまらず，この分野にあっても倒産処理制度を支える企業や市民をはじめとする社会の意識変化が，このような流れを助長したのではないかと，推測するものである。アメリカ法の継受ないしアメリカ法への傾斜に，このような倒産処理法制に対する社会的意識の変遷があるとしたら，倒産処理法制の基礎ともいうべきアメリカ倒産法のポリシーといったものがわが国を席巻していることになるであろう。これに対する評価をも，この研究を基礎とした今後の分析にも包摂しようと考えている[2]。

---

（2） 本研究は，拙稿「企業倒産法制の軌跡と展望」ジュリスト1155号157頁（1999年）および同「会社更生法改正の方向性－民事再生法との等質化の視点」銀行法務21・609号6頁（2002年）を基調として，これに新たな知見を加えたものである。

## II　企業倒産処理法制の成立過程

### 1　法制近代化の萌芽

　古くは，江戸期から明治期に残った身代限あるいは分散[3]といった制度を脱却し，さらに明治5年の「華士族平民身代限規則」（明治5年6月23日太政官布告第187号）および「身代限掲示規則」（同・太政官布告第188号）などを経て，近代におけるわが国の倒産処理制度の基盤ができあがったのは，明治23年の旧商法第三編「破産」（明治23年法律第32号）に遡る。そこでは，フランス商法を基調とした商人破産主義が採用されていた。商人破産主義が採用された理由としては，「殊ニ債ノ利用タル商業上一般欠クヘカラザルモノナリト雖モ非商人間ノ交通ニ於テハ偶然且個々ニ生スルモノナリ」[4]とされている。おおよそ整理の対象たる債権は商人間のそれとして，破産が考えられていた時代であった。当時の破産手続の仕組みは，現行破産法とほぼ同じといえるが，その特徴をあげれば，次のようになろう。

　商人で支払停止のあった者は，自らのもしくは債権者の申立てにより，または職権により，裁判所の決定により破産宣告がなされる（旧商法（明治23年法律第32号）978条1項本文。以下，旧商と表記する）。商人以外の者につい

---

（3）「身代限」は，当事者および町村役人立会いの上，債務者の家財，田畑，家屋敷などを売却し，その代価で出訴債権者の債務弁済に当て，差押え財産中に質物があるときは，これを質取人に引き渡すといった方式であり，今日の強制執行に相当するものであった。また，「分散」は，債権者の同意を得て，債務者の総財産を債権者に委付し，その価をもって各債権者に平等に配当するものであり，江戸中期以降では，分散に同意せず配当を受けなかった債権者は跡懸りをなす権利を保留した。今日の破産に対応する方式である。以上の点につき，瀧川政次郎『日本法制史』565頁（1930年）。なお，徳川期から明治初期までのこの二つの制度を破産制度の近代化という視点から考察したものとして，櫻井孝一「破産制度の近代化と外国法の影響―第二次大戦前における」比較法学（早大）2巻2号91頁（1966年）。

（4）ロエスレル氏起稿『商法草案・下巻』〔司法省〕827頁（1884年・復刻版1995年）。

ては，家資分散の制度[5]が用いられていた。当時の企業実態をみると，株式会社，合名会社，合資会社といった会社組織による商取引は必ずしもその中心にあったとはいえないから，ここでの破産者は，商人とはいっても個人の破産が中心であった。

　ここで注目に値するのは，右商法中に「協諧契約」(旧商1038条以下)[6]の規定が存在していたことである。これは旧破産法（平成16年改正前のもの）の強制和議（旧破290条以下）に対応するものである。また，破産手続と併存する形で，支払猶予の制度が存在した。これは，自己の過失によらずに一時支払いを中止せざるを得なかった者が，商事上の債権者の過半数の承諾を得て，一年以内の支払猶予を受けることのできる制度である（旧商1059条以下）[7]。この支払猶予期間内では，商取引による債権につき強制執行，破産宣告を受けることはなく（旧商1063条本文），その間，猶予契約の履行，および業務の施行につき主任判事の監督を受けることとされていた（同・但書）。このような債権者・債務者協議型の手続が存在していたことは，破綻した商人であっても事業を継続することにより，なお再生の道を模索する可能性が肯定されていることになる。近代破産法が萌芽する時期にあっても，こと商人に限っていえば，破産は倒産処理の最終的な選択肢であったと理解することができる。しかしなお，協諧契約の内容が１年以内の支払猶予を限度としているため，その期間内に債務の履行がなければ直ちに破産が開始される点

---

（５）　明治期における非商人を対象とした破産に相当するものは，家資分散であり，旧商法破産編と同時期の制定にかかる明治23年の家資分散法（明治23年８月21日法律第69号）によっていた。

（６）　協諧契約とは，法律上の義務を履行した破産者で，有罪判決を受けておらず，あるいはその審問を受けていない者は，破産主任官の認可を受けて，債権者集会において債権者に協諧契約を提供することができることとされていた（旧商1038条前段）。協諧契約は，債権者集会の出席債権者の過半数で，議決権ある総債権額の４分の３以上にあたる債権者の承諾により成立し（旧商1039条前段），裁判所の認可により法律上有効となる（同・1040条前段）。協諧契約の履行は，破産主任官が行うこととされていた（旧商1043条後段）。なお，協諧契約の件数は，極めてわずかである。この点につき，拙稿「経済構造の変化と倒産法の対応」ジュリスト971号269頁【別表Ⅰ】（1991年）参照。

（７）　この制度について，拙稿・前掲論文269頁。

（旧商1064条参照）で，協諧契約の実質は，破産猶予としての機能しか営まなかったのではないかと推測される[8]。

そして，逆説的にこれを捉えれば，清算手続としての破産手続の利用が低調であった理由として，商人破産主義により対象が限定されていたこと，商人とても破産による身上の効果が大きかったために破産を回避しようとしたこと，企業の単位が家族主義によっており個人主義とはいえなかったこと，債権者にあってもその強制的手段に慣れていなかったこと[9]などが指摘されている。かくして，商人破産主義とはいえ，この時期における破産手続自体の機能は，きわめて薄弱であったものと推測することができる。

## 2　第二次大戦前における倒産処理法制

（1）　企業の倒産処理法制を考える上で，その一つの転機は，大正11年（1922年）の破産法（大正11年法律第71号）の制定に遡ることができよう。一般破産主義に移行したことはもとよりのこと，和議法[10]（大正11年法律第72号）の制定が一つのポイントになる。一般破産主義の移行は，経済的破綻は何も商人に限られないということによろうが，和議法制定の理由は，破産の烙印を回避するという理由に加えて，破産によれば債務者の従来の事業をつぶしてしまい，それは社会経済上不利益になる[11]といった積極的な理由にその主眼があり，かかる破産を回避すべく和解（「私の整理」）の機会を裁判上の手続として用意したところに大きな意味があったといってよい[12]。「実

---

(8)　このような支払猶予制度は，母法国のフランスでは1673年商事勅令にみられたが，ロエスレルが旧商法破産編を起草する際に参考とした1872年のフランス商法にはみられない。この点につき，小野木常『外国法典叢書（20）仏蘭西商法Ⅱ・破産及破産犯罪』6頁以下，および62頁以下（1940年・復刻版1957年）。したがって，どのような経緯で，どのような理由で支払猶予制度が導入されたは不明である。

(9)　加藤正治『破産法研究第五巻』144頁（1923年）。

(10)　周知のように，かつて存在した和議法は平成11年に廃止され，民事再生法がこれに取って代わった（平成11年法律第225号附則第2条参照）。

(11)　このような趣旨につき，斎藤常三郎『破産法及和議法研究第1巻』207頁（1928年），加藤正治『和議法要論』1頁（1935年）。

際大キナ銀行会社等ニ於テ、破産状態ニ瀕シタ場合ニ於テハ、実際ニ於テ所謂財産整理ト云フ名前ニ於テ、債権者ト債務者ノ協和ニ依ッテ諸般ノ事ヲ致シテ居ルノデアリマス、若シ一人不当ノ債権者ガアッテ、其権利ヲ独断ニ主張スル者ガアルト、其一人ノ異議ニ依ッテ、財団整理ノ契約ガ出来ナイト云フコトニナル、其結果小サナ債権者デ非常ニ和議ノ成立ヲ妨害スル嫌ガアル」[13]と立法理由に示されているように、少数・少額の債権者の横暴を抑止するために[14]、和議では多数決制度（旧和49条・平成16年改正前の破306条参照）が採用されている。つまり、この時期にあっては経済的破綻の処理として、いわゆる私的整理が当時の支配的な処理手段であって、破産を一方でにらみつつこれを回避するために和議を活用するといった方向が予定されていたものといえる。したがって、当時の発想としては、破産と任意整理との機能分担が想定されながら、なお、私的整理を止揚させて和議によってこれを補完するものであったといってよい[15]。

　その後、1923年（大正12年）の関東大震災、1927年（昭和2年）の金融恐慌は、協議型手続である和議手続の必要性を再認識させたといえる時期である。1928年（昭和3年）～1932年（昭和7年）の間で和議事件の申立件数は約1.5倍に増加している[16]。和議が「借金踏倒便法」「惰民に助成する悪法」「不誠実なる債務者の擁護塹壕」と揶揄されながらも[17]、この時期の緊急勅令によるモラトリアムなどによる一時的債務軽減措置とともに、一定の役割

---

(12) 法律新聞社編纂『改正破産法及和議法精義』70頁（1922年）における政府委員答弁。当時の用法として、今日でいう「任意整理」「私的整理」などは「私の整理」の語が用いられていたようである。斎藤・前掲書212頁参照。
(13) 法律新聞社編纂・前掲書765頁における衆議院第一読会における政府委員答弁。
(14) このような多数決による少数反対者に対する拘束を指摘するものとして、加藤・前掲研究第5巻490頁。また、自己の利益を求める特定の債権者による威嚇、破産申立てを指摘するものとして、齋藤常三郎『日本和議法論 上巻』63頁（1926年）。
(15) 斎藤・前掲書213頁は、「私の整理を法律にて一方に於ては其利益を収め、他方に於ては其弱点を矯正せんとするのであります」、あるいは同書264頁は「整理示談を法律化した」（文中、旧字体を改めた。筆者記）と、明言する。
(16) 齋藤常三郎『破産法及和議法研究第10巻』168頁・注（1）（1936年）。
(17) 齋藤・前掲書166頁。

を果たしたのではないかとその利用状況から推測できよう。

　**(2)**　次に企業の倒産処理法制があらためて明確に意識されたのは，昭和13年（1938年）の商法改正（昭和13年法律第72号）であるといってよかろう。1927年（昭和2年）に始まる金融恐慌さらにはそれに続く昭和恐慌の時期[18]における商法改正をめぐる評価はさまざまになされている。その一つとしては企業維持制度の確立[19]と大要においてはいえようが，こと企業の倒産処理法制に限っていえば，株式会社法制の中に会社整理（平成17年改正前の商381条以下）と特別清算（平成17年改正前の商431条以下）が設けられたことは別異に評価することが適切であろう。

　当時の倒産処理の状況としては，確かに和議は個人事業者を中心として活用が図られたものの，当時の世界的な趨勢であった株式会社法制を意識したものとはいえなかったこと，和議原因が破産原因と同じであった点で破産との連動を前提とした制度であったことに，これらを柱とした倒産処理法制の限界があったいってもよい。そのため，おそらくは私的整理がこれに取って代わっていたという現実が存在したといえよう。

　ところで，私的整理の欠陥は次のようなものとして指摘されている。整理委員[20]が活動するにしても，法律上の規制がないために「会社ノ財産ガ減リ，整理ノ費用ガ却テ嵩ンデ来ル，サウシテ結局法律上ノ問題ニナリマシテ，破産ト云フヤウナコトニナリマシタ場合，会社ノ財産ハ頗ル減ッテ居ル，債権者ハ何等取ル所ガナイ云フヤウナコトニ流レテシマフ」点である。

---

(18) 昭和13年商法改正全般との関わりで，昭和初期の経済動向，企業動向を分析したものとして，淺木愼一「昭和一三年会社法改正の歴史的展開・第一部—改正の胎動から改正要綱をめぐる議論まで」神戸学院法学25巻1号21頁（1995年）。

(19) 奥島孝康「昭和一三年商法改正」倉沢康一郎＝奥島孝康編『昭和商法学史』20頁（1996年）。なお，田中耕太郎『改正商法及有限会社法概説』51頁（1939年）の「企業の維持」の項では，整理について特段論じていない。

(20) この整理委員は債権者委員会とその代表者により主として構成され，整理案の立案，同意の取り付け，実行といった役割を担う私的整理上の機関をいう。これについて，拙稿「私的整理による倒産処理」小島武司＝伊藤眞編『裁判外紛争処理法』171頁以下（1998年）。

そのために,「破産ニナル前ニ此整理ヲ法律上ノ保護ノ下ニ十分ヤリマシテ,ソレデ会社ノ更生ガ出来ルナラバ更生サセル又和議ガ出来ルナラバ,和議ヲスル,而モソレ等ガ出来ナクテ,已ムヲ得ズ破産ニ流レテ行クナラバ,是レ破産ニ行カシメル,斯ウ云フ工合ニ,破産前ニ出来得ル限リノ整理ヲ法律上デスル,而モ公正ナル裁判所監督ノ下ニスルト云フコトガ最モ望マシイ所デアリマシテ,左様ナ関係ヲ慎重ニ考慮シテ,会社整理ノ一節ヲ設ケタル次第デアリマス」と,その立法理由が明確にされている[21]。すなわち,商法(平成17年改正前の商法)に会社整理が設けられたのは,当時の倒産処理のあり方として和議および破産を念頭に置きながら,破産を回避するために[22],あるいは破産に至るまでの過渡的処理として整理を位置づけることにあったといってよい。加えて,昭和13年商法改正の主眼のひとつが取締役の業務執行に対する株主総会の監督機能の強化[23]にあったとの前提に立てば,倒産処理における取締役の恣意的活動を規制する方式として損害賠償の査定(平成17年改正前の商386条8号)を設けることで,私的整理を裁判上の手続に止揚させるといった方向性をみてとることができる[24]。また,これにとどまらず,再建をより強く指向する整理の特徴として,担保権実行手続の中止命令の制度(平成17年改正前の商384条)が導入されたことも,指摘しておかねばならない。破産および和議においては別除権として手続の干渉を原則として受けない担保権(平成16年改正前の破95条・旧和43条参照)に対する干渉を許すことは,「会社ノ重要ナ財産デアッテ,是ガ脱ケテシマヒマスナラバ,整理ノ実ヲ挙ゲルコトガ出来ナイト云ツタヤウナ場合ニ」[25]おける担保付債権者の協力を得る余地を配慮したものとの理由によっている。この点について,当時多くの議論はなかったようであるが,おそらくは私的整

---

(21) 以上の帝国議会における政府委員の答弁の記述につき,小野耕一編「第七十三回帝國議會 商法中改正法律案委員會議事抄録」15頁(発行年不詳)。
(22) 松本烝治「商法改正要綱(六)」法協50巻2号144頁(1932年)。
(23) 奥島・前掲論文17頁。
(24) 田中・前掲書15頁。また,この間の分析について,拙稿「経済構造の変化と倒産法の対応」ジュリスト971号269頁(1991年)。
(25) 小野編・前掲書170頁。

理にあっては，破産を回避するために担保権者がその権利実行を差し控えるといった事態があったものと推測できる。

いまひとつ指摘すべきことは，昭和13年の商法改正において設けられ特別清算についてである。特別清算が設けられた理由は，会社が行き詰まって解散するという場合に「会社自身ノ手ニ委ネテ清算ヲサセルコトニスルナラバ，果シテ多数権利者ノ権益ガ十分ニ保護サレルデアリマセウカ，……裁判所ノ監督ノ下ニ一層厳重ナル清算手続ヲ以テ臨ム必要ガ大イニアラウト存ズルノデアリマス，……破産ノ一歩若クハ数歩前デ喰止メルコトガ出来ルナラバ，是ハ結構ナコトデアリマスカラ，……特別清算ノ規定ハ茲ニ置イタ次第デアリマス」(26)として，破産を回避しつつ，公正な清算を実現することにあった。明治44年の商法改正（明治44年法律第73号）で通常清算が規定されたこととの関係でみれば，規制の緩い通常清算，私的整理，あるいは最後の手段である破産との連動しか仕組みとして倒産処理法制には存在しなかったわけであるから，商法に定める手続が破産に代替するものであったことは，これら手続に与えられていた社会的評価に繋がるものであろう。

当時の商法改正が英米の会社法を多分に意識したものといわれ，とりわけこの会社整理，そして特別清算がイギリス会社法の移入であるとの指摘もないではないが，これを裏付ける帝国議会における明確な審議の足跡を見いだすことはできない。しかし，イギリス会社法を一部参酌したことは確かなことのようである(27)。

---

(26) 小野編・前掲書16頁。
(27) 松本・前掲論文「（五）」法協1号152頁（1931年）によれば，要綱の起案につき参考とすべき立法例を発見しなかったとあるが，当時のイギリス会社法第153条以下の Arrangements and Reconstruction に関する規定，同第163条以下の裁判所による清算に関する規定等，当時のスイス債務法第657条，同改正案第718条の規定の如き多少の示唆を与えたものたるに止まっている旨の指摘がある。

## Ⅲ　企業倒産処理法制の転機─アメリカ法への傾斜

### 1　第二次世界大戦後における潮流

　第二次世界大戦後の産業復興は，企業倒産処理法制にも多大な影響を与えた。戦後の一時期に存在した「企業再建整備法」，「特別和議法」に加えて，倒産処理法制の大きな展開としては，1952年（昭和27年）の会社更生法（明治27年法律第172号）の制定があげられよう。

　会社更生法の制定は，当時の連合軍総司令部の指示によるものとされているが[28]，このことを差し引いても，その意味は次の点に収斂されよう。

　第1に，比較法的にみるとドイツをはじめとする大陸法の影響を受けていたわが国の民事手続法制に本格的な形でアメリカ法が根付いた点である。しかも，それはアメリカ連邦倒産法がもっていた「企業維持」の発想が本格的にわが国の法制度に持ち込まれたという意味においてである。すでに論じられているように[29]，当時の連邦倒産法は1929年に始まるいわゆる大恐慌の経験に由来するものである。中心的な産業基盤が鉄道産業から自動車産業などへ移行する過程において企業喪失に伴う社会的損失の不拡大が標榜され，これに伴って衡平法上の収益管理制度が制定法上の会社更生に止揚されたものである。この意味で，擬似的な状況にあった第二次大戦後におけるわが国に「企業維持」の発想を定着させた会社更生の役割は大きなものであったといえよう。

　第2は，こと株式会社法制との関係で特筆すべき点は，会社更生法が再建をより強く指向するべく，民商法などによる実体的規律を倒産処理の局面で一種の超法規的な発想によって修正したことに求めることができよう。とり

---

　　(28)　これに対して，自主的な立法であるとの指摘につき，位野木益雄『会社更生法要説』7頁（1953年）。
　　(29)　アメリカ連邦倒産法の沿革につき，三ケ月章「アメリカ会社更生手続の形成」『会社更生法研究』1頁以下所収（1970年・初出1950年）など参照。

わけ担保権につき，これを更生担保権としてその有する実体的地位に対して殊更譲歩を求めることによって，金融取引における担保制度の帯有してきた本来的機能（優先弁済権・換価権）を質的に変革したことは，夙に指摘されるところである[30]。また，取締役の業務執行あるいは株主総会の専権であった資本構成の変更，組織の変更などを更生計画に依拠するものとしたことによって，企業維持にとどまらず，企業再生をより明確に指向した点で，会社更生は大きな意味をもっていたといえよう。その後，会社更生法は，山陽特殊鋼の更生事件を契機とした1967年（昭和42年）の改正[31]を経たものの，大規模株式会社の倒産処理方式として，1970年代の第一次，第二次石油危機の時期を体験し，制度の定着とともに，本来予定されていたその役割を果たしてきたといってよいであろう。

## 2　21世紀における転機——急激なアメリカ法への傾斜

（1）　1990年頃に生じたいわゆるバブル崩壊は，金融自由化と連動して，企業倒産処理法制の分野においても多様な問題を提起した。それは，二方向に整理できよう。第一の方向は，われわれが戦後において知らなかった金融機関の破綻であり，第二の方向は，これを介在した危機回避型の信用供与の収縮を主たる要因とした中小企業の倒産である。

まず前者について，俯瞰してみよう。コスモ信用組合，木津信用組合などを端緒とする一連の金融機関破綻は，われわれに多くの未体験ゾーンを提供した。一般事業会社の倒産，これに対する会社更生法の適用を前提とした倒産処理のシステムは，多数の預金債権者が伏在すること，信用秩序の崩壊をもたらすことなどの理由により，金融機関の破綻には有効・適切な手法ではないと考えられてきた。これらの観点から，特別法であるいわゆる金融機関破綻処理法の制定は社会的に注目されたところである。とりわけ北海道拓殖

---

(30) 三ケ月章「会社更生法の司法政策的意義」『会社更生法研究』215頁以下所収，とりわけ233頁，240頁以下（1970年・初出1966年）。

(31) この改正の経緯につき，宮脇幸彦＝時岡泰『改正会社更生法の解説』1頁以下（1969年）。

銀行の破綻処理を契機とする合併を介在させた民間活力による処理が限界に達したところで，次にいわゆるブリッジ・バンク方式によるアメリカ型の破綻処理の功罪が問われたところでもある。これとの関係で，裁判上の手続の透明度の高さが評価されつつも，なお政府による資本注入を介した金融機関支援は今後における様々な問題を提起したといえる。預金債権者の保護に傾斜した多様な支援策は合理性をもつものといえるが，金融機関破綻の処理という視点からこれを考えれば，今後における多様な再建手法を模索できた時期といえよう[32]。また，企業の業種に特化した倒産処理法制を考えるべき時機の到来をも告げたものといえよう。

　後者の問題は，わが国の産業構造に起因する。いわゆる大規模企業は，銀行借入れに依存した資本調達からエクイティ・ファイナンスを中心とした直接金融へというライアビリティー・リストラクチュアリングを果たしたものの[33]，中小規模の企業にとってはなお銀行金融がなおその中心にあった。そのため，金融自由化，さらには不良債権処理に伴う自己資本充実の要請に由来するところの金融機関の負債管理の影響が，直截に中小企業倒産に現れてきたものといえる。これに対応する法制度としては，手続コストの高価な会社更生による処理には馴染まず，他方で，これまでその仕組みの弱体が指摘されてきた和議あるいは会社整理の申立件数が大幅に上昇するといった皮肉な現象をももたらした。

　(2)　1990年代のわが国の企業倒産処理法制を総括してみると，こと株式会社に手厚くは対応してはいるものの，各手続が創出されてきた過程や仕組みが相互に隔絶しているために複雑なシステムになっていたこと，各手続が基盤としている外国法制が異なるために倒産処理の理念が必ずしも明確でな

---

[32]　アメリカにおける金融機関破綻処理の方式の紹介およびその分析につき，拙稿「アメリカにおける銀行倒産と法的処理の技法－その序説として」高窪利一先生還暦記念論文集『現代企業法の理論と実務』535頁（1993年）。また，金融機関破綻の処理を整理・分析した文献としてさしあたり，堀内昭義『金融システムの未来－不良債権問題とビックバン』163頁以下，とりわけ182頁以下（1998年）。

[33]　このような指摘として，日本経済新聞社編『現代企業入門』277頁以下（1990年）。

かったことが，その特徴としてあげられよう。

　前者については，①再建型手続の対象が株式会社に傾いていたために，これを利用する企業にとって一種の迷路になっていたこと，②整理や和議ではその履行確保を担保する制度が未成熟なままの手続であったのに対して，会社更生はこれを十分に完備していたというように，手続間の仕組みに大きな隔絶があったこと，③整理や和議では担保権の処遇を含めて規定自体に不整合な点が散見できたことなどがあげられよう。

　後者については，各手続の間にドイツ法と英米法との相克があり，破産回避型（和議）と任意整理止揚型（整理），そして更生型（会社更生）の区分をすれば，これらが独自の理念の上に成立していたところに，使い勝手の悪さがあったといってよい。

　(3)　このような状況にあって，1997年10月に法務省は，「倒産法改正検討事項」[34]（以下，「検討事項」という）を公表した。企業倒産に限るならば，この内容について注目しなければならないのは，以下の点である。

　第1は，この検討事項において，いわゆる「法人のための新再建型手続」の当否が提示されていたことである。検討事項の補足説明[35]によると，和議や会社整理と「併存し，又はこれらの代わるものとして，主として中小企業や株式会社以外の法人等の再建を図る倒産処理手続を整備する観点」から右手続を設けるという考え方およびその手続の概要などの当否が意見照会されていた。

　倒産処理法制が，その対象を株式会社に傾斜していたこともあって，これを一方で株式会社以外の法人に拡張するとともに，他方で，会社更生，会社整理，和議の構造的な隔絶性を希釈化する方向で，とりわけ会社更生を簡易化し，かつ，会社整理を強化した中間的手続を構想しようとするものであった[36]。

---

(34)　法務省参事官室『倒産法制に関する改正検討事項』（1997年10月）
(35)　法務省参事官室『倒産法制に関する改正検討事項補足説明』42頁（1997年10月）。
(36)　比較法的にみると，かつてアメリカで旧連邦破産法の第X章手続（会社更生）

これまでに倒産処理法制についてその見直しの契機がなかったわけではない。1968年（昭和43年）の会社更生法の改正に際して、中小企業向けの簡易な手続を提唱する意見もあったし、他方で、会社更生の適用を一定規模以上の株式会社に限定すべきとの両論が存在していた[37]。しかしなお、この点についてはそのままとし、新たな手続の構想、さらには適用対象についてはそれ以上の議論はなかったようである。1997年の検討事項における提案では、いわば中小企業にとって使いやすい手続であるとともに、株式会社にその対象が限定されない新再建型手続が示されていた。

　1996年ベースでみると、企業倒産件数が14万件台に達し、そのうち個人経営を含む資本金１億円未満の企業倒産件数の割合が99％を超える状況にあった[38]。つまり、倒産企業の大部分は資本規模からのみみれば、中小規模の会社で占められていた。このような実態からみると、改正検討事項および補足説明にいう「中小企業」のための手続の整備は理に適ったものといえよう。また、経営組織別の株式会社と有限会社との比率がほぼ同等である状況に照らすと[39]、なお株式会社以外の法人についても均しく適用のある新し

---

と第ⅩⅠ章手続（債務整理手続）の中間的手続を創設すべきであるとの提案がなされたことがある。かかる提案につき、Quittner and Chanin, New Debtor Proceeding for the Middle Size Corporation: Concrete Proposals (Chapter X1/2), 8 SantaClara Law. 191 (1967); Quittner,Should a Chapter X1/2 Be Enacted for Rehabilitation of the Middle Size Corporation?, 42 Ref. J. 37 (1968); Rochelle and Balzersen, Recommendations for Amendments to Chapter X, 46 Am. Bankr. L. J. 93, 102 (1972); Stutman,Glatt and Chanin, "Chapter X1/2 or Bust", 30 Bus. Law. 235, 252 (1974) がある。これらの提案が、現行連邦倒産法の第一一章手続（更生）に結実している。右の提案の内、末尾の文献について紹介したものとして、松田安正＝華学昭博訳「10・1/2章か破滅か（上）（下）」NBL273号63頁・277号47頁（1983年）参照。

(37) これらの議論について、宮脇幸彦＝時岡泰『改正会社更生法の解説』384以下（1969年）参照。なお、その後における簡易な更生手続に関する提言として、中小企業倒産対策委員会報告「倒産関連法の問題点と改善方法について－中小企業救済の立場からみて」金法941号51頁（1980年）参照。

(38) 数値はいずれも、総務庁統計局編『第47回・日本統計年鑑平成10年版』5－17表による。

(39) 総務庁統計局編・前掲『日本統計年鑑平成一〇年版』五一九表による一九九一

い再建型手続の創設を具体的に展望することは理解することができる。

ところで，法律が規律する倒産処理システムの全体像を立法論として考えるにあたって，当時を振り返ると二様の考え方が提示されてきたといえよう。一つには，現行の方式に近い清算型，再建型を問わず各手続として，その選択をもっぱら手続利用者に委ねる方式である[40]。これに対して，二つには，いわゆる倒産法「百貨店」構想といわれる，倒産法の窓口（手続開始申立て）を一本化し，その後の段階で再建ルート，清算ルートの選択を関係人に委ねる方式である[41]。

これに対して，改正検討事項では，大枠として法人の倒産処理手続と個人（自然人）のそれに区分し，法人の倒産処理手続の中に清算型として破産手続と特別清算手続を，再建型として新再建型手続，会社更生手続を存置し，その間の選択は，手続利用者に任せるとともに，廃止その他の事由がある場合に手続の移行を認める形の提示になっており，現行法に近いシステムになっていた[42]。すなわち，例えば債権者の意向などによって申立人が選択した手続から他の手続へ移行する任意的な移行のシステムは採られていない。

年次の会社数によると，株式会社は約79万社，有限会社は約74万社との報告がある。

(40) 伊藤眞「倒産処理制度の理念と発展」民事訴訟法学会国際シンポジウム・報告書（II）48頁（1997年）。

(41) 宮川知法『債務者更生法構想・総論』386頁以下（1994年・初出1992年）。また，このような考え方の提示として，谷口安平『現代倒産法入門』9頁（1987年），石川明「倒産手続の申立窓口の一本化」金商821号2頁（1989年），座談会「倒産法改正に何を望むか」ジュリスト1111号9頁（1997年）での田原睦夫発言，松嶋英機発言などがあった。

(42) 改正検討事項第1・3(11)イによれば，新再建型手続が先行している場合に，会社更生手続の申立てがあると，その決定があるときまで新再建型手続は中止する方式の当否が問われており，また，同・アによれば，会社更生手続の開始決定があるときは，先行する新再建型手続は失効することの当否が問われている。他方，同・(10)によれば，新再建型手続につき廃止または再建計画不認可決定が確定した場合で，破産原因である事実があると認められるときは，裁判所は職権で破産宣告をするものとの考え方の当否が問われている。なお，法人の清算手続（破産・特別清算）と新再建型手続・会社更生手続との関係については，改正検討事項では明示されていなかった。

したがって，改正検討事項では，前述の二様の考え方の前者の方式を原則として採用することを前提としていたものといえよう。このような方式は，アメリカ連邦倒産法のそれに近似するとともに，基本的には新再建型手続を現行の会社整理および和議に代替させる（換言すれば，両手続を一本化し，構造を強化する）点に，改正検討事項第1部第2章の主眼があったといえる。いわゆる窓口一本化構想は，一見弾力的かつ合理的な倒産処理を指向できるようにも考えられるが，その間のルートの模索は，そのイニシアチブを裁判所がとるにせよ，関係人（債権者あるいは債務者）がとるにせよ，一つには手続を長期化すること，二つには，それに伴うコストの増大を招く危惧があろう。この点，窓口が一本化されていたわけではないが，きわめて柔軟な手続移行の制度を有していたアメリカの1938年連邦破産法において，連邦証券取引委員会を介在した裁判所主導による再建型手続相互の移行の制度が失敗した例を想起することができる[43]。基本的には倒産法という枠組みの中で，目的の異なる清算型手続と再建型手続を異別化するとともに，これらの各カテゴリーの中で一つの手続を選択させ，そのルートを維持する方式（複数手続型）[44]が，かつてのアメリカの例を参考とすれば，合理的ではないかと考

---

(43) 旧連邦破産法第147条は第X章手続から第XI章手続への移行を，また同第328条は第XI章手続から第X章手続への移行を規定していた。とりわけ，後者の移行につき，連邦証券取引委員会の異議申立による手続移行に関わる基準をめぐっては多くの紛争が生じ，結局のところ，事件が長期化し，そのためのコストに堪ええなくなった債務者が破産を受け皿とするしかない結果をもたらした。この点につき，拙稿「アメリカにおける会社更生手続と債務整理手続の機能分担－その序説として」早稲田法学会誌25巻1頁以下（1975年）参照。このことが，1978年法により旧両手続の一本化に結びついていることは，上記論文で指摘したところである。

(44) 福永有利「倒産法一本化の是非と問題点」ジュリスト1111号29頁，31頁（1997年）は，この方式に関連して，「再建型の処理と清算型の処理とでは，その趣旨ないし目的の重心のあり方を異にするという従来の考え方」に立つとすれば，「手続を別個にして，その目的にもっとも適した手続を利害関係人に保障することが適切であると通常は考えられるし，申立権者には「その手続の結果についての予測可能性をできる限り保障することが望ましい」と，指摘する。また，複数手続型と単一手続型の長所・短所の比較検討した上で，手続間の移行の要件や効果の規定の整備を条件として，複数手続型は，単一手続型に比較して，著しく

えられたし，1999年の民事再生法制定後のシステムは基本的にその枠組みが維持されている。その意味では，改正検討事項において，会社整理および和議の統合あるいは整備を前提として，提示された新再建型手続がリードしようとした方向性の意義はきわめて大きかったといえる。

## 3　改正検討事項に対する評価

　倒産処理制度が株式会社について，多様な再建型手続を用意していたことは，次の理由によると一般的に説明されてきた。株式会社の倒産にあっては，ある程度の資産規模，負債規模，従業員規模を擁し，また，倒産による社会的影響が大きいことがとみに強調されてきた。もとより，会社更生事件の分析によれば，一般的傾向としてそのようにいえるにしても，株式会社の存在意義からみれば，なお検討の余地があるように考えられてきた。「一人会社」に代表される法人成りの実態が世上喧伝されるに至って，また，株式会社という装置の利用が必ずしも先の規模を反映しているとはいえないところから，有限会社，合名会社，合資会社を含む営利社団，さらには学校法人，医療法人などを含む公益法人などについても，真に更生の可能性があれば，これらに多様な再建手段をもって対応するといった方向性は自然である。改正検討事項では，そこまで立ち入ってはいなかったが，提示された新再建型手続が法人一般を手続の対象とし，客観的な「再建の見込み」を基準とした対処（第1・3（2）オ）を指向していたのは，評価されてよいと考えられる。また，改正検討事項では，法人および個人（自然人）の双方を対象とするとの考え方の当否（第1・3（2）イb）も提示されていた。これは，事業者（bisiness）と非事業者（non-business）とに債務者を区分するアメリカ方式がやはりその範とされていたが，債権者数の多寡，債権の態様などからいえば，事業者・非事業者の範疇での対象の捉え方，ひいては一定規模以上の負債額で，かつ，一定数以上の債権者を擁する事業者を新再建型手続の対象とする選択もあってよかった。しかし，その基準による切り分けが

---

手続が重いということにはならないのではないかと指摘する。同・論文34頁〜36頁参照。

難しい点から，ここに止まったとみてよい。

## Ⅳ　再建型倒産処理手続の等質化の方向性

### 1　倒産処理法制にみる企業維持の発想

　企業倒産処理法制は，破産と和議を親木として，これまでいわば「接ぎ木」の如くその元枝を伸ばしてきたように表現されるのが通例である。それは，大陸法を母法とする破産と和議に，イギリス法を母法としたであろう会社整理が，さらにアメリカ法を母法とする会社更生が加えられてきたことを意味する。しかし，これを将来にわたって整備しようとする考え方が，その当否を含めて，1997年の「改正検討事項」に盛り込まれていた。そして，その内容は，実体法との調整，取引実務との調整などを克服して，1999年の民事再生法，さらに2003年の新しい会社更生法に結実していく。これら2つの新法にみるアメリカ法への急激な傾斜とその要因について，以上のように戦前戦後における倒産立法の流れをふまえて，若干の小括をしておこう。

　こと再建型倒産処理手続にあっては，沿革的にみると裁判外の方式である私的整理を基盤とする「債権者・債務者協議型」がその流れの基調にあることがわかる。和議と会社整理が裁判上のものとして法制化されたのは，私的整理を裁判上のものとして止揚するインセンティブ，しかもそれは企業の再建が債権者と債務者の協働的作業による過程であるとの認識によっていたように考えられる。このことは，1952年の会社更生によって一見後退したかのように見えるが，会社更生とてもその基調にあるのは，企業管理者である管財人と債権者との間の協議を基調としていたことには，疑問の余地はなかろう。このように企業倒産処理法制を考えると，包括執行としての破産を基点として「倒産処理」を俯瞰する発想から，破産を含めた「債権者・債務者協議型」をベースにした「企業維持を基調とした倒産処理」といった発想に切り替わっていくことが，今後の展開として推測できなくはない。さらに，2004年に制定された破産法（平成16年法律第75号）においても，事業譲渡の

活用による破産財団の有効な活用に示される事業ないし資産価値の維持といった発想はなお強化されているとみることができる。

## 2　手続の等質化とその展望

最後に今後を2点について展望しておこう。

倒産処理法制の大枠は，こと企業の再建型倒産処理法制に限っていえば，民事再生と会社更生に醇化されたといえる。今後におけるこれら両手続の連携は，共通の対象である株式会社について両手続の機能分担をどのように図るかという点に収斂される。担保権の実行に対する制約，事業譲渡，さらに保全処分，利害関係人による議決権行使の方法，労働組合の手続参加など，両手続の間には手続構造の等質化が図られている以上，両手続の機能面での差異を前提とした手続の有効な選択が強く志向されよう[45]。

これに対して，上記の議論は再建型倒産処理手続の入口のものであるが，いわば出口の議論としては，牽連破産の問題があろう。すなわち，再建型倒産処理手続が奏功しなかった場合における受け皿としての破産との機能分担である。会社更生および民事再生が手続開始申立ての棄却，手続廃止などの事由により終了した場合における破産による事後処理の問題である。この間の牽連の効果について，両手続ともその整備が図られ（「破産法の施行に伴う関係法律の整備等に関する法律」（平成16年法律第76号）参照），スムースな移行処理が担保されている。破産への移行はいずれの場合も，当該手続が不奏功に終わり，「破産原因たる事実」が認められる場合に移行される。破産原因事実の認定に基づく職権による破産への移行（会更252条1項本文・民再250条1項）は，更生ないし再生の可能性が見込まれない段階で，裁判所が果敢に清算処理を実現するための方策である[46]。このような方式は，再建型倒産

---

(45)　会社更生と民事再生との相互移行も法上は想定されている。更生手続が開始されたが一方で再生手続が係属していた場合には，破産を受け皿とすることなく，再生手続への移行が認められる余地がある。会更11条1項ただし書き参照。なお，手続の選択を論じた最近の文献として，池田靖「各手続選択の際の一般的・個別的要因」清水直編『企業再建の神髄』71頁（2005年）。

(46)　これらを論じた最近の文献として，林圭介「法的倒産手続の競合と移行（再建

処理手続の安易な利用を抑制する効果をもたらそうし，ひいてはそれが利害関係人を保護することにもなる。今後，破産を受け皿とする移行事例の蓄積を待ちたいところである。

　最後に以上に関連して，中国における企業倒産処理法制の動向に触れて，筆を擱くことにしよう。中国の企業倒産処理法制は国有企業の倒産に適用される企業破産法（試行）にこれまでよっていた。しかし，2006年8月27日に中国全国人民代表大会常務委員会は企業破産法を制定し，2007年6月に施行することとしている(47)。この企業破産法は，国有企業のみならず法人としての企業（企業法人）に適用されるとともに，その手続構造がアメリカ連邦倒産法と同じく，単行法（企業倒産法）で破産清算，更生，和議を規律するものである。その手続相互の脈絡は再建型手続優位にはなっていないが，更生または和議が不奏功に終わった場合に破産清算を受け皿とする仕組みは備わっている。また，更生，和議の手続は日本の会社更生，民事再生（ひいては旧和議）に近い構造を有している。これらの諸点から，日本，中国，アメリカ，さらに韓国やドイツにおける企業倒産処理法制が完全な形ではないにしても構造上一応の平準化が達成されたものとみることができよう。とりわけ中国にあって企業倒産処理法制が本格的に実現されたことは，国際取引のいっそうの発展に寄与するものといえようし，アジア諸国における統合的な企業倒産処理法制を展望することも可能としよう。

---

　　　型と清算型）」清水直編『企業再建の神髄』76頁（2005年），松下淳一「倒産処理
　　　手続相互の関係」ジュリ1273号107頁（2004年）など。
　(47)　企業倒産法は，全12章136箇条からなり，第1章・総則，第2章・申立及び受
　　　理，第3章・管財人，第4章・債務者の財産，第5章・破産費用及び共益債務，
　　　第6章・債権の届出，第7章・債権者集会，第8章・更生，第9章・和議，第10
　　　章・破産清算，第11章・法律責任，第12章・附則で構成されている。なお，これ
　　　を紹介するものとして，張継文「『中華人民共和国企業破産法』の制定及び実施」
　　　国際商事法務34巻10号1354頁（2006）。

## *3* 欧州連合（EU）拡大と法の継受
―拡大に対する新加盟国の対応―

須 網 隆 夫

- I 問題の所在
- II 中東欧諸国の EU 加盟に至る経緯
- III 「EU 法の継受」に向けた努力
- IV 「EU 法の継受」に際して生じた困難と対応
- V EU 拡大の経験に対する考察
- VI EU 拡大の EU 自体への影響―憲法条約の調印

## I 問題の所在

　2004年5月，中・東欧諸国を中心とする10カ国の欧州連合（EU）加盟が実現し，EU は，それ以前の15カ国体制から，25カ国体制に移行した。EU への加盟は，新たに加盟する国にとっては，加盟時点で存在している EU 法（それらは基本条約を根拠に制定された膨大な二次立法及び欧州司法裁判所の構築してきた判例法によって構成され，EU では，「アキ・コミュノテール（共同体既得事項）（*acquis communautaire*）」と呼称される）を全面的に継受しなければならないことを意味する。EU 法は，1950年代の欧州石炭鉄鋼共同体（ECSC）の創設を嚆矢として成立し，主として経済法として出発した。しかし，1993年に発効したマーストリヒト条約により，EU が創設されるとともに，それまでの「欧州経済共同体（EEC）」が，「欧州共同体（EC）」と名称を変更したことが示すように，その対象領域は経済法の範疇に最早止まらな

い。2004年10月29日に調印された「憲法条約（Constitutional Treaty）」の第二部が「基本権憲章」[1]を同条約内に組み込んだことが示すように，EU法は，基本的人権の保護をも包含する一つの包括的な法秩序として成熟しつつある。そして新加盟国は，加盟を実現するためには，そのような広範囲に渡るEU法を全面的に継受して，国内法秩序に受容しなければならない。このように考えれば，今回の拡大は，おそらく過去1世紀において，最大規模で行なわれた「法の継受」の実験であると言っても過言ではないだろう。

　本稿は，EUにおいて行われた，「法の継受」に関連して生じた問題を検討することにより，「法の継受」一般についての示唆を得，日本における「法の継受」を考察する視点をも獲得しようとするものである。

## II　中東欧諸国のEU加盟に至る経緯

### 1　加盟交渉開始までの経緯

　EUへの加盟に際して，加盟候補国は，EUとの加盟条件について詳細な交渉を行なわなければならないが，今回の拡大に至る新規加盟国との加盟交渉は，正式には，1998年に開始された。しかし，1989年の「ベルリンの壁」崩壊時点で，将来の中東欧諸国の民主化・市場経済化とEC（当時）加盟が，かなりの確率で実現することが予測されていた。その意味では，今回の加盟実現は，約15年近い歳月を要して，準備されてきたと考えることができる。以下には，その準備過程を概観する。

### (1)　体制転換から援助プログラムの開始

　ECは，1990年代当初より中東欧諸国の体制転換を支援してきた。ECによる最初の枠組みは，「PHARE援助計画（中東欧経済再建援助行動計画）」である。1989年7月のアルシュ・サミットで，欧州委員会は，「先進国24カ国

---

（1）　伊藤洋一「EU基本権憲章の背景と意義」法時74巻4号（2002年）21頁以下。

蔵相会議（G24）」を代表してポーランド・ハンガリーに対する援助を実施する任務を負わされた[2]。その後，G24 による援助対象国はチェコスロバキア・ブルガリア・ユーゴスラビアへと拡大したが，EC は，PHARE 計画に従って，これらの諸国への援助を実施した。それらの援助は，具体的には，中東欧の特定国に対する経済援助に関する1989年12月18日付け理事会規則3906／89号に従ってなされている[3]。

PHARE 計画による援助は財政援助が主体であったが，その後，1990年には，中東欧諸国の学生を EC 内の高等教育機関に受け入れるプログラム（TEMPUS 計画）も開始され，中東欧諸国より，EC 域内への留学生派遣が始まった。

EC，その後 EU は，体制転換を意図した中東欧諸国に対して，政治的民主化（具体的には，政治的多元主義による複数政党制，分権化による市民社会体制の確立，司法機関の独立を意味する），市場経済制度の確立（私的所有制度の確立を前提とする）を求め，その体制転換の程度に応じて協力関係を深化させてきた[4]。そのため，PHARE 計画による援助を求める国は，法の支配，人権尊重，複数政党制の確立，自由・公正な選挙の実施，市場経済を導入するための経済自由化を約束しなければならず[5]，その結果，各国はそれぞれ，自主的な国内作業として，国内の体制変革に取り組むことになった。換言すれば，この段階では，EU 加盟の可否は未決定のまま，各国において EU 加盟を目標とする準備作業が進められたのである。

---

（2）　須網隆夫，ゲルウィン・ヴァンゲルベン「欧州共同体と中東欧諸国の新たな通商制度─新しい自由貿易地域への展望─」国際商事法務19巻1号（1991年）20頁以下。

（3）　OJ 1989, L 375/11；OJ 1990, L 257/1.

（4）　鈴木輝二「中東欧諸国の EU 加盟準備過程」日本 EU 学会年報第18号（1998年）121頁・127－128頁。

（5）　Marc Maresceau, Pre-accession, in The Enlargement of the European Union 9, 13 (Marisa Cremona ed., 2003)

## (2) 連合協定の締結から加盟準備

1988年6月のEC・コメコン間の公式関係樹立に関する共同宣言調印以後，ECは，ヨーロッパ地域におけるコメコン構成国との間に、二国間の通商経済協力協定を順次締結していった[6]。さらに1991年から1996年にかけて，EC，その後EUと中東欧諸国との間には，個々に「連合協定（Association Agreement）」（EC条約310条）としての「欧州協定（Europe Agreement）」が順次締結された。各協定は，ほぼ同じ内容であり，自由貿易地域の設立による通商自由化を基本に，サービス貿易の漸進的自由化，資本・人の移動の自由化，経済・財政・文化面での協力を規定しているが，さらに様々な分野での「法の調和・統一」をも視野に入れていた。法の調和の対象分野は，会社法，法人税，金融サービス，競争法，消費者保護，環境保護，間接税，技術規格，輸送，知的財産権等に及び，EUと欧州協定を締結した各国は，これらの分野で国内法をEU法に一方的に調和させることを実際上義務付けられていた[7]。このように，「欧州協定」は，自由貿易地域の枠組みの中で，加盟候補国の国内法をEU法に接近させる機能を有していたのである。

「欧州協定」の締結と並行して，中東欧諸国のEU加盟に向けた準備も具体的に始まる。すなわちEUは，1993年の「コペンハーゲン欧州理事会」において，中東欧諸国のEU加盟について，加盟候補国が加盟のために満たすべき条件（いわゆる「コペンハーゲン基準」）を決定した[8]。「コペンハーゲン

(6) 須網ほか・前掲注2）7頁。
(7) 同・31頁。欧州協定は，EU法を候補国の国内法に導入するための法的根拠を提供しており，例えば，ハンガリーとの欧州協定62・64条は，EC条約87条と同様に国家援助を規制し（OJ 1993, L 347/2 ; Peter Schütterle, State Aid Control - An Accession Criterion, 39CMLRev. 577, 577-578 (2002))，またエストニアとの欧州協定68-69条は，広範な分野において国内法をEU法に接近させる努力義務を定めている（Ameli Albi, Eurpoe Agrcements in the light of Sovereiguty and Legitimacy : The Case of Estonia, in EU Enlargement, The Constitutional Impact an EU and National Level, 195, 198-201 (Alfred E. Kelkermann, Jaap W. Zwaan and Jenö Czuczai eds., 2001))。
(8) Presidency Conclusions of Copenhagen European Council, 21-22 June 1993 ; Christophe Hillion, The Copenhagen Criteria and their Progeny, in EU Enlangement : A Legal Approach 1-22 (Christophe Hillion ed., 2004).

基準」は，加盟候補国が，第一に，EU 域内の競争圧力と市場力に対応できる能力を備えた良好な市場経済，第二に，民主主義，法の支配，人権，少数民族の尊重・保護を保障する安定した統治機構，第三に，経済通貨同盟の実現を含む EU 加盟に伴う義務を引き受ける能力を備えることを要求するものであり，これら3要件の中では，「民主主義」が最も重要視され，次に重要であるのが「共同体既得事項の実施」とみなされてきた[9]。そして欧州委員会は，コペンハーゲン欧州理事会に先立って，EU 加盟に際して，候補国が，「共同体既得事項」を全面的に受容しなければならないことを明確にしていた[10]。

このような状況の推移の中で，「欧州協定」によるシステムは，中東欧諸国の EU 加盟を直接の目的とするものではなかったにも係わらず，「コペンハーゲン基準」の達成を援助する役割を実質的に果たすようになった。すなわち，「欧州協定」に含まれた自由移動に関する規定及びその実施のための「法の一般的接近」の規定は，「コペンハーゲン基準」と中東欧諸国のEUへの加盟申請により，加盟準備の側面を有することになったのである[11]。

## 2　加盟交渉の開始―「アジェンダ2000」と加盟候補国の選定―

「コペンハーゲン基準」の内容には不明確な部分もあったが，基準を具体化し，個々の加盟申請に対応することは，欧州委員会の任務であった。委員会は，この任務を果たすため，1997年7月，EU 東方拡大に対する委員会の見解を公表するに至った。これが「アジェンダ2000（Agenda 2000）」であり，拡大をより広い文脈で検討し，「コペンハーゲン基準」に照らした，個々の加盟申請に対する委員会の評価を明らかにすることに加えて，拡大によって影響を受ける各分野の問題を検討している[12]。委員会は，自らの見

---

(9) Karen E. Smith, The Evolution and Application of EU Membership Conditionality, in The Enlargement of the European Union 105, 113-114 (Marise Cremona ed., 2003).
(10) Id. at 111-113.
(11) Maresceau, supra note 5, at 16.
(12) Commission, AGENDA 2000, For a stronger and wider Union, Document

解を準備するために詳細な質問書を加盟候補国に送付し，特に，加盟候補国がEU法にEU法に適合させる能力，そのために利用可能な人的資源について情報提供を求めた。そして委員会は，結論として，ハンガリー・ポーランド・エストニア・チェコ・スロベニアの5カ国との加盟交渉開始を提言したが，この5カ国の国内状況に全く問題がないと判断されたわけではなく，5カ国全部に対して，行政・司法のインフラと能力の改善が，加盟を承認するために不可欠と考えられていた[13]。

「アジェンダ2000」における委員会意見は上記の通りであるが，具体的な加盟交渉開始には，客観的な要件充足に加えて，高度の政治的判断が要求される。そのため，交渉開始の最終決定は，欧州理事会に委ねられ，1997年12月の「ルクセンブルク欧州理事会」において，既に加盟交渉開始が決定していたキプロスに加えて，中東欧諸国からの最初の加盟候補国として，上記5カ国が選ばれ，各国との交渉開始が決定した。そして，1998年3月末から，キプロスを加えた6カ国との加盟交渉が正式に開始された[14]。

しかし，その後加盟交渉対象国はさらに拡大する。1999年10月に公表された委員会意見書は，交渉対象国を拡大し，上記6カ国に加えて，「欧州協定」を締結した他の6カ国をも加盟対象に加えるべきであるとの意見を示し，この見解は，同年12月の「ヘルシンキ欧州理事会」によって承認された[15]。「ヘルシンキ欧州理事会」は，コソボ危機以降の新たなヨーロッパ情勢に鑑み，政治的条件を満たしていないと考えられたブルガリア・ルーマニアをも含む，トルコ以外の全加盟候補国との交渉開始を決定したのである。

そして各候補国との加盟交渉を経て，2001年12月の「ラーケン欧州理事

---

drawn up on the basis of COM(97) 2000 final, EU Bulletin Supplement 5/97；東野篤子「EU東方拡大への道，1995－1997年―欧州委員会，ドイツ，フランス，英国の立場を中心に―」日本EU学会年報第20号（2000年）210頁以下。

(13) Commission, supra note 12, at 57-59; Maresceau, supra note 5, at 25.

(14) Presidency Conclusions of Luxembourg European Council, 12-13 December 1997; Maresceau, supra note 5, at 30.

(15) Presidency Condusions of Helsinki Eurpean Council, 10-11 December 1999；東野・前掲注12) 230頁。

会」において，2004年5月に加盟した10カ国の加盟が決定し[16]，2002年6月の「セビリア欧州理事会」は，ブルガリア・ルーマニアを除く10カ国の加盟を宣言するに至った[17]。その後，2003年4月には，現EU加盟国と加盟候補国との間に，「加入条約（Accession Treaty）」が締結され[18]，同条約は各国での批准手続に付された。各国における批准手続きは順調に終了し，2004年5月に10カ国の加盟が実現したことは周知の通りである。

なお，EU拡大は，今回の拡大によって終了するわけではないことに注意が必要である[19]。拡大に漏れたブルガリア・ルーマニアとの「加入条約」も，2005年4月に調印され，2007年の加盟が予定されている[20]。そして，EU加盟が年来の課題であり続けているトルコは言うに及ばず，旧ユーゴに属した西部バルカン諸国，また，残存しているEFTA（欧州自由貿易連合）諸国の加盟の可能性が引き続き存在している。1993年の「コペンハーゲン欧州理事会」が確認し，EU条約が規定するように，EUは，全ての欧州諸国に対して開かれているのである（EU条約49条）。

## III 「EU法の継受」に向けた努力

### 1 「EU法の継受」に関するEUの主導権

以上概観したように，加盟候補国は，EUへの加盟を検討し始めた時点から，EU加盟の準備作業を実質的に開始しており，加盟の要件であるEU法

---

(16) Presidency Conclusions of Laeken European Council, 14-15 December 2001 ; Marise Cremona, Introduction, in The Enlargement of the European Union 1, 6 (Marisa Cremona ed., 2003)
(17) Presidency Conclusions of Seville European Council, 21-22 June 2002 ; Smith, supra note 9, at 129.
(18) OJ 2003, L 236/17-930.
(19) Commission, Continuing Enlargement, Strategy Paper and Report of the European Commission on the progress towards accession by Bulgaria, Romania and Turkey, COM (2003) 676 final.
(20) OJ 2005, L 157/11.

の継受は，加盟前の長期間に渡って準備されてきた。

　このような加盟前の準備過程では，EU法継受のために，EUと加盟国との間に密接な協力関係が構築され，EU側の評価を定期的に受ける中で，加盟候補国の法制度の整備が段階的に進行してきた。このようなEUと加盟候補国との相互的関係は，基本的に，EUが主導権を握る関係であったと考えられる。加盟候補国の側には，強いEU加盟への意欲があり，加えて加盟にはEUの定める一定の条件を満たさなければならないため，EUが，加盟交渉の主導権を掌握することが可能であったからである。以下，詳論する。

## 2　EUの「加盟前戦略」

### (1)　「加盟前戦略」と委員会白書

　1950年代に原加盟国6カ国で出発したECは，1970年代以降，五次に渡る領域的拡大を経て，1995年には15カ国によって構成されるまでに拡大した。しかし，過去の拡大では，加盟候補国による「加盟前」の準備は，それほど深刻な問題とはならず，加盟国法のEU法への適合は，「加盟前の準備」と「加盟後の移行期間の設定」によって比較的順調に処理されたと考えられる。然るに，今回の拡大では，社会主義経済から自由市場経済に体制転換した国の加盟が中心であるために，「加盟前戦略（the pre-accession strategy）」は，EUにとってこれまで以上に重要な課題となった。

　既に1994年の「エッセン欧州理事会」から，EUによる「加盟前戦略」は実質的に開始されたと評価することができる[21]。「加盟前戦略」の主要目的の一つは，「欧州協定」を締結した諸国をEUの域内市場に統合することであり，その結果，各国には，EUが制定していた市場統合のための立法を，国内法として継受する必要が生じた[22]。この文脈では，委員会が，1995年に公表した「中東欧連合諸国のEU内部市場への統合準備白書」が重要であり[23]，白書の法的性格は，「欧州協定」に基づく勧告であると指摘されてい

---

　(21)　Maresceau, supra note 5, at 9.
　(22)　Id, at 18.
　(23)　Commission, White Paper‐Preparation of the Associated Countries of

る[24]。

　同白書は，中東欧諸国のために「国内法のEU法へ接近」を実現する詳細な計画を明らかにし，各分野において加盟候補国が採るべき主要措置を明示するとともに，域内市場に関する「共同体既得事項」を国内法に統合することが，加盟成功のための根本的要件であると指摘していた。なお，白書において，「法の接近」が必要な分野として特に指摘されていたのは，競争法・国家援助規制・知的財産権法・輸送法等の諸分野であった。

　その後，「法の接近」を推進するために，国内法とEU法の整合性を担保することを目的とする監督機関や省庁間の調整機関が，各国で設置された[25]。例えば，チェコでは，「欧州協定」発効後，特別機関が設置され，その機関が中心となって国内法とEU法の調整作業が進んだが，ハンガリー・ポーランドでも同様の経過であった[26]。これらの作業は様々な困難に直面したが，「共同体既得事項」の国内法化に際して候補国の直面した困難は，膨大なEU法の規模とその構造の複雑さだけではなく，EU法制度の特殊性に精通した人材の不足であった。

### (2) 「拡大加盟前戦略」への発展

　EUの「加盟前戦略」は，1998年には「拡大加盟前戦略 (the enhanced pre-accession strategy)」へ発展する。すなわち，前述の「ルクセンブルク欧州理事会」により，拡大加盟前戦略の中核的要素として，加盟候補国に対するあらゆる援助を単一の枠組みに集約する「加盟パートナーシップ (Accession Partnerships)」を確立することが決定していたが[27]，1998年3月には，そのための法的手段として理事会規則622／98号が採択された[28]。そして同

---

　　　　Central and Eastern Europe for Integration into the Internal Market of the Union, COM (95) 163 final.
- (24) 鈴木・前掲注4)。
- (25) Maresceau, supra note 5, at 21-22.
- (26) 鈴木・前掲注4) 126頁。
- (27) Presidency Conclusions, supra note 14.
- (28) Council Regulation (EC) No 622/98, OJ 1998, L 85/1.

月30日には，同規則を根拠に，各候補国別に，パートナーシップの目的，優先事項・中間目標，援助条件が，理事会決定の形式で明らかにされたが，同決定には「共同体既得事項」の国内法への継受に対する評価が含まれていた[29]。その後委員会は，毎年，候補国ごとに，加盟に向けた進捗状況を審査して報告書を公表した。この委員会による審査報告書は，加盟候補国においてEU法の国内法秩序への継受のために何が達成されたか，そしてEU法を適用する行政・司法能力の構築にどのような進展があったかを明らかにする任務を負うものであった。特に加盟候補国のEU法適用能力が，今回の拡大にあたった重視されたのは，候補国が長期間の社会主義時代を経て，1990年代になって体制転換した国であるためであろう[30]。

「拡大加盟前戦略」の開始後，加盟候補国における「法の接近」が常に順調に進んだわけではない。しかし，1998年に開始された加盟交渉と並行して行われる，委員会による毎年の審査は綿密なものであった。例えば，2000年10月に公表された委員会報告書は，各候補国における法接近の程度を分析し，加盟に必要な「法の接近」が達成されているか，達成されていない場合は，加盟後の移行期間を設定することにより達成可能であるか等を詳細に評価している[31]。このような定期的評価のシステムは，加盟候補国にとって国内法の改正を迅速に進めるための大きな圧力として作用したと考えられる[32]。委員会は，その後も各候補国の状況を慎重に審査し，2003年11月には，EU加盟の準備状況に関する「包括的報告書」を公表して[33]，各候補国

---

(29) 例えば，ハンガリーについては，Council Decision of 30 March 1998 on the principles, priorities, intermediate objectives and conditions contained in the accession partnership with the Republic of Hungary (OJ 1998, L 121/1) が出された。

(30) Phedon Nicolaides, Preparing for Accession to the European Union : How to Establish Capacity for Effective and Credible Application of EU, in The Enlargement of the European Union 47 (Marise Cremona ed., 2003)).

(31) Id, at 22 ; Commission, Enlargement Strategy Paper, Report on progress towards accession by each of the candidate countries (2000).

(32) Maresceau, supra note 5, at 32-33.

(33) Commission, Comprehensive monitoring report of the European Commis-

が加盟前に努力すべき課題を明確にしようと試みた。同報告書は、結論として、候補国10ヵ国はいずれも、原則的に加盟準備を終了すると予想するとともに、複数の分野では加盟前に解決すべき深刻な問題があり、それらの問題が解決されない場合には、全面的な加盟の実現に疑問を呈していた。

## 3 欧州審議会を通じた協力

ところで、加盟候補国のEU加盟を、EUとの関係でのみ把握してはならない。欧州は、EUだけではなく、多くの国際組織が重層的に存在している地域である。欧州統合の進展が、EUを中核としていることは事実であるが、EU以外の欧州レベル・欧州内の地域レベルの国際組織の重要性を否定することはできず、統合過程の多層性に留意しなければならない。

例えば、後述のように「EU法の継受」を実現するためには、EU法を実際に適用する加盟候補国の行政・司法機関の能力が重要であり、加盟候補国には、EUの「共同体既得事項」を効果的に実施する能力を確立することが求められるが、この文脈では、1990年代始めから、「欧州審議会 (Council of Europe)」による様々な援助が、中東欧諸国に対して供与されていることに注意すべきである。「欧州審議会」は、政治・文化・法律という各分野において広範な活動を展開する欧州の地域的国際組織であるが、例えば、司法制度の分野では、民主主義社会の基本的価値を保証するためには、裁判官・検察官に対する任官直後の新任研修及びその後の継続的研修が重要であると認識し、1995年には、裁判官・検察官研修に関する情報交換を目的とした国際会議を開催した[34]。この会議が、研修による中東欧諸国の裁判官・検察官の能力向上を意識していたことは当然である。

---

sion on the state of preparedness for EU membership of the Czeck Republic, Estonia, Cyprus, Latvia, Lithuania, Hungary, Malta, Poland, Slovenia and Slovakia, COM (2003) 675 final.

(34) The training of judges and public prosecutors in Europe, proceedings Multilateral meeting organized by the Council of Europe in conjunction with the Centre for Judicial Studies, Lisbon (27-28 April 1995).

## Ⅳ 「EU 法の継受」に際して生じた困難と対応

　以上のような努力により，加盟候補国による「EU 法の継受」は，全体的には円滑に進んだと評価できる。しかし，その過程において，困難が生じなかったわけではない。以下には，各候補国に共通して「EU 法の継受」を阻害した要因であった加盟候補国の行政・司法機関の能力と，各候補国において継受に困難が生じた法分野をそれぞれ検討し，その後に「加入条約」による対応を考察する。

### 1　「EU 法の継受」を阻害する共通要因

#### (1)　加盟候補国の行政・司法機関の能力

　加盟に向けた準備過程の中で，加盟候補国による「EU 法の継受」を困難とした要因として一般的に認識されたのが，候補国の法適用・執行機関の能力不足である。

　各加盟候補国が，EU 法を継受する目的で，新たに国内法を制定し又は既存の国内法を修正するだけでは，「EU 法の継受」にとって十分ではない。加盟に至る過程においてしばしば強調されたのは，行政・司法・大学など，EU 法の適用に関係する様々な機関において，人的資源に対する訓練・再訓練が必要であり，加盟前に止まらず，加盟後も候補国において法が正しく適用されるために，EU からの援助が不可欠であることであった[35]。この意味では，「EU 法の継受」にとっての最大の困難は，国内法の整備自体ではなく，法の適用を担う行政・司法の能力にあると認識されていたと言っても過言ではない[36]。

　このような認識は，EU の各機関にほぼ共通して見られる。すなわち委員会は，前述した1997年の「アジェンダ2000」において，「共同体既得事項」の実施について，EU 立法を国内法化するだけでは十分でなく，国内法化と

---

　(35)　Maresceau, supra note 5, at 23.
　(36)　Id., at 33.

同様にそれを適用する行政・司法機関の能力が重要であり，加盟候補国の行政機関は近代化されねばならず，また行政官僚は適正に訓練され，適切な報酬を受領し，裁判官も EU 法に関する訓練を受けねばならないと指摘した[37]。さらに2000年6月の「フェイラ欧州理事会」も，加盟交渉の進展は，各国が EU 法を国内法に編入することと，特にそれを実効的に実施かつ執行する能力に依拠していると述べている[38]。

もっとも，行政・司法機関の能力の判断基準は必ずしも明確ではなく，EU によるそれらの審査方法も確立しているとは言いがたい。EU 法が，加盟候補国において，どのように適用されるべきなのか，またそれを如何に判断するのかは容易には明確化できないからである[39]。なお，2000年10月の前記報告書で委員会は，司法制度の改善を警告するとともに，さらに加盟候補国の行政・司法能力の向上を目的とする「行動計画（action plan）」を2002年に開始する意向を示していた[40]。

## (2) EU 法適用機関の満たすべき条件

加盟候補国において，EU 法及び EU 法を実施する国内法の適用を担当する国内機関の能力向上が課題であることに関連して，それら国内機関の満たすべき条件も議論されている[41]。

それらの議論を要約すれば，EU 法の適用は，意思決定の独立性が保障され，かつ EU 法の履行義務を負わされた，十分な権限と責任を有する国内機関に任せる必要があるということになる。具体的には，電気通信・郵便・電力・環境規制・規格標準・競争等の諸分野において，EU 法適用担当機関に

---

(37) Commission, supra note 12, at 46 ; Smith, supra note 9, at 117.
(38) Presidency Conclusions of Feira European Council, 19-20 June 2000 ; Nicolaides, supra 30, at 45.
(39) Nicolaides, supra note 30, at 46.
(40) Maresceau, supra note 5, at 33 ; Commission, Making a success of enlargement, Strategy Paper and Report of the progress towards accession by each of the candidate countries 22-25 (2001).
(41) Nicolaides, supra 30, at 43, 44, 51-52 and 57-59.

は，必要な権限が付与されなければならず，その上で第一に，何が「共同体既得事項」であるかを認識するとともに，それを特定の状況において具体化する目標を設定して，自己の行為がその目的を達成したか否かを評価する能力，さらに選択した手段が非効率である場合には，それを修正する能力が必要である。そして第二に，これらの能力の前提として，迅速に必要な決定を下せるように，一定程度の自治と意思決定の独立性が保障される必要がある。そして，それらの保障から，独立した権限相互の調整・権限濫用に対するセーフガード，特に国内機関の決定に対する司法審査の必要が導き出される。

## 2 「EU法の継受」に困難が生じた法領域

### (1) 加盟候補国に対する概観

加盟候補国の行政・司法機関の能力に対する懸念が，多くの候補国について共通して語られたこととは異なり，具体的な国内法の整備にあたって困難が生じた事項は，各候補国の国内状況の相違を反映して，様々である。

前述の委員会による「包括的報告書」は，各候補国について，加盟準備に深刻な問題点が残存する事項を指摘し，現状のままでは全面的加盟は困難であるとの判断を示していた。報告書が指摘した事項は，以下の通りであり[42]，これらは，各国において「EU法の継受」が困難であった事項を示していると言えよう。すなわち，

(a) 専門職に要求される最低訓練期間・専門職資格の相互承認導入の遅れ（チェコ・エストニア・ラトビア・リトアニア・ポーランド・スロベニア）

(b) 造船産業再編の遅延（マルタ）

(c) 鉄鋼業への補助金供与の条件違反（スロバキア）

(d) 漁船検査・管理に関する義務違反（リトアニア・ポーランド）

(e) 労働法と男女平等取扱いに関する立法制定の不成功（エストニア）

(f) 関税同盟と税制に関するEC制度のためのコンピューター化・相互接

---

[42] Commission, supra note 33.

続性の遅延（ラトビア）
- (g) 動物検疫・衛生立法制定の不成功（ポーランド）
- (h) 伝達性海綿状脳症（TSE）に関する「共同体既得事項」の不適用（ポーランド・ラトビア），動物副産品に関する「共同体既得事項」の不適用（ポーランド・ラトビア・マルタ）
- (i) 食品加工施設に関する義務履行の遅延（チェコ・ハンガリー・ポーランド・スロバキア）
- (j) じゃがいもの疾病を統制する実効的措置の欠如（ポーランド）
- (k) 道路輸送に関する社会的・技術的既得事項との不整合（チェコ）
- (l) 船舶の実効的安全規制の欠如（キプロス・マルタ）

である。各国について指摘された事項は，域内市場に関連する課題が比較的多いが，問題となった領域は多様であり，統一的傾向を抽出することは困難である。そのような多様性は，一般には，各国がこれまで形成してきた国内法制度の多様性・独自性を示していると理解すべきであろう。もっとも，専門職制度については過半数を超える候補国で，食品加工施設についても4候補国で困難が生じており，ある程度の共通性を看取することができる。前者の専門職制度は各国の独自性が強い分野であり，他国の規制を相互に承認することに抵抗が強いことが窺われる。

### (2) スロバキアの例

以上のような全体的認識を前提にして，加盟候補国の一つであったスロバキアを素材にして，「EU法の継受」に伴う状況を加盟候補国レベルにおいてさらに考察する。

スロバキアとEUの加盟交渉は，2002年12月に終了した。既に2002年度の年次報告書において，委員会は，スロバキアが，多くの分野で，国内法を「共同体既得事項」に整合させており，それらを適用する行政機関の能力向上も達成しつつあると積極的に評価しており[43]，その結果，2003年4月に，

---

(43) Commission, 2002 Regular Report on Slovakia's Progress Towards Accession, COM(2002)700 final.

スロバキアとの「加入条約」が調印された。そして委員会は，加盟実現の6ヶ月前に，理事会・欧州議会のために包括的な報告を各候補国について作成し，スロバキアに関する同報告は，加盟約半年前の2003年9月時点の状況を示している[44]。同報告は，二部から構成されており，第一部は経済的問題を扱い，第二部は「EU法の継受」を分野別に報告している。

「EU法の継受」に関する第二部は，さらに以下の2つの部分に分かれる。

第一部は，「行政・司法機関の能力」である。ここでは，(1)「行政運営 (public administration)」，(2)「司法機関の能力 (judicial capacity)」に関連して，裁判所制度，司法評議会 (Judicial Council)，民事・商事事件の審理長期化，司法の効率性と公平性に対する信頼の低さ（懲戒手続の改善），裁判所運営制度，設立中の裁判官研修所などの諸課題，(3)「汚職防止措置」が各検討されている。汚職については，法制度内部における広範な汚職の存在とその対策がスロバキアにとっての優先課題であり，特に公衆衛生部門，教育，警察，裁判官に汚職の発生が顕著であるとの指摘が目を引く。

続く第二部は，「EU法の継受」であり，ここでは，対象となるEU法領域全体を「加盟基準を基本的に満たしている領域」，「加盟基準を満たすために重要な行動がなお必要である領域」，「深刻な欠陥が存在する領域」の3種類に区分し，個々の領域ごとにスロバキアの抱える問題が具体的に特定されている。報告によれば，スロバキアは，(1)「物の自由移動」については，製品の満たすべき最低基準のみを定める「新しいアプローチ」[45]が適用される分野のEU立法運営に必要な水平的及び手続き的措置，「新しいアプローチ」による分野別立法，政府調達分野に関しては，加盟の必要条件を基本的に満たしているのに対して，最低基準を超える詳細な製品基準を定める「古いアプローチ」による分野別立法及び製品基準の調和が実現していない領域に関しては，加盟条件を部分的に満たすに止まり，さらに食料品・化学物質規制

---

(44) Commission, Comprehensive monitoring report on Slovakia's preparations for membership (2003).
(45) 「新しいアプローチ」については，須網隆夫『ヨーロッパ経済法』（新世社・1997年）308頁以下を参照されたい。

についても一層の努力が必要である(46)。また(2)「人の自由移動」についても，同国は，市民の権利，労働者の自由移動，社会保障制度の調整については，基本的に加盟条件を満たしているが，専門職資格の相互承認については，部分的にしか加盟条件を満しておらず，特に弁護士について緊急な立法制定が必要である(47)。

報告は，個別領域ごとの検討をさらに進め，(3)「サービス供給の自由」，(4)「資本の自由移動」，(5)「会社法」，(6)「競争政策」，(7)「農業」，(8)「漁業」，(9)「輸送政策」，(10)「税制」，(11)「経済通貨同盟」，(12)「統計」，(13)「社会政策と雇用」，(14)「エネルギー」，(15)「産業政策」，(16)「中小企業」，(17)「科学研究」，(18)「教育・職業訓練」，(19)「電気通信・情報技術」，(20)「文化・オーディオビジュアル政策」，(21)「地域政策と構造手段の調整」，(22)「環境」，(23)「消費者保護・健康保護」，(24)「司法・内務事項」，(25)「関税同盟」，(26)「対外関係」，(27)「共通外交安全政策」，(28)「財政規律」，(29)「財政・予算規定」という各領域についても，それぞれスロバキアの加盟準備状況を評価し，不十分な部分を指摘している(48)。

## 3 加盟後の対応—「加入条約」に規定された例外措置—

加盟候補国が，加盟実現までに国内法秩序に組み込まなければならないEU法（「共同体既得事項」）の範囲は膨大であり，如何に候補国が努力しても，定められた加盟時期までに完全に目的を達成することは，現実的には不可能である。また，EU立法を適用する行政・司法機関の能力向上も短時日には完成しない。加えて，急速な「法の継受」の結果，予想外の弊害が生じて，加盟後に加盟候補国に困難な事態が生じることも予想される。そのため，「加入条約」自体が，そのような事態への対処を目的とする対応措置を

---

(46) Commission, supra note 44, at 15-17.
(47) Id., at 17-18.
(48) 例えば，競争政策の分野では，鉄鋼産業における例外的な移行措置のために加入条約で規定された条件が遵守されておらず，緊急に是正措置が取られない限り，加盟条件を満たすことができないと指摘されている (Id., at 23)。

予め準備している(49)。予定された対応措置は，以下の5種類に区分される。

### (1) 「加入条約」による暫定的な例外

第一に，新加盟国による「EU法の継受」は，加盟時点で全面的に実現すべきことが義務付けられているわけではない。加盟交渉の中で，継受が困難であることが判明した事項については，「加入条約付属書（Annexes）」で各候補国について，期間を限定して例外的な取扱いが認められている（加入条約1条2項(50)，加入条件議定書24条）。例えば，スロバキアの場合には，付属書は，「サービスの自由移動」の分野で，投資補償制度に関する欧州議会・理事会指令97／9号について(51)，同指令4条1項が定める最低限度の補償は，スロバキアにおいては，2006年12月31日まで適用されないと規定している（加入条約第14付属書(52)）。このように各分野において例外として扱われるEU立法が，付属書には列挙されている。但し，これら例外の実施が，加盟国間の国境規制に繋がってはならない（加入条件議定書40条）。

### (2) 加入後に認められる例外的取り扱い

第二に，「加入条約付属書」に規定されていない事項についても，EU二次立法の一部に関する限り，加盟後に，新たに例外として取り扱う余地がある。すなわち，「加入条件議定書」は，2002年11月1日以降，「加入条約」調印までの間に採択されたEU立法に対しては，理事会の全会一致による決定により，新たに例外的に取り扱い，新加盟国に対する適用を暫定的に免除できることを認めている（加入条件議定書55条）。

---

(49) Kirstyn Inglis, The Union's Fifth Accession Treaty: New Means to Make Enlargement Possible, 41CMLRev. 937, 952-970 (2004).

(50) 加入条約は，新加盟国受入れの具体的条件は，同条約付属の議定書によって定められると規定しており，議定書は，加入条約本体と一体をなすものとして扱われる（加入条約1条2項）。

(51) Directive 97/9/EC of the European Parliament and of the Council of 3 March 1997 on investor-compensation schemes, OJ 1997, L 84/22.

(52) ANNEX XIV, List referred to in Article 24 of the Act of Accession: Slovakia.

### (3) 新加盟国による期間限定の「セーフガード措置」

　第三に，新加盟国が，加盟と同時に適用を開始しなければならない EU 二次立法についても，新加盟国は期間を限定した「セーフガード措置」を発動して，暫定的にその適用を免れることができる。すなわち，加盟後 3 年間の間に，新加盟国の経済状況の深刻な悪化を惹起するような困難が生じる場合には，新加盟国は，委員会に申請し，委員会の決定する条件に従って，EU 法の適用免除を含む保護措置を取ることができる（同37条）[53]。

### (4) 分野別の移行措置

　第四に，複数の分野では，「移行措置（transitional measures）」として，新加盟国に既存の加盟国とは異なる扱いを認めることができ，これらも新加盟国に対する例外措置として機能する可能性がある。すなわち，「共通農業政策」の分野では，新加盟国に対する特別扱いを認める移行措置を決定でき，移行措置は，原則 3 年間のみ適用されるが，理事会の新たな決定により，3 年間を超えて延長できる（同41条）。同様に，動物・植物衛生に関する EU 法の適用に関しても移行措置を決定できる。但し，この場合は 3 年以上適用することはできない（同42条）。

### (5) 財政的援助

　第五に，EU 法を適用する行政・司法機関の能力を強化するために，EU は，新加盟国に対して，加盟後も引き続き2006年まで，一定の財政的援助を継続する（同34条・35条）。

　「加入条約」は，以上の諸手段を利用することにより，新加盟国による全面的な「EU 法の継受」を円滑に実現しようとしている。なお「加入条約」は，新加盟国の必要に対応するために「EU 法の適用」を暫定的に免除する手段だけでなく，新加盟国が，加盟後も「EU 法の継受」に真摯に努力する

---

[53] OJ 2003, L 236/33-49.

ように間接的に強制する手段をも合わせて規定している。それらは,「域内市場に関するセーフガード」(加入条件議定書38条),「司法・内務事項に関するセーフガード」(同39条) であり,新加盟国が「EU法の継受」を怠った場合に委員会は,EC条約の定める通常の手続き (EC条約226・227条) に加えて,加盟後 3 年間の間,新加盟国の義務違反を是正するために適切な措置を取ることが出来る。これらの措置は,新加盟国に「共同体既得事項」と国内法との整合性を確保させる強力なインセンティブとして機能すると予想される[54]。過去の拡大と異なり,今回の拡大に際して,これらの措置が規定されたこと自体,中東欧諸国を含む新加盟国において,「EU法の継受」に困難が伴ったことを示していると評価できるかもしれない。

## V　EU拡大の経験に対する考察

それでは,以上のような加盟候補国 (新加盟国) による「EU法の継受」の経過から,「法の継受」一般に対して,どのような示唆を得ることができるであろうか。

### 1　「法の継受」に伴う困難と継受される法の変容

第一に,「法の継受」が,ある領域で成立した法を,異なる歴史的・文化的背景を有する異なる領域に移し替えることを意味する以上,それは容易な作業ではない。EU法は,加盟候補国にとって,いわば外部から押し付けられた法であり,各国家領域における慣習,伝統,好み,人的・物的資源などを考慮していない[55]。加盟候補国がEU立法の制定過程に参加せずに制定された以上,EU立法が,候補国の事情を考慮していないことは当然である。そのため,その継受が全て順調であったとは言えない。例えば,国家援助規制について,候補国は,手続規則の国内法化に取組み一定の成果を上げてきたが,多くの場合,候補国の国内法により定められた手続は,EU法の

---

(54) Inglis, supra note 49, at 972.
(55) Smith, supra note 9, at 119

定める手続きに比べて大まかである。具体的には，援助を与えた援助当局，援助を受け取る受益者，援助によって影響を受ける競争者などの第三者が，候補国の監督機関による決定を国内裁判所で争える可能性は，エストニア・ラトビアで明示的に規定されただけであると指摘されている[56]。このように，継受に際しては，継受する側の事情により，継受対象となった法の内容が微妙に変化を被る可能性は高い。もっとも，法制度はEUと同程度までには整備されなかったとは言え，委員会が，加盟前の候補国監督機関による活動（加盟後は，委員会が監督機関の役割を引き継ぐ）を満足すべきものと評価していることには留意する必要がある。

## 2　行政・司法機関の能力の重要性

　第二に，「法の継受」に際しては，新たな国内法の整備が第一次的に注目されるが，新たに継受された法を本来の趣旨に従って適用し，真の意味で「法の継受」を実現するためには，法の適用を担当する行政・司法機関の能力が大きく影響する。EU競争法の分野でも，加盟候補国の国内法は整備されたが，課題は，執行能力の強化であるとの指摘が示すように[57]，制定された法を実際に適用する行政・執行機関の能力を考慮することが，「法の継受」に際して重要である。特に，成文法の継受自体は，それほど困難ではないとしても，成文法以外の判例法，ガイドライン等を完璧に継受することは容易ではない。これらの継受は，法の適用を担当する行政・司法機関の能力向上とEU法に対する理解の向上によるしかないからである。EU法の「共同体既得事項」は，判例法を含む概念であり，この側面からも，行政・司法の能力向上が強く要請されたのだろう。結論を要約すれば，法適用機関の能力を超える「法の継受」は円滑には進まない可能性が高い。また，一定の行政・司法機関の能力（そこには，当該領域の法曹人口も影響する）を前提に制定された法を，能力が相対的に劣る領域に移植する場合には，法自体の変容・異なる適用結果を覚悟する必要があり，その意味では，これらの機関の

---

(56) Schütterle, supra note 7, at 579.
(57) Id., at 589.

能力自体を調和させることなしには、一定の地域に共通した法の適用を実現することもまた困難であると推測できる。

### 3 「法の継受」と「継受されるべき法の範囲」

　第三に、実体法のレベルにおいても、特定の「法の継受」を成功させるためには、その法の範囲を超えた法整備の必要性が生じる場合がある。本来、EU（具体的には EC）の権限を行使して制定された「共同体既得事項」の国内法秩序への導入により、新規加盟に必要な条件は満たされるはずである。しかし実際には、EU は、加盟候補国に対して、EU の権限外の事項についても「法の接近」を要求していた。例えば、委員会は、ルーマニアに対して、単一市場立法の実施・環境影響評価指令の施行だけではなく、新しい刑法典の採択をも要求した[58]。また、スロバキアに対して汚職防止のための法規制を要求したことも同様である。「権限付与の原則」に基づき、EU（EC）は、加盟国より移譲された権限の範囲内でのみ行動できるが（EC 条約5条）、加盟候補国に対するこれらの要求の根拠となる権限は、明確には存在しないように思われる。しかし、その是非は別として、EU が、これらの事項を要求した事実は、「法の継受」のためには、移植される当該法だけではなく、その周囲にあって当該法の円滑な適用を支える広範なシステムの整備が必要であることを示唆している。

## VI　EU 拡大の EU 自体への影響—憲法条約の調印—

　最後に、EU 拡大の場合には、加盟候補国が単に EU 法を継受しただけではなく、それらの候補国が新たに EU 内部に統合されたことに注意する必要がある。

　1980年代末以降の体制転換により、中東欧諸国は、それまでの社会主義憲法を大幅に改正するか、新憲法を制定した。それら体制転換後の憲法は、国

---

(58) Smith, supra note 9, at 127 ; Commission, 'Accession Partnership 1999 : Romania'（1999）.

家主権を重視し，国際組織への主権移籍を否定するものが少くなかった。しかし，EU加盟が現実化するに伴い，スロバキア・チェコ・スロベニアなど，少なからぬ中東欧諸国が，EU加盟による変化を憲法上正当化するために，その程度は別として憲法改正を余儀なくされてきた[59]。「共同体既得事項」の受容に止まらず，加盟候補国は，「欧州への回帰」を実現するために，国内法制度の全面的な見直しを迫られてきたのである。しかし，影響は常に一方的に生じるとは限らない。中東欧諸国をEUに受け容れるためには，EU自体も大きな変化を被らざるを得なかった。1990年代半ば以降のアムステルダム条約・ニース条約による基本条約の改正に加えて，2005年5・6月のフランス・オランダにおける国民投票により批准が承認されなかったため，その将来が不透明であるとは言え，2004年10月29日の「憲法条約」調印は，そのようなEUの変化を象徴している。そして，新加盟国の動向は，理事会・欧州議会を通じた，現在のEUにおける立法過程にも大きな影響を与えている。

　本稿では十分に検討する余地がなかったが，EUの経験からは，「法の継受」にとっての積極的要因を抽出することも可能であるかもしれない。本稿の検討によれば，様々な個別的困難はありながらも，EU法の継受・適用は，全体としては，加盟候補国において，円滑に進行してきたと認識できき[60]，もしこの認識が客観的に肯定されるべきものであれば，他の地域と異なり，中東欧を含むヨーロッパには，円滑な継受に貢献する要因が存在した可能性がある。今後の研究課題としたい。

---

(59)　Anneli Albi, "Europe" Articles in the Constitutions of Central and Eastern European Countries, 42CMLRev.399, 404-413 (2005) ; Alfred E.Kellermann, Jaap W. de Zwaan and Jenö Czuczai eds., supra note 7.

(60)　Commission, supra note 33.

## *4* 刑事訴訟における精密司法論の意義

田 口 守 一

  I    はじめに
  II   精密司法論の意義
  III  精密司法論と刑事司法改革
  IV  精密司法論と実体的真実主義
  V   むすびに代えて

## I　はじめに

　最近において,「刑事司法の日本的特色」という問題を正面から論じられたのは松尾浩也教授である[1]。松尾教授は, 刑事司法の日本的特色として, 日本法は, 中国法, フランス法, ドイツ法そしてアメリカ法の影響を受けながらも個性的な刑事司法形態を形成してきたが, これは「精密司法」と呼ぶべきものである, とされた。それは, 深く日本の「司法文化」に根ざした強固なものであり, 容易には変更されない。したがって, 日本法の変革も, そのような現実を直視することなくしては現実的ではない, と論じられたのである。このような「精密司法」という捉え方は, 今日では一般に広く用いられる概念となっている。田宮裕博士は, この精密司法論を「松尾理論」と呼ばれたが[2], 以下では, 精密司法論ないし松尾理論を取り上げて, 刑事司法

---

  （1）  松尾浩也「刑事司法の日本的特色——いわゆるモデル論とも関連して——」法曹時報46巻7号（1994年）1頁以下参照。
  （2）  田宮裕『日本の刑事訴追』（有斐閣, 1998年）20頁以下参照。

の日本的特色について検討を試みることにしたい。
　その際，以下の3点を検討課題としたい。
　第1に，「精密司法」という概念は多義的である。松尾理論自体においても，さまざまな文脈で精密司法が論じられている。このことは，精密司法論を批判する論者においても，その論者なりに理解した精密司法論を批判している場合が多く，場合によって精密司法論批判ではあっても松尾理論に対する批判とはなっていないという場面も見受けられる。そこで，本稿では，まず，精密司法の理解の仕方によってさまざまな「精密司法論」がありうることを検討してみたい。
　第2に，すでに上述したように，松尾教授は「日本法の変革」を課題としつつ精密司法論を展開されている。このように精密司法論は一種の現状変革論でもある。この点，精密司法論は現状肯定論であるとの批判もあるが，それは少なくとも直ちに松尾理論に対する批判とはなっていない。しかし，松尾理論における現状変革論の理論構造にも多々課題が含まれているように思われる。そこで，本稿では，松尾理論における現状変革論を取り上げて，それが精密司法論とどのように関係するのかを検討し，刑事司法の変革論についても検討してみることとしたい。
　そして，第3として，このような刑事司法変革論にとって最も根底的な課題は，いわゆる実体的真実主義の理解の仕方にあると考えるが，この点について精密司法論はどのように関係してくるのかを検討してみることにしたい。それは同時に，実体的真実主義に関する根本的反省を試みることとなろう。

## II　精密司法論の意義

### 1　松尾理論の概要

　松尾理論における精密司法とは，わが国の刑事司法の特色として，「取調べを中心とする徹底した捜査活動に始まり，検察官は詳細な資料を手中にし

て，証拠の確実性と訴追の必要性の両面から事件を綿密に検討し，続いて公判では，弁護人の十分な防御活動をも加えて，裁判所は細部にわたる真相の解明に努め，その結果に従って判決する」[3]という手続形態と要約される。そして，この「特色をひとことで表現するとすれば，『精密司法』と呼ぶのが適当であろう。わが国の刑事手続は，良くも悪しくも精密司法である」[4]とされたのである。

　このような「精密司法」の概念についてもう少し敷衍すると，第1に，精密司法という概念の性格としては，「善いとか悪いとかいう価値判断を含めないで，事実としての傾向を意味」[5]している。そして，第2に，このような「事実としての傾向」に対する姿勢として，「日本刑事訴訟法は絶えず外来の思潮ないし理念に揺さぶられた。にも関わらず，その現実はきわめて個性的な『日本刑事訴訟法』の確立であった。これを肯定的に評価するにせよ否定的に見るにせよ，まずその『現実』を直視しなければならない。筆者は『精密司法』という観念を提示し，議論の深化を求めた」[6]とのコメントに注意する必要がある。松尾理論における精密司法は，まずもって肯定・否定の評価を抜きにした「事実としての傾向」ないし「現実」を意味しており，このような現実を「直視」することが，いかなる立論であれその前提となることが主張されたのである。また，第3として，このような精密司法と称すべき手続形態においては，「捜査はおのずから綿密を極め，微に入り細を穿つ傾向を生ずる。公訴提起の段階においては，被疑者の罪責について，すでに検察官が一応の『裁判』を終了したといっても過言ではないような状況がある。その後の公判手続は，半ばこの『裁判』に対する再審査の観を呈する」ということとなるがゆえに，「多分に前のめりの刑事手続だということになる」[7]。そして，最後に，第4として，このような手続形態からはさま

---

（3）　前注（1）26頁。
（4）　松尾浩也『刑事訴訟法上〔新版〕』（弘文堂，1999年）16頁。
（5）　松尾浩也『刑事訴訟法講演集』（有斐閣，2004年）214頁。
（6）　松尾・前注（5）「はしがきに代えて」。なお，松尾・前注（4）「はしがき」においても，「刑事手続の日本的特色の長所および短所をすべて直視する心構え」が説かれている。

ざまな問題点が生ずることとなり，典型的には，①捜査機関にとって多大の労力を要求する手続であること，②捜査の対象となる被疑者に重い負担を受忍させる手続とならざるをえないこと，さらに，③精密な捜査と公訴提起であるがゆえに誤起訴を是正して，無罪の判決に至ることが容易ではない手続形態であることなどの問題点が指摘されている[8]。

## 2　精密司法論の多義性

「精密司法」という概念は極めて多義的であり，色々な文脈で使われている。上述したようないわば「事実としての精密司法」が，精密司法論のスターティング・ポイントであることは確かであるが，そこを基点としてさまざまな「精密司法論」が展開されることになる。そこで，以下では，これを4つの意味に整理してみる。

第1は，いうまでもなく「事実としての精密司法」である。松尾教授も，上述のように事実としての精密司法という現実を直視すべきことを強調された。松尾理論を率直に吐露された講演から引用しておくと，「戦後50年，アメリカ法の強い影響力にもかかわらず，日本の現実は変わらなかった」[9]という歴史的な事実を指摘されつつ，それが何故であったかを考察することが必要であり，そのためには「脚下照顧とでも申しますか，日本文化そのものの特質を十分に検討することです。これは，いささかも国粋主義的な考え方のつもりではありません。むしろ，『汝自身を知れ』というソクラテスの故知にならって，われわれの持つ思考態度や行動様式が何であるかを，ありのままの姿で解明してみなければならないと思うのです。そうすることによって初めて，例えばアメリカ法は何故わが国に浸透しないかが分かり，将来のヴィジョンを作ることも可能になるでしょう」[10]と論じられた。この部分が多義的な精密司法論の原点であろうことを確認しておく必要がある。

---

（7）　松尾・前注（4）168頁。
（8）　松尾・前注（4）168頁参照。
（9）　松尾・前注（5）61頁。
（10）　松尾・前注（5）279頁。

第2は、「伝統としての精密司法」である。上述の第1の意味では精密司法はあくまで価値中立的な事実であったのに対して、ここではその事実が日本の文化ないしは伝統と結びつけられて理解されることになる。すなわち、やや肯定的な価値が付与された精密司法ということになる。松尾教授も、「わが国のいわば『司法文化』に根本的な変化が生じない以上、この状況は持続するものと思われる」とされつつ、「独走を絶えずチェックする必要がある」(11)とされた。ここでは、「事実としての精密司法」が「司法文化」に支えられたものであるとの一種の評価が加えられている。同様の理解は、以下の論述ではより鮮明となる。すなわち、「精密司法の基盤は強靭であり、容易にその根本的修正を許さない。おそらくそれは一朝一夕に出来上がったものではなく、多年にわたって──外国法の影響も受けながら──形成された結果であるに違いない。そして、このことを念頭において始めて、改革の主張が真のインパクトを生み出すと思われる」(12)とされつつ、「西洋法の影響を降り注ぐ雨にたとえるなら、薄い透水層の下に固い岩盤がある」(13)とされたのである。

　ここでは、精密司法には「文化」ないし「伝統」という価値が付与されているがゆえに、「容易にその根本的修正を許さない」ということになる。したがって、「改革の主張」も自ずと「微調整」ということになり、それが日本の現実からは賢明な改革の方法論であるということになる。ただ、後述するように、このような日本的特色は、文化というより一定の法制度の結果であるという側面もあり、精密司法の現実を一括りにして「岩盤」と評価することが妥当かどうかは問題とする余地があろう。それが「岩盤」であれば、次に述べるように、不動の伝統としていわば神聖視され、それ自体に高い価値を認めることにもつながる。それは、また、不動の伝統に束縛されて、改革の道を閉ざす危険も伴うこととなろう。

　なお、田宮博士は、「国民性論と精密司法論は多分に共通性をもち、後者

---

(11)　松尾・前注（4）169頁。
(12)　松尾・前注（1）2頁。
(13)　松尾・前注（1）25頁以下。

は前者の一つの発展型と評価すべきこととなるのであろうか」(14)とされ,松尾理論はいわゆる「国民性論」に帰着するのではないかと指摘された。しかし,松尾教授自身は,国民性論とは一線を画そうとしておられるようである。再び講演から引用すると,いわく,「四季の移り変わりに恵まれたわが国の豊かな自然,あるいは千年を越える長い歴史が,おのずからわれわれ日本人の間にひとつの特色ある行動形式,あるいは文化のパターンを生み出していることは,まぎれもない事実であると思います。そして,そういうものを『国民性』と呼ぶことも,敢えて誤りではないと思います。しかし,それを,『国民性』という観念として抽象化してみましても,具体的な法律問題の解決に直接に役に立つということは,あまりなさそうです。それは,食卓の上の飾りナイフに似て,すでに調理されたものを捌くのには十分役に立ちますが,新しい肉を切り魚を料理するにはかならずしも適していないように思われます」(15)と。もっとも,それと同時に,上述のように日本の司法文化にも論及されているのであって,微妙な問題といわなければならない。この点は,むしろ次にのべる土本博士の立論では国民性論と一体となった精密司法論であることが明らかであり,そうすると,この土本理論と松尾理論とにはやはりニュアンスの違いがあると言ってよいように思われる。

　そこで,第3の精密司法論は「理念としての精密司法」ということになる。これは,第2の意味での精密司法を前提としつつ,さらに一歩進めて精密司法の事実をもって日本法におけるあるべき理念ないしモデルと捉える考え方である。松尾教授としては,そこまでは理想化はしないという態度である。また,理念となると,松尾教授自身が戒められた「モデル論」に陥ることとなろう。精密司法は,あくまで客観的・歴史的な「事実」であって,「善いとか,悪いとかの評価を加えない」事実認識の問題であることが基本である。この点,土本博士は,「わが国の刑事裁判においては,客観的真実に照準をあてたものであってこそわが国民の納得が得られるものであって,スポーツ的訴訟技術の巧拙によってことを決するのでは国民が満足するとは

---

(14) 田宮・『日本の刑事訴追』21頁
(15) 松尾・前注 (5) 380頁。

思えないし、いわんや、当事者処分主義的な運用は到底わが国民の期待に適うものとはいえない。（中略）わが国の刑事裁判においては、実体的真実発見の観念こそ重要であり、当事者主義、デュー・プロセスは実体的真実主義に奉仕するため、その限度において存在するものであり、それが独自の目的をもつものではない」(16)と論じられた。ここでは、実体的真実の発見が重視され、精密司法は単なる事実ないし伝統というにとどまらず、むしろ日本の刑事司法制度にとって望ましいものとの評価が加えられているように思われる。

最後に、第4の意味として「障碍としての精密司法」に触れておこう。これは、第3の理念論とは逆で、精密司法の現実が、むしろ日本の刑事司法にとって障碍となっているとの認識を示すものである。これは、次に述べる精密司法批判論の前提とする精密司法であり、また、松尾教授自身が「過剰な精密司法」と捉えられるところの精密司法である。この点については、後に論及する。

### 3　精密司法論の評価

精密司法論は、学界および実務界に大きな影響を及ぼした。その点で、松尾教授が期待された「議論の深化」という目的は十分に果たされてきたといえよう。しかし、精密司法論に対する評価は区々に分かれる。以下では、精密司法論を批判的に捉える3つの見解を取り上げてみたい。

まず、田宮博士は、精密司法論は日本法の特色を描写するものとして間然とするところがないが、問題がないわけではないとして、以下の3点を指摘された(17)。第1に、「捜査の徹底、書証の多様（多用―引用者訂正）がなぜ

---

(16)　土本武司『刑事訴訟法要義』（1991年、有斐閣）32頁。
(17)　田宮・前注（2）20頁以下参照。なお、小田中聡樹「刑訴改正論議の基礎的視点――『精密司法』論の検討を手掛りとして――」『平野龍一先生古稀祝賀論文集下巻』（有斐閣、1991年）239頁以下は、わが国刑事司法の基本的特色を、「人権侵害的な糾問的捜査手続に強度に依存する公判手続の形骸性」（249頁）と捉える視点からの精密司法論批判である。この視点からすれば、刑事司法の特色はわが国の治安政策が生みだしたものであり、精密司法論は法文化の所産であること

『精密司法』ということになるのか，かりに念入りな捜査が行われても公判で当事者の十分な攻防，裁判所の行き届いた審理がなければ，多くの再審無罪の事例が示すように，むしろラフな司法ということにつながることにならないか，という疑問がある」。第2に，「精密司法なるキー・ワードの適合性を是として承認するとして，なぜそうなのかの分析が必ずしも明確に示されていない」とし，「日本の法文化そのものの所産」ということになると，「現状肯定論ないし宿命論の響きをもたざるをえないとの指摘もうなずける面がある」とされる。そして，第3として，「そうであるがゆえに，この理論からは今後の日本法の展望がみえにくいことがある。たとえば，精密司法の問題性は手続きの適正の軽視を導くことにあるとされるが，ラフでなくていねいに手続きを進めることがなぜデュー・プロセスに反するのか，いま一つ不透明である」と批判された。

この松尾・田宮論争には，やや議論のすれ違いがあるように思われる。松尾理論はあくまで日本の刑事司法の「現状認識」にウエイトが置かれているのに対して，田宮博士の立論では「現状分析」なくして現状認識もないとの理解が前提となっているように思われる。ただ，現状分析は多分に一定の評価を前提とするがゆえに，「ありのままの現実」の認識が困難となる傾向がある。松尾理論はあくまで「ありのままの現実」を直視することの重要性を主張している。その限りで，「ありのままの現実」の認識を議論の出発点に置こうとする松尾理論には一定の説得力があるといえよう。しかし，同時に，松尾理論の現状認識論は直ちに現状改革論に接続することとなるが，「ありのままの現実」の認識からはたして有効な改革論を導くことができるかという大きな課題が残ることとなろう。田宮博士は，「精密司法論に代表される日本的特色論は二分論，とくにその当事者主義化論の失敗という認識から出発したが，日本的特色がかもし出す問題の克服のためには，当事者主義化こそが最大の課題であり同時に解答であることを自覚させるという皮肉な結果となったといえよう」[18]とされたが，後述するように，松尾理論にお

を強調する余りに，「政策的所産であることを看過している」（248頁）と批判されることになる。

ける現状改革論の理論構造には大きな検討課題が含まれているように思われる。

次に，実務家である，亀山継夫教授（元判事）と宇川春彦検事の精密司法論批判を取り上げてみることにしよう。

まず，亀山論文は，精密司法論のうち特に「調書化」の問題を取り上げ，少なくとも「調書化」という側面は制度的産物に過ぎないことを看破された点で注目すべき論文である。すなわち，簡易公判手続，略式手続でも要求される証拠は同じで，書証の存在が当然の前提となっているような状況を前提としつつ，このような状況の下では「すべての事件についてまず調書をとっておくということにならざるを得ず，調書重視の傾向が実務に定着するのはむしろ当然といえよう」[19]とされ，さらに，被告人に証人適格はなく，宣誓に基づかない任意供述の信頼性は低く，他方，自白調書は比較的広範に証拠能力を認められているという現実の中では，「真実を追求する職責を有する捜査機関が自白を追求し，これを調書化しようとするのは，むしろ当然の成行きといわなくてはならない」[20]と指摘された。その上で，アレインメント等を導入して，争いのない事件を区別しつつ，「捜査すなわち調書の作成という惰性を断ち切るきっかけを作る必要がある」（18頁）と論じられた。

亀山論文は，精密司法論との関係では，先に述べた「伝統としての精密司法」という捉え方に対して疑問を提起し，少なくとも「調書化」という側面では「伝統」ないし「文化」というよりむしろ現行法制度の産物であることを指摘されたものといえよう。すなわち，「訴追基準の精密化」と「量刑事情の精密化」という要請を満たすためには，「公判」では遅すぎるのであって，「捜査」においてそれに耐えうる事実解明を尽くしておく必要があるということになる。また「矯正」の要請までも満たすためには「自白」に至るまで事実解明を果たしておく必要がある。そして，「捜査」における事実解

---

(18) 田宮・前注（2）26頁
(19) 亀山継夫「刑事司法システムの再構築に向けて」『松尾浩也先生古稀祝賀論文集 下巻』（1998年，有斐閣）1頁以下，7頁。
(20) 亀山・前注（19）9頁。

明は，必然的に，「調書化」をもたらすことになる。その「調書」の利用可能性の点に着目したのが亀山論文といえよう。「調書」の証拠能力というどちらかといえば技術的側面に極めて本質的な問題が潜んでいる点を解明されたものといえよう。

他方，宇川論文は，刑事実務においては，「有罪・無罪の結論」だけでなく「細密な事実解明」がなされているという実情を析出し，これに対して疑問を提起された。いわく，「例えば，一時の激情から被害者の腹部を包丁で刺した者が，『私は，相手が憎くてとにかく刺してやろうと思っただけで，そのほかのことは頭の中が真っ白で何も考えられませんでした』と述べているような場合，未必的殺意の有無というのは，客観的な事実の存否の問題（『死んでも構わない』という意思が，真実存在したか否か）ではなくて，行為態様その他の周辺事情に照らして，その『頭真っ白の心理状態』を未必的殺意と評価しうるか否かということにすぎない。（中略）このような場合に，証拠調べによって『珠玉の如き真実』を発見できると考えることは空しい。」このような場合，「証拠調べを行う根拠は，実体的真実の発見のためではなく（中略）被告人に十分な防御の機会を与えつつ，理性的かつ合理的な結論を導くプロセスを提供することにあると考えることはできないであろうか」[21]と。ここでは，実体的真実主義の意義について，「我が国における実体的真実主義というのは，事実認定をするにあたって，裁判官がどこまで細かいことを問題としなければ気がすまないかという程度の問題のような気がしてならない」[22]という率直な感想が前提とされている。

宇川論文では，実務家の立場から，固い実体的真実主義への疑問が提起されているとともに，証拠調べの意義について新しい考え方を提示するものとしてこれも極めて注目すべきものである。上述の整理に従えば，「伝統としての精密司法」への疑問あるいは「理念としての精密司法」への疑問も提起されているといえよう。

---

(21) 宇川春彦「司法取引を考える（9）」判例時報1598号（1997年）22頁。
(22) 宇川春彦「司法取引を考える（17）」判例時報1627号（1998年）43頁。

## III 精密司法論と刑事司法改革

### 1 精密司法論における改革論

　精密司法の現状認識により「議論の深化」を求めた松尾理論のもう一つの柱は，すでに述べたようにその現状変革論である。そこで，改めて現状変革論を含んだ松尾理論における精密司法論を見ておくこととしたい。

　現状変革論を導くのは「過度の精密司法」との認識である。①「刑事裁判の経年変化」を検証された松尾教授は，その結論として，次のように述べられた。各表は「無罪判決の激減と上訴申立の減少を示している。無罪率の低下，すなわち有罪率の上昇は，近年多大の注目を集め，論議を呼ぶに至った。しかし，減少したのは『無罪』だけではない。公訴棄却も管轄違いも，また正式裁判請求の取下げや移送による終局も，すべて減少しているのである（中略）。有罪率の上昇と無罪・公訴棄却・管轄違いの減少は，公訴提起における精度の向上——あわせてこれを支える捜査の充実——を意味するであろう。それ自体は望ましいことと言ってよい。けれども，すべての数字が縮小し，いわば絶対零度の世界へ接近するかの観を呈しているのを見ると，一瞬ながら戦慄を感じないわけにはゆかない」[23]と。同じく，②統計から見た日本的特色からの帰結として，起訴基準を反映した無罪の少なさ，精密捜査を反映した自白の多さ，また，調書の利用を反映した証人数の少なさといった現実が指摘され，これらは「高い評価と不断の警告，改善のための緊張

---

　[23]　松尾浩也「刑事裁判の経年変化」『平野龍一先生古稀祝賀論文集下巻』（有斐閣，1991年）369頁，384頁以下。なお，「座談会／刑事司法改革関連法の成立と展望」現代刑事法 6 巻11号（2004年） 4 頁以下，33頁でも，「明治以後の日本は，自国の刑事手続を，もともとはフランスやドイツやアメリカの影響下に発展させながら，独自のものとして磨き上げ，今日に至っているわけですが，磨き上げすぎてどこかが空洞化していないかと，私は戦慄のようなものを感ずることがあります」との発言がある。右論文の10年の後も「戦慄」ということを重ねて述懐されていることに注意したい。

感」[24]をもたらすとされた。さらに，③有罪率99パーセントを超える精密司法の正の側面や記録の読み直しに専念する裁判はほとんど世界に類がないとされつつ，「どことも異なる独自の生態系」という点で，「現在の日本刑事訴訟法の『成功』は，その特異性の点で一種のガラパゴス的状況を混在させているのではないかとの懸念が払拭しきれない」[25]との表現も見られる。これらの論述の前提となっている精密司法はむしろ「障碍としての精密司法」という認識であろう。

　問題となるのは，このような「障碍としての精密司法」との認識から導かれる現状改革論である。松尾理論における精密司法論にも「事実としての精密司法」，「伝統としての精密司法」から「障碍としての精密司法」までさまざまであった。これらの精密司法論のいずれを前提とするかによってその改革論も異なってくるように思われる。すなわち，「伝統としての精密司法」の認識からは，「改革」というよりむしろ「改善」というべきいわば穏やかな改善論が主張され，他方，「障碍としての精密司法」にウエイトを置くとより強力な改革論が導かれるように思われる。そして，松尾理論にはその双方の顔があるように思われる。

　まず，前者の穏やかな改善論として，例えば，次のように論じられた。「はなはだ良くないから抜本的に改革すべきだという意見と，現実の問題点を拾い上げて改善をはかるのが良いという意見の双方が聞かれます。ちなみに私は後者の意見なのですが，法律を変えることはもちろん，運用を動かすことも多くの関係者の賛成を獲得しなければなりませんので，あまり容易なことではないのです」[26]とされ，また，「現実を全部ご破算にして，もう一度本来の意味の当事者主義の導入を試みるべきでしょうか。それは不可能だ，ということが，ここ四十年間費やしてわれわれの到達した結論でありました。したがって，日本化してしまった当事者主義を育てながら，しかしよ

---

(24) 松尾・前注（4）356頁。
(25) 松尾浩也「刑事訴訟の課題」ジュリスト刑事訴訟法の争点〔第3版〕(2002年) 4頁以下，7頁。
(26) 松尾・前注（5）98頁。

く見ますとあちらこちらに問題が残っているわけですから，それを根気よく改めてゆくほかないでしょう。被疑者の取調べ，弁護人と被疑者との接見交通，捜査段階の国選弁護というような問題は，このような手法で解決を待っているものと思います」[27]とも論じられたのである。いわゆる「微調整」の限度での改善ということになろう。ここで前提とされている精密司法は，ある程度の肯定的評価を含んだ「伝統としての精密司法」であるように思われる。

　他方で，より抜本的な改革も示唆されている。例えば，①「弁護人を通じて，争う被疑者とそうでない者とを早期に区分し，前者については公判中心の審理を徹底させることにするのである。そしてもしこれが軌道に乗れば，アレインメント手続（形式上の二元主義）の採用も視野に入ってくるだろう」[28]との論述が見られる。さらに，②「改革の方向をどこに求めるかについてひとことつけ加えますと，私はやはり当事者主義の充実という方向をとりたいと考えます。それは，精密司法と調和するからではなく，むしろその対立物だからです。（中略）今後の国際社会が，ますます開かれたものになるはずですから，世界で堂々と通用するという観点からも，ユニークさ一本槍では，間もなく限界に突き当たるでしょう」[29]との発言もなされている。ここでは，もはや「伝統としての精密司法」ではなく，「障碍としての精密司法」の認識の下での現状改革論が展開されているように思われる。

## 2　刑事司法改革論のあり方

　問題は，松尾教授の主張されるような被疑者の取調べ，弁護人と被疑者との接見交通，捜査段階の国選弁護というような問題が，はたして「微調整」という手法で改善できるか，である。また，「当事者主義の充実」といった主張も，精密司法論と理論的にどのように関係してくるかも問題である。

　田宮博士は，上述したように，精密司法論は当事者主義化が課題であるこ

---

(27)　松尾・前注（5）168頁。
(28)　松尾・前注（23）389頁。
(29)　松尾・前注（5）284頁以下。

とを皮肉にも自覚させたと評せられたが，被疑者の取調べ，弁護人と被疑者との接見交通，捜査段階の国選弁護というような問題は，確かに「正統な当事者主義的思惟の復権」[30]と結びつく課題といえよう。もっとも，田宮博士は，精密司法の行き過ぎを改革するために提言されている弁護権の強化などは，当事者主義の強化にほかならず，モデル論はなお有益であるとされたが，この論争における相互の主張にやや誇張もあるように思われる[31]。精密司法論が広く受け入れられたのも，弾劾的捜査観あるいは弾劾的訴追観といったモデル論がわが国の刑事司法を変革するまでに至らなかったという事実があったからであろう。モデル論あるいは当事者主義訴訟理論も，日本の実務を的確に認識して立論すべきことは当然のことであり，またあらゆる事件をモデル論で設計することにも無理があったというべきだからである。

　他方，精密司法論に基づく改革論にも一種の誇張があるように思われる。今日における大幅な司法制度改革の現実，とりわけ裁判員制度の導入などの改革を目の当たりにすると，「伝統としての精密司法」に固執する方法論も時代性を失ったというべきではなかろうか。さらに，より根本的な問題として，精密司法論における改革論についても，改革の行き先を示す一定のモデルが必要なことも確かであろう。精密司法論とモデル論とは，もともと相互に排斥する関係にあるのではなく，「事実としての精密司法」を議論の前提としつつ，その改革のモデルを提示することは方法論として十分に可能であったように思われる。

　このようにして，例えば，アレインメント制度の採否の問題にしても，アレインメント制度の採用が一律に公判中心主義を低下させるものと理解すべきではなく，アレインメント制度は当事者とりわけ被告人の「争うかどうか」を中核としたシステムなのであるから，争う場合には徹底して「争いの場」つまり「公判」を保障すると考えれば，十分に公判中心主義にも耐えうる制度と考えられよう。公判中心主義とは，真相究明の場を「取調べの場」

---

(30) 田宮・前注（2）22頁。
(31) 田口守一「刑事訴訟法の基礎理論」ジュリスト刑事訴訟法の争点〔第3版〕（2002年）10頁以下，11頁。

ではなく,「争いの場」すなわち「公判」に求める考え方といえよう。争う場合には十分な精密司法を実現しようというアプローチこそ今日の課題というべきではなかろうか。もっとも,その場合の精密司法とはどのようなものであろうか。いわゆる実体的真実主義の理解と関係して,根本的に考え直してみる必要のある問題である。項を改めて検討してみたい。

## IV 精密司法論と実体的真実主義

### 1 精密司法論と実体的真実主義

　松尾理論における刑事司法改革論は,微調整論から当事者主義論まで幅があった。それは,その前提となっている精密司法論が「事実としての精密司法」,「伝統としての精密司法」あるいは「障碍としての精密司法」と多様であったからであると考えられる。さらに,松尾理論と実体的真実主義との関係を考えると,そこでは,松尾教授自身は排斥されるはずの「理念としての精密司法」もまた前提となっていたように思われる。それは次のような「真実」に対する理解から窺われる。

　松尾教授は,講演では,例えば,「刑事裁判は真実の発見を目指すべきものであり,実際にもそう動いているのだという信頼感が,一般市民の間にも,また法律家にもあるのではないでしょうか。そして,それが先ほど申しました,捜査は非常に丹念に,起訴は極めて慎重にという行動様式を支えているのだと思われます」[32]と論じられた。これは精密司法論の背後に実体的真実主義が存在することを物語っている。また,別の講演でも,中国法との比較の文脈ではあるが,「日本や中国で,事実あるいは真実という場合は,非常に重い,そしてそれは客観的な実在である,真実は求めれば一つあって,熱意を持って追求すればそれを見いだすことができる」[33]とも論じておられる。ここでの実体的真実主義は,いわば絶対的真実主義の響きがあるよ

---

[32]　松尾・前注（5）167頁。
[33]　松尾・前注（5）180頁。

うに思われる。

　すでに論じたところであるが(34)，実体的真実主義の伝統を持つドイツ法では，実体的真実（die materielle Wahrheit）は，真の現実（wahre Wirklichkeit）ではなく，訴訟の中間目的（Zwischenziel）にすぎないと理解されるに至っている(35)。最近では，そもそも刑事裁判の正統化について，真実による正統化（Legitimation durch Wahrheit）から規範的正統化ないし有効な紛争解決による正統化（normative Legitimation od. Legitimation durch effective Konfliktbewältigung）へという動きもある(36)。

　これに対して，日本法では，かつての固い実体的真実主義が何らの理論的修正も受けることなく今日に至るまで存続し続けている。なぜ，日本法では，固い実体的真実主義すなわち絶対的実体的真実主義が変わることなく温存されてきたのであろうか。私見によれば，実体的真実主義とデュー・プロセス論とが対抗関係において議論され，学界ではデュー・プロセス論の優位が一般的見解となった。これにより，実体的真実主義との内的関連が希薄になったデュー・プロセス論においては，実体的真実主義は批判の対象でしかないがゆえに，実体的真実主義は絶対的実体的真実主義のままでありえたと言うことができるのではなかろうか(37)。かくして，実体的真実主義の本質的属性である「細部にわたる真相の解明」が「精密司法」という形で定着していったことも，理論史的にみれば必然的な流れであったように思われる。

　このように，ドイツ法では実体的真実主義はいわば相対化されてきたにもかかわらず，日本法では依然として絶対的実体的真実主義のままであることに，特別な「日本的」理由があるのであろうか。刑事司法の日本的特色とさ

---

(34)　田口守一「刑事訴訟目的論序説」『西原春夫先生古稀祝賀論文集　第 4 巻』（1998年，成文堂）51頁以下。

(35)　Vgl., Thomas Weigend, Deliktsopfer und Strafverfahren, 1989, S. 179f., 216f.

(36)　Vgl., Frauke Stamp, Die Wahrheit im Strafverfahren: Eine Untersuchung zur prozessualen Wahrheit unter besonderer Berücksichtigung der Perspektive des erkennnenden Gerichts in der Hauptverhandlung, 1998, S. 248, 268.

(37)　田口守一「実体的真実主義の相対性」廣瀬健二・多田辰也編『田宮裕博士追悼論集〔下巻〕』（2003年，信山社）89頁以下，106頁参照。

れる精密司法は，絶対的実体的真実主義を不可欠の前提とするのであろうか。ここでは，2つの側面から疑問を提起するに留めておきたい。

第1に，そもそも固い・絶対的な・厳格な実体的真実主義が「日本的」であるという論証は全くなされていないと思われる。精密な真実追求が尊ばれることがあったとしても，それは必ずしも必罰主義と結びつくものとは限らず，かえって非刑罰的処理（diversion）の前提とされる場合も多いのではなかろうか。厳しい応報主義ではなく，むしろ「和解のための真実」追求をするといった感覚もあるように思われる。近時，修復的司法に関心が集まっているのは，決して被害者の応報主義への共感ではなく，「修復」に含まれる「和解」の要素が注目されているのではなかろうか[38]。そこでは，厳格な実体的真実の発見それ自体の価値というよりも，より柔軟かつ実際的解決を尊ぶという感覚があるのではなかろうか。要するに，何が「日本的」であるかについては決して一義的に明白なわけではないと思われる。

また，第2として，国家機関による実体的真実の解明こそ国民の期待するところであるという「日本的特性」も決して確かなものとはいえないと思われる。むしろ，このような国家重視の感覚は，とくに明治期以降に形成された刑事司法の権力集中構造の所産ではなかろうか。あえて言えば，刑事司法の日本的特色とは，国民性といった国民の側にあるのではなく，むしろ国家の側における権限分配をしない方式にあるのではなかろうか[39]。このように考えてくると，諸外国とは異なり，日本では絶対的実体的真実主義が依然として妥当するという主張には大いに疑問があると言わなければならない。

## 2　相対的実体的真実主義の提唱

固い実体的真実主義に基づく精密司法論に対して，アンチ・テーゼを提出されたのは平野龍一博士であった。いわゆる「核心司法」論を提唱されて，次のように論じられた。参審制度の採用を主張されつつ，参審制度が採用さ

---

(38)　田口守一「リストラティブ・ジャスティスと刑事司法」現代刑事法40号（2002年）28頁以下参照。
(39)　田口守一『刑事訴訟法〔第4版補正版〕』（2006年，弘文堂）34頁。

れたならば,「捜査記録も,要を得た,そして事件の核心を突いた短いものにする必要があるであろう。それは,ひいては,取調べのやり方,身柄拘束の長さにも影響を及ぼすかもしれない。また,公判での証人尋問,反対尋問も,精密なものではなく,核心的なものになるかもしれない。それは『ラフ・ジャスティス』ではない。あえていうならば『核心司法』である」[40]と。

また,核心司法論に賛同されつつ,裁判員制度における精密司法論を論じられたのは故・佐藤文哉教授（元判事）である。いわく,「問題とすべき真実とは何であろうか。刑事裁判は訴因事実の存否の認定と適正な量刑に尽きるという当然のことが,改めて確認されなければならないように思われる。そこで必要とされる真実は,現在の運用にみられるような詳しい証拠調べをしなくても到達できると考えられる。真の争点についてはいくら精密であってもよいが,それ以外は精密である必要はなく,現状は精密にすぎるように思われる。（中略）公判段階に関する限りは,『健全な精密司法』あるいは『核心的精密司法』と言い換えてもよいであろう」[41]と。これらの主張に見られるような,「精密なものではなく,核心的なもの」とか,「真の争点についてはいくら精密であってもよいが,それ以外は精密である必要はな（い）」とかいう発想は今後の実体的真実主義を考えるに当たって極めて示唆的である。

ただ,ここでも,あらゆる事件を核心司法のみで処理するというわけにはいかない。例えば,微妙なアリバイの成否が問題となるような事案では,アリバイという一点の核心的事実をめぐって精密な事案解明が必要となる場合もあろう。しかし,事実関係の明白な事案であるとか被告人が争わない事案などの場合には,核心的事実の簡略な解明で足りることとなろう。このよう

---

(40) 平野龍一「参審制の採用による『核心司法』を」ジュリスト1148号（1999年）2頁以下。5頁。
(41) 佐藤文哉「裁判員裁判にふさわしい証拠調べと合議について」判例タイムズ1110号（2003年）4頁,10頁。同旨村瀬均「刑事裁判の充実・迅速化——裁判官の立場から——」現代刑事法6巻12号（2004年）28頁以下,33頁。

な整理は，手続態様によってもある程度可能である。起訴猶予処分が想定される事案あるいは略式命令が下される事案などでは，やはり核心的事実の簡略な解明で十分となろう。すなわち，実体的真実といっても手続態様によって，相対的である。つねに厳密に可能な限り真相に近い事実の追求が求められるわけではないのである[42]。言い換えれば，「事件解決」や「社会的法的秩序の回復」[43]に必要な限度での真実発見で必要かつ十分である。

　問題となるのは，そのような事件の配分のあり方である。2つの基準がありうる。1つは，事件の重大性や複雑性といった事件自体の属性が基準となりうる。重大事件や複雑な事案では，そもそも核心的事実を突き止めること自体に困難が伴う場合が多く，そのような事案ではある程度の精密司法的事案解明は避けられない場合が多いであろう。他方の基準は，被疑者・被告人が争うか否かの基準である。事案によっては，被告人が「これが真実だ」といえば，それを「真実」として手続を迅速簡易に進めることもありえよう。略式手続などはその例といえよう。この場合，裁判官が特に疑問を抱かない限り，被告人の認否の彼方の「絶対的真実」の解明が裁判所の任務であると考える必要はないであろう。「真実」であることの担保は，この場合，「裁く側」ではなく，「裁かれる側」に求められることになる。ただし，その担保として，被疑者・被告人の自己決定だけに委ねるのは危険である。そこに，刑事手続における弁護人の重要な役割の一つがある。弁護人の援助の上での「自己決定」を基準として認否を決定するということになる。このようにして，事件の属性に加えて，被疑者・被告人の認否をも基準として，真実解明の程度が決定されるというシステムは，今後の刑事手続のあり方として大いに検討に値すると思われる。いわば，事案に応じて，核心司法であったり，精密司法であったりするという動的システムということになろう。

---

(42)　田口・前注（39）19頁
(43)　田口・前注（39）23頁

## V　むすびに代えて

　精密司法論の多義性から論を起こして，実体的真実主義の意義を反省することとなった。これを要するに，刑事訴訟における精密司法論としては，あくまで「事実としての精密司法」を基礎とするという意味での精密司法論にとどまるべきであって，これに「伝統」とか「理念」とかの価値を一面的に付与すべきではないと考える。「障碍としての精密司法」論は，まさにそのことを物語っていたのではなかろうか。このようにして，精密司法論を全面的に否定するのではなく，真に必要な場合には精密な事案解明も可能となる刑事司法システムの構築こそ今日の緊急課題といえよう。

　そこでは，細部にわたる事実解明の要求される事件とそうでない事件とをどのようにして区別するか，また，それぞれの手続はどのようにあるべきかが重要な課題となるが，本稿では問題点の指摘に止めざるをえない。いずれにせよ，動的・多元的な刑事司法制度の構築が要請されているといえよう[44]。なお，2005年11月より施行された改正刑事訴訟法では，公判前整理手続の制度も実施されることとなった。そこでは，争点整理のシステムも導入されており，被告人が争うかどうかが公判のあり方に大きな影響を及ぼすこととなっている。また，即決裁判手続の制度も導入されたが，ここでも被疑者の同意が手続の要件とされている。いずれにせよ，被疑者・被告人の認否をも基準とした多元的刑事司法制度論は今日の日本における時代の課題といわなければならない。

　最後に，松尾教授が，司法研修所でなされた講演における質疑応答では，「もう一度，本当に被告人が争うのかどうかということを軸にして訴訟を組み立て直すことを考える余地があるのかも知れません。それは身柄の拘束の場所をどこにするかというような問題にもつながってくるかも知れませんし，公判全体の進行について，伝聞法則の適用をもっと厳格にするというこ

---

　(44)　田口・前注（39）14頁参照。

とにもなるかも知れません。アレインメント制度そのものの導入ではなく，もう少し手続の多元化を図るということですね」[45]との答弁もなされている。この発想はまさに一種の多元的刑事司法制度論に他ならないと考えるが，これと松尾理論との理論的関係は必ずしも明らかではない。しかし，いずれにせよ争いのある事件とない事件とを適切に区別した刑事司法制度の必要性は，松尾教授においても明確に意識されていたことを付言しておきたい。

---

(45) 松尾・前注（5）196頁．

## 5 独占禁止法の継受に関する研究序説
―不公正な競争方法の制定過程を中心に―

土 田 和 博

はじめに
I 「日本独自の規制体系の形成」論
II 原始独禁法における不公正な競争方法の成立
III 原始独禁法制定時までのFTC法5条の審判決
結　語

## は じ め に

　第2次世界大戦後，アメリカを中心とした連合国の占領下に独占禁止法（「私的独占の禁止及び公正取引の確保に関する法律」1947年法54号）が制定されてから半世紀以上が経過した。重要産業統制法など戦前のカルテル容認・強制立法から正反対の原理に立つ経済基本法が制定されたのである。原始独禁法の制定過程には連合国最高司令官総司令部（GHQ/SCAP）の経済科学局（ESS）や民政局（GS）などが強い影響力を行使しており，アメリカ反トラスト法をモデルとして同法が制定されたことが明らかである。しかし，そのことは，必ずしも日本側の交渉担当者が全く理解できないままに反トラスト法制を移植したことを意味しないだけでなく，日本側が確保したいと考えた目的をある程度達成することができるほど反トラスト法を理解していたことをも示している[1]。その意味で，原始独禁法の制定過程に関する従来の理解が，アメリカ側の提示した案（カイム案）や総司令部の見解を日本側がほと

んどそのまま受け容れたというものであれば，そのような理解は修正される必要がある。

　独占禁止法の制定過程に関する研究は，さまざまな問題関心からアプローチしうる[2]。例えば，現在の独禁法上の制度や基礎概念について，その制度の趣旨や文言の解釈を原点に立ち返って見直してみようという問題関心がある（原意の確認）。あるいはまた，近年，アジア諸国，開発途上国，旧社会主義国などに独占禁止法・競争法が制定されつつあるが，アメリカ反トラスト法を日本は「どのように」導入したのかを研究して受入国の参考としたいという法整備支援に絡む問題関心もありうる。これは，コモンローをいかに大陸法系に移植したのかという問題であるとともに，先進資本主義国の経済基本法を経済的には発展途上国以下の敗戦国がどのように受け入れ，血肉化していったか（否か）という問題関心でもある。これらは，いずれも極めて重要な問題であるが，本稿は，これらを視野に収めつつも直接にはやや異なっ

---

（1）　H. First, *Antitrust in Japan : the Original Intent*, 9 Pacific Rim L. & Policy 1 （2000）.

（2）　独禁法制定過程に関する近年の研究として，泉水文雄「独禁法上の基本概念の立法史的検討」『独占禁止法と競争政策の理論と展開』61頁（1999年），田村次朗「独占禁止法における不当な取引制限規制の再構築―起草過程および運用の批判的検討―」法学研究（慶應義塾大学）74巻9号1頁，岡田外司博「独禁法と民事救済」法律時報1999年10月号42頁，同「独禁法上の損害賠償制度の起草過程（1）」法学論集（駒澤大学）60号217頁，堀越芳昭「独占禁止法適用除外制度の成立過程」経営情報学論集（山梨学院大学）5号183頁，同「独占禁止法適用除外制度に関する資料」同6号253頁，伊藤正次『日本型行政委員会制度の形成』（2003年）64頁以下，制定過程前後を対象として，来生新「独占禁止法制定前史」横浜国際経済法学11巻1号1頁，同「独占禁止法の56年」同12巻3号49頁，三和良一『日本占領の経済政策史的研究』（2002年，本書は第6章で1949年改正を扱うほか，「第2章 経済改革の研究史」に紹介された資料も大変参考になる）などがある。国立国会図書館には，合衆国公文書館（U.S. National Archives and Records Administration）から写真複写した3000万点ともいわれる連合国最高司令官総司令部の占領期文書が所蔵されているが，準備の関係上，今回はその一部しか利用できなかった（以下，GHQ/SCAP文書といい，局の略称とマイクロフィシュの番号で引用する）。なお，文献の調査検索に当たって，早稲田大学法律文献情報センターのスタッフの方々の献身的な協力を受けることができた。記して感謝の意を表する。

た観点からアプローチすることとしたい。それは，競争法の整合化・ハーモナイゼーションの必要性から唱えられる「法継受の失敗論」にどのように応答するかという視点である。以下，この議論を紹介した後に，このような観点からアプローチする本稿の主たる対象と課題を整理したい。

## I 「日本独自の規制体系の形成」論

　村上政博教授は，アメリカ反トラスト法とEC競争法が2大競争法体系であり，これらにおいて共通して規制される行為類型と規制基準が「国際的に受け入れられている競争法体系」[3]を形成していると認識する。これに対比すると日本の独禁法は，①公正取引委員会という1施行機関しか存在しないのに，原始独禁法において2系統・2本建ての実体規定を導入してしまったという原罪を負い，②原始独禁法の不公正な競争方法が1953年改正によって不公正な取引方法に変更され，これが企業結合規制や6条，8条にも導入されたこと等を通じて日本特有の独禁法体系が形成されてしまったとする[4]。以下，①，②についてより詳しくみていこう。

### 1 法継受の失敗＝原罪論

　村上教授によれば，米国反トラスト法は「司法省と連邦取引委員会という2つの施行機関を有し，各施行機関に施行権限を付与するために，2系統，2本建ての実体規制を設けている」[5]。ここで「2系統，2本建の実体規制」というのは，司法省によって執行されるシャーマン法1条（共同行為），同2条（単独行為），連邦取引委員会によって執行される連邦取引委員会法（以下，FTC法という）5条（不公正な競争方法等），両者の共管に属するクレイトン法7条，8条（企業結合）と2条（価格差別），3条（排他条件付取引・抱

---

（3）　村上政博「日本の競争法制の特質」経済法学会年報17号127頁（1996年）。
（4）　そのほかに，③初期の判例の誤謬も日本独自の独禁法体系が形成される要因となっているとされるが，この点の検討は省略する。
（5）　村上，注（3）の論文128頁。

合せ）の各規制をさす。日本は公正取引委員会という単一の施行機関しか設置しなかったにもかかわらず，この2系統，2本建ての実体規定を継受した。単一の施行機関しかないのであれば，シャーマン法1条を継受した不当な取引制限の禁止（2条6項，3条後段），シャーマン法2条に対応する私的独占の禁止（2条5項，3条前段），クレイトン法7条，8条に対応する第4章規定で足り，あえて連邦取引委員会法5条とクレイトン法2条，3条に基づく不公正な競争方法の禁止（1947年当時）を導入する必要はなかったとされる。

2系統，2本建ての実体規定を継受した結果，日本の独禁法は，単独行為規制について私的独占と不公正な競争方法が，共同行為のうち垂直的制限について不当な取引制限と不公正な競争方法が重畳適用されることになり，各実体規定の規制範囲，役割分担について（不必要な）日本特有の議論が行われることとなった。

## 2　不公正な取引方法規制の独自性

1947年の原始独禁法では「公共の利益に反する競争手段」として（旧）2条6項に例示されていた不公正な競争方法が，1953年改正において2条7項に列挙された行為類型であって公取委が指定したものをいうこととされ，その違法要件も「公正な競争を阻害するおそれ」（公正競争阻害性という）があるものとされた。その結果，私的独占，不当な取引制限が「競争を実質的に制限すること」を共通の違法要件とするのに対比して，「公正な競争を阻害するおそれ」は，これよりも「格段に低い違法性基準」[6]を定立したものと理解された。ここにおいて，日本では，競争の実質的制限と公正競争阻害性というダブルスタンダードが形成された。

また1953年改正は，従来，不公正な競争方法として例示されていた行為類型に加えて，取引上の優越的地位の濫用（2条7項5号）および取引妨害（6号）を追加した。取引妨害の規制はさほど進展しなかったが，取引上の

---

　（6）　村上政博『The Japanese Antimonopoly Act（日本の独占禁止法)』216頁（2003年）。

優越的地位の濫用規制は、国際的技術導入取引における国内ランセンシーの保護、輸入総代理店取引における国内総代理店の保護、大規模小売業者との取引における商品納入業者の保護、下請取引における下請事業者の保護などにおいて用いられた。これらは、2当事者間の個別取引上の制限を規制するものであり、行為の広がり、波及性・伝播性で正当化しようとしても市場における競争・競争秩序との関連性は乏しいため、公正競争阻害性をいっそう緩やかに解せざるを得なくなった。優越的地位の濫用規制が行われたこれらの取引類型のうち、前2者は歴史的役割を終えており、下請取引の規制も下請法のような細かな禁止規定は不要であるという[7]。

## 3 将来に向けた課題

以上のような認識に立って村上教授は、次のような課題を提起する[8]。独禁法体系を国際的な競争法体系に整合させるために、第1に、私的独占、不当な取引制限の実体要件である「一定の取引分野における競争を実質的に制限すること」と不公正な取引方法の実体要件である「公正な競争を阻害するおそれ」について、前者の違法性レベルの引下げと後者の違法性レベルの引上げを通じて、同一レベルの違法性基準であると解し、現在のダブルスタンダードを解消すべきこと、第2に、不当な取引制限の規制は垂直的制限を含

---

(7) そのほか、次のような指摘も行われている。不公正な取引方法は、1953年改正において、①第4章の企業結合規制の中で、会社の合併等が禁止される場合の1つとして「不公正な取引方法によるものである場合」を追加し（ただし、合併等が禁止される場合の1つとして「不公正な競争方法によるものである場合」を追加したのは1949年改正であり、「当該合併が不公正な競争方法によって強制されたものである場合」は原始独禁法当時から存在した（15条2項4号）－土田）、②第6条において、「不当な取引制限に該当する事項を内容とする」国際的契約に加えて、「不公正な取引方法に該当する事項を内容とする」ものも禁止され、③事業者団体の禁止行為を定める第8条において「事業者に不公正な取引方法に該当する行為をさせるようにすること」が定められた。④協同組合の適用除外の例外として「不公正な取引方法を用いる場合」が規定された（旧24条）。これらについては、その必要性に疑問があり、長期的には削除することが望ましいとされる（注6の著書220頁）。

(8) 経済法学会年報135頁以下。

む共同行為を規制し，私的独占の禁止は単独行為を規制するという原始独禁法の取り扱いに戻り，その上で不公正な取引方法の禁止との関係については，単独行為，垂直的制限に関して私的独占規制，不当な取引制限規制と重複適用されることを認めるべきこと，第3に，優越的地位の濫用規制は競争法の中核部分とは別個に日本特有の規制として今後どのように取り扱うか検討すべきであることである。

## 4 本稿の課題

以上のような議論は国際派の村上教授らしい示唆に富むものであるが，同時に多少の疑問も禁じえない。以下では幾つかの疑問のうち次のような点を本稿の課題として検討したい。第1に，どちらか1系統で足りたとすれば，なぜ，日本はFTC法・クレイトン法の系統ではなく，シャーマン法・クレイトン法の系統を導入することで足りたのかという疑問はさておき，日本は「2系統2本建て」の実体規定をそのままに重複する形で導入したのかという問題がある。つまり，アメリカでは価格カルテルなど共同行為はシャーマン法1条違反として司法省によって訴追されるとともに，FTC法5条違反としてFTCによって排除措置命令を受けてきたが，1施行機関しか持たない日本が，この点を意識しないまま，そのような重複的な運用を許す仕方で実体規定を導入したのかである。このような理由から原始独禁法の実体規定，とくに鍵となる不公正な競争方法を中心に制定過程を検討してみたい。この点は独禁法の体系的理解の一助となるかもしれない。

第2に，競争の実質的制限と公正競争阻害性という「ダブルスタンダード」についてである。確かに「公正な競争を阻害するおそれ」という文言は1953年改正で現れたものであるが，原始独禁法においても不公正な競争方法の規制基準は，私的独占などより低い違法性基準であるとの理解があったものと思われる。そうだとすれば，「ダブルスタンダード」は原始独禁法についてもいえることであるが，原始独禁法の複合的な規制基準は，日本に特有のものであったか，換言すれば，当時のアメリカ反トラスト法は「ダブルスタンダード」でなかったのかという問題がある。もし当時の反トラスト法の

基準が複合的であるとすれば、それが日本に導入されたとしても不思議ではないからである。このような観点から、FTC法5条の制定以降、原始独禁法が成立するまでの主要な連邦最高裁判決と同法の改正を概観したい。

## II 原始独禁法における不公正な競争方法の成立

### 1 経　緯[9]

（1）敗戦後直後の1945年11月6日、連合国軍総司令部は覚書「持株会社の解体に関する件」(SCAPIN-244)を発し、その第6項において独占禁止法制定の指示を出した。日本側は、同年12月20日に商工省がSCAPIN-244で要求された計画の第1次案を策定し、指令部に提出した。その「第2章　私的独占ノ排除其ノ他公正競争ノ維持ニ関スル法制ノ基礎構想」（産業秩序法案）の「第1節　不正競争ノ防止」として掲げていたものは、不正競争防止法（昭9法14号）上の不正競争類型であった[10]。その後、エドワーズ調査団が1946年3月14日に報告書を提出し、反トラスト法の制定を勧告する。これを受けて総司令部経済科学局反トラスト・カルテル課立法班長のPosey T. Kime[11]が同年8月にいわゆるカイム案[12]を日本側に提示した。

---

(9)　以下の叙述は、主として総合研究開発機構（NIRA）戦後経済政策資料研究会『経済安定本部戦後経済政策資料　財閥解体・集中排除関係資料（2）』（以下、関係資料2という）、『同（3）』（関係資料3という）（いずれも1998年）および大蔵省財政史室編『昭和財政史・第2巻』385頁以下（1982年、三和良一執筆）による。

(10)　大蔵省財政史室編『昭和財政史・第2巻』388-9頁。ただし、この要綱は3倍賠償請求権を規定していた（同389頁）。

(11)　カイムの経歴等については、上杉秋則「カイム判事の実像を求めて」公正取引553号30頁以下を参照。

(12)　H. First, supra note 1, n.162 at 35 （2000）によれば、カイム法案は少なくとも2案発見されている。関係資料2の42頁以下に収録されているものとGHQ/SCAP文書、GS（B）-02138（これとESS（A）-03406に収録されているものは同じ）に複写されているものとは目的規定、日付・署名の有無、長さなどがやや異なるが内容は大差ないため、以下では関係資料2に収録されている法案につ

(2) カイム案は，日本側のほとんど誰もが予想できないような内容を含んでいた。大幅な修正を受けながらも原始独禁法において「不公正な競争方法」として取り入れられる基本となった8節，9節，10節は次のとおりである[13]。

「8節　違法とされる威迫，強制等
　競争者の顧客，潜在的顧客を強迫すること，競争を減少させる目的で行う差別価格による販売若しくは掠奪的価格引下げ，供給，信用，流通への干渉若しくは遮断，その他の競争を排除し，若しくは妨げる意図または傾向のある政策，プログラム若しくは計画に従うことを強制し，そのおそれのある目的若しくは効果をもつすべての共同行為または単独行為は，これを違法とする。」
「9節　違法な不公正な競争方法
　取引，産業および商業における不公正な取引または競争の方法は，これを違法とする。3人委員会[14]は，ここに個人，組合，会社その他の法人が不公正な取引または競争の方法を用いることを禁止する権限を有し，義務を負う。かかる方法が公共の利益に影響するものである限り，現実の競争への影響は必要ではない。」
「10節　競争者の商品を使用しないという合意に基づく販売
　取引，産業もしくは商業に従事する者が，かかる取引，産業もしくは商業の過程において，商品，貨物，財貨もしくは秘密であると否とを問わず方法，工業所

---

　　いてみる。
(13) カイム案の"Section"を「節」と，(1)等を「1条」等と訳し，同じ条の中の各規定を「項」という。カイム案はSection 18（執行）が長文で，Section18の中に41もの条があるためである。
(14) 公正慣行3人委員会（Fair Practice Triumvirate：司法次官および2名の司法次官補で構成される）。同委員会は「不公正な競争方法が行われており，審判開始が公共の利益に合致すると信ずるときは，かかる不公正な競争または取引慣行を実行し，用い，行う者に対し…審判開始決定書を発給し，送達しなければならない」（18節6条）。3人委員会の命令を修正，破棄できるのは「反独占公正取引慣行裁判所（Antitrust and Fair Trade Practice Court）」（18節13条：3名の終身判事による特別裁判所）であるが，その判決は憲法上の理由以外では上告制限を受ける最終審として構想された。8節，10節については同様の規定はないが，3人委員会は，1節から20節の規定（ほとんどすべての規定）の執行を行うものとされたから（18節2条6項），9節に規定された「不公正な競争方法」以外の行為についても執行権限を一般的に有していたといえよう。

有権…その他の物を賃貸し、販売し、もしくは販売のために契約することは、…その賃借人もしくは購入者が賃貸人もしくは販売者の競争者の商品、貨物、財貨、製品その他の物資を使用せず、もしくは取扱わないという明示もしくは黙示の条件、合意もしくは了解に基づいて、これを行う場合、かかる賃貸、販売、販売のための契約…の効果が不当に競争を減殺する蓋然性があり、または独占を形成するおそれがあるときは、これを違法とする。その意図するところは、独占および制限を萌芽において禁止するにある。」

8節のうち、競争を減少させる目的で行う差別価格による販売、掠奪的価格引下げは、クレイトン法2条と類似するが、その他は反トラスト法に対応する条項はない。9節がFTC法5条を、10節がクレイトン法3条をモデルとしていることは言うまでもない（ただし、9節、10節のそれぞれ最後の文に対応する規定は、FTC法、クレイトン法には存在しない）。

(3) これを受けて、日本側は商工省企画室が「不正競争の防止及び独占の禁圧に関する法律案要綱」(1946年11月8日付。以下、「法律案要綱」と略称する）を作成し、「第2章 不正な競争行為」を次のように規定した[15]。

「左の各号の一に該当する行為は、これを不正な競争行為とすること。」
　1「本邦において取引上広く認められる他人の氏名、商号、商標、商品の容器包装その他他人の商品であることを示す表示と同一若は類似のものを使用し…他人の商品と混同を生ぜしめる行為」、
　2「本邦において取引上広く認められる他人の氏名、商号、商章その他他人の営業であることを示す表示と同一又は類似のものを使用して、他人の営業上の施設又は活動と混同を生ぜしめる行為」、
　3「仮設又は潜用の商号に附随して、商品に、虚偽の原産地の表示をなし、又はこれを表示した商品を販売若は拡布して、原産地の誤認を生ぜしめる行為」、
　4「他人の営業上の信用を害する虚偽の事実を陳述し、又はこれを流布する行為」、
　5「営業上自己と競争の立場にある者（以下、これを競争者といふ。）の顧客を強制して競争者の取引を減少又は自己の取引の拡大を生ぜしめる行為」、
　6「自己の商品又は役務の不当な廉売又は価格引下げにより、競争者の取引の減少又は自己の取引の増大を生ぜしめる行為」、

---

(15) 関係資料2の211頁以下。

7 「競争者に対する物資,信用,労務又は役務の供給に干渉し,又はこれを制限することにより,競争の排除又は減少を生ぜしめる行為」,

8 「取引の相手方に対し,その競争者の物品を使用又は取引しないといふ契約又は了解に基き,その相手方の商品を賃貸若は販売し,価格を固定し,又は価格の割引若は割戻をなすことによって,不当に競争を制限し,又は独占を生ぜしめる虞のある行為」

1号から4号までは不正競争防止法で禁止される不正競争の行為類型であり,5号から8号まではカイム案をパラフレイズしたもののようである[16]。すなわち,5号はカイム案8節の「競争者の顧客,潜在的顧客を強迫すること…その他の競争を排除し,若しくは妨げる意図または傾向のある政策…」を,6号は,カイム案8節の「競争を減少させる目的で行う差別価格による販売若しくは掠奪的価格引下げ」を,7号は同じくカイム案8節の「供給,信用,流通への干渉若しくは遮断…その他の競争を排除し,若しくは妨げる意図または傾向のある政策…」を,8号はカイム案10節をそれぞれパラフレイズしたものではないかと考えられる。この要綱では,被害者の救済方法として,3倍賠償請求権を規定するとともに,被害者の請求により,独占禁圧委員会は,違反行為の差止めまたは被害者の営業上の信用を回復するのに必要な処置をとることを命ずることができるとされていた。

(4) その後,経済安定本部は「独占禁止制度要綱」を数次にわたって作成する(以下,「制度要綱」という)。1946年12月5日付けの制度要綱「乙案」[17]によると,「第5 不正競争の禁止」において次のように規定した[18]。

---

(16) 「『カイム氏試案』を日本政府意見(1946年10月10日に提出されたと思われる「経済秩序に関する示唆に対する非公式意見」—土田)の線で修正したうえで,前出の『産業秩序法案』に挿入したかたちになっている」(大蔵省財政史室編『昭和財政史・第2巻』423頁)。

(17) 「取締の徹底を期しつつ我国の事情を考慮して折衷した案」。これに対し,甲案は「我国の事情を考慮しつつ,主として取締の徹底に主眼点を置いて立案したもの」である。

(18) 関係資料2の284頁。

「(一) 生産又は取引において不正な競争行為を行ってはならない。

(二) 左の如き行為は，これを不正な競争行為とする。

①類似商標の使用，②類似称号の使用，③虚偽の原産地表示，④競争者の信用毀損，⑤競争者の顧客の威迫強制，⑥ダンピング，⑦競争者への商品，信用等の供給に対する妨害

(三) 取引の相手方の競争者の物品を使用又は取引しない契約に基づいて，販売，賃貸，価格の固定，割引，割戻をすることは，不当に競争を制限し，又は独占を生ぜしめる虞あるときには，これを行ってはならない。」

不正競争防止法的類型のほかに，競争者の顧客の威迫強制，ダンピング，競争者への商品，信用等の供給に対する妨害が明示的に含まれている点では，前述の商工省企画室の法律案要綱と同じである。ただし，これとは異なって，クレイトン法3条に対応する規定が，その他の類型とは書き分けられており，違法要件も相対的には反トラスト法に忠実である。救済については，被害者の請求または職権により独占禁止委員会がこれを差し止める措置を講じることとし，また被害者は「民法の一般原則により損害額だけ」(実額賠償)を請求できるものとされた。罰則の適用も肯定している。この制度要綱は総司令部に提示されたが，12月4日にカイムの後任に就いたLester N. Salwin[19]によって拒絶され，より強力で完全な要綱を作成するよう指示されることとなった[20]。

(5) こうして独占禁止準備調査会幹事補佐として官僚らによる法案作成が本格化し，1947年1月28日付の「私的独占の禁止及び公正取引の確保に関する法律(試案)－司令部に提出するもの」(9章94条，以下，試案という)の作成にいたる[21]。その第14条は以下のとおりである。

---

(19) L.N. Salwin, Japanese Anti-Trust Legislation, 32 Minnesota L.Rev. 588 (1948) に紹介されている経歴よれば，サルウィンは小規模軍需工場公社の法務官輔佐，外国人財産管理事務所の法務官室スタッフなどを歴任しているが，司法省反トラスト局や連邦動力委員会などに勤務したカイムと比較すると反トラスト法の知識や経験は少なかったものと思われる。

(20) 大蔵省財政史室編『昭和財政史・第2巻』430頁

(21) 関係資料2の378頁以下。

「事業者は，不当に自己の事業能力を拡張し又は競争者の事業活動を排除し若しくは支配する目的を以って競争手段として左の各号の一に該当する方法（以下，不正な競争方法という。）を用いてはならない。」

　1「他の事業者から不当に物資，信用その他の経済上の利益の供給を受けず，又は他の事業者に不当に物資，信用その他の経済上の利益を供給しないこと」，

　2「不当な差別対価を以て，物資，信用その他の経済上の利益を供給すること」，

　3「不当に低い対価を以て，物資，信用その他の経済上の利益を供給すること」，

　4「不当な利益又は不利益を以て，競争者の顧客を自己と取引するように勧誘し又は強制すること」，

　5「相手方が自己の競争者から不当に物資，信用その他の経済上の利益の供給を受けないことを条件として，当該相手方と取引すること」，

　6「前各号に掲げるものの外，不当に競争者の事業活動を妨げて公共の利益を害する競争手段」

　この試案について特筆すべきは，違法要件として「不当に自己の事業能力を拡張し又は競争者の事業活動を排除し若しくは支配する目的を以って競争手段として」各行為類型に掲げられた行為をすることが定められたこと，この段階で不正競争防止法上の不正競争の各類型が削除されたこと，前記の経済安定本部「制度要綱」と比べると，取引拒絶と不当な顧客誘引が入ったが拘束条件付取引が入っていないこと，差別対価と不当な低価格供給が書き分けられていることがわかる。また15条は「前条の規定に違反する行為があるときは，独占禁圧委員会は，利害関係人の申立により又は職権を以て当該行為の差止を命ずることができる」とし，さらに80条2号は「第14条の規定に違反して不正な競争方法を用いた者」を「2年以下の懲役又は3万円以下の罰金」に処するとしている（これは原始独禁法4条に規定された行為にほぼ対応する本試案6条の規定に違反する共同行為に対するのと同じ刑罰である）。しかし，この試案に対してもサルウィンは，なお不十分な案であるとして同年2月中に極めて精力的に司令部の修正意見を提示した[22]。

　（6）　不公正な競争方法との関係で触れておかなければならないそれ以後

の経過は次のとおりである。1947年3月9日付けの第3次修正案において，2条6項で定義し，18条で事業者を名宛人として禁止するという原始独禁法のスタイルになる。すなわち2条6項は「この法律において，不公正な競争方法とは，事業者が不当に自己の事業能力を拡張し，又は競争者の事業活動を排除し，若しくは支配する目的を以って行う左の各号の一に該当する行為をいう」とし，取引拒絶（1号），差別対価（2号），不当な低価格供給（3号），不当な顧客誘引（4号），排他条件付取引（5号），不当な拘束条件付取引（6号），その他「公共の利益に反する競争手段」で公取委が指定するもの（7号）とした[23]。この段階で第6号に不当な拘束条件付取引・役員選任への干渉が入った[24]。また3月15日付の第5次修正案にいたって，「不当に自己の事業能力を拡張し，又は競争者の事業活動を排除し，若しくは支配する目的を以って行う」という文言が削除され，定義規定については原始独禁法の形になった。さらに，第5次修正案までは存在した不公正な取引方法に対する罰則は，3月18日に閣議決定された国会提出原案からは削除されている。つまり，3月15日から18日の間に（おそらくは総司令部の指示で）[25]刑

---

(22) 1947年2月21日付の司令部意見「独占禁止法に対する修正意見（3）」では，「合併をなすに当り不法な競争方法を用い又はF.T.C法（改正法）の規定に違反したことのないこと」および不公正な競争方法に「六　不正な広告，他人の信用，名誉を毀損すること」だけでなく，再度「七　スタイル，デザインを模倣すること，八　その他委員会により定められるべき個々の産業に関する細則にて定義されるべき不正競争方法」を追加するよう要請された（大蔵省財政史室編『昭和財政史・第2巻』438-40頁（1982年））。前者の意見は原始独禁法15条2項4号として反映されたが，後者は実現しなかった。

(23) 関係資料3の9頁以下。

(24) この6号の追加は日本側によるものであって，サルウィンの指示に応じて行ったものではないという（First, supra note 1, at 64-5）。

(25) 経済安定本部の1947年3月15日付の英文による法案（GHQ/SCAP文書，ESS(C)-09594）は，日本側が第5次修正案をさらに改訂してアメリカ側の承認を得た上閣議決定する予定で作成されたものと考えられる。その法案の第90条は「第19条の規定に違反して不公正な取引方法（unfair methods of trade）を用いた者」（4号）を含めて2年以下の懲役または3万円以下の罰金に処することとしていたが，おそらくアメリカ側が，この4号のみを傍線を引いて削除している（同文書）。

事罰が削除された。

## 2　小　括

　以上の経緯からいえることは以下のとおりである。第１に，原始独禁法における不公正な競争方法の位置づけについてである。当初，商工省は不正競争防止法に定められていた諸類型に囚われていたが，これを完全に脱して，原資独禁法の定義する不公正な競争方法に近づくのが1947年１月28日付の「試案」である。この試案の特徴の１つは，「不当に自己の事業能力を拡張し又は競争者の事業活動を排除し若しくは支配する目的を以て競争手段として」各号に掲げられた方法を用いることを「不正な競争方法」と定義していることである（14条）。不正競争（unfair competition）との性格の違いを明示するため挿入された規定とも考えられるこの文言は，同年３月９日の第３次試案以後は削除されたが，しかし，このような性格づけは後にまで残り，制定後の原資独禁法の解説において，不公正な競争方法を主として私的独占の補完規定とする位置づけを導く要因の１つになったものと思われる。

　第２に，不公正な競争方法とその他の規定との重複関係である。原始独禁法において，不公正な競争方法は，２条６項で定義された６つの行為類型と「公共の利益に反する競争手段」として公取委によって指定されるものという形で，ある程度明確に行為類型が示された。これはFTC法５条の「不公正な競争方法（unfair methods of competition）」が意図的に定義されなかったのと対照的である。そのために，連邦取引委員会がFTC法５条によって価格カルテルを差し止めたような運用は，日本では行われなかった（ボイコットについては後に触れる）。

　このように不公正な競争方法の定義規定を設けた理由の１つは，大陸法的思考に馴染んだ日本では禁止対象となる行為をある程度明確に定義せざるをえなかったというものであろう。しかし，それだけでない重要な背景が潜んでいた。1946年12月16日に日本側は「反トラスト法の解釈に関する問題」と題する質問書を司令部に提出したが，その中で次のように極めて的確な意見を述べている[26]。すなわち，不公正な競争方法には２種類あり，１つは独

占又は取引制限を狙いながら実現しなかった行為（商品又は役務の価格の低廉さや品質の良さによらずに競争を減殺する慣行）であり，他の1つは競争の実質的減殺とは無関係に顧客や競争者に著しい悪影響を及ぼす競争方法であるとした上で，Brooking Institution 出版の Government and Economic Life を引用しながら[27]，後者はビジネス界における倫理を維持しようとするものであるが，日本では fraud や blackmailing のような行為を刑事処罰する他の法律があり，これと重複することを理由に独禁法では前者のみを規制すべきではないかと日本側は示唆した。さらにカイム案の価格差別と抱合せ・排他的契約に関する規定について，日本側はクレイトン法の立法過程に言及し，これらの行為が unfair methods of competition でもあることから FTC 法と重複することを理由に，上院で一旦削除された経緯があること[28]，シャーマン法，クレイトン法はこれらの行為を規制する場合，競争に及ぼす影響を立証する必要があるのに，FTC法5条においてはそうでないことを示し，カイム案は3つの反トラスト立法と完全には明確でない判例法を一つの法律に投げ込むことによって，重複と違法性基準の混乱を生ぜしめようとしていると述べて，カイム案における不公正な競争方法の規定とこれらの行為を規制する他の規定との関係を質した。以上のような事実は，日本側の反トラスト法理解が相当程度に達していたことを示すと同時に不公正な競争方法をある程度明確に定義した理由が，上記の質問書に示された日本側の懸念か

---

(26) GHQ/SCAP 文書，ESS（C）-09598。H. First, supra note 1, at 50-1も参照。

(27) L. S. Lyon & V. Abramson, *Government and Economic Life*（1940）の26頁に「私企業の規制は…競争の破壊を防止しようとするものに限られてこなかった。第2の規制のタイプは，本質的に独占的でも，また独占に導くものでもないが，不公正な若しくは望ましからざる競争慣行とみられる事業慣行に対するものである。これらの慣行は，衡平またはモラルという一般に受け容れられた公共的な基準に違反するとみられる」とある。

(28) どのようにして日本側がこうした経緯を知り得たかは，質問書が別の箇所で引用する H. R. Seager & C. A. Gulick, Jr., *Trust and Corporation Problems*（1929）の420頁に同様の記述があることから，こうした文献によったものと推測される。

らであったことをも暗示しているように思われる（First の前記論文も，この質問書に示された懸念こそが，カイム案の8節，9節，10節を合体させて原始独禁法の「不公正な競争方法」とさせた理由であると分析している[29]。このように，日本側がカイム案のこれらの節，あるいはその基となった反トラスト法の諸規定の重複の可能性を懸念していたことは確かである[30]。ただし，カイム案8節，9節，10節と3節（不当な取引制限の禁止），7節（特定の共同行為の禁止）の重複の可能性を意識していたかどうかは，本稿では明らかにできなかった[31]。

第3に，不公正な競争方法の定義規定に「公共の利益に反する競争手段」（原始独禁法2条6項）という文言が挿入された経緯と理由である。この文言は，前述の「試案」（1947.1.28）で初めて現れたものであり，私的独占と不当な取引制限（当時は「不当な独占」と「取引の不当な制限」）の定義規定に「公共の利益」なる文言が入った時期と同じである[32]。不当な取引制限と私的独占については，日本側が「よいカルテル」「不当でない独占」等を救済

---

(29) H. First, supra note 1, at 55.

(30) 例えば，シャーマン法1条と2条の関係やシャーマン法2条の独占化の企図とクレイトン法2条，3条，7条，8条およびFTC法5条の関係を上記の質問書において質している（GHQ/SCAP 文書，ESS（C）-09598）。

(31) J.O. Haley, *Antitrust in Germany and Japan* 31-2（2001）は，価格協定や生産制限がシャーマン法とFTC法の両法に基づいて規制されうることを例に挙げながら，不当な取引制限と不公正な競争方法が個別に規定されたことの異常性に誰も気付かなかったように思われるとし，その原因は反トラスト法の機械的複製以外に考えにくいという。なお，本稿は原始独禁法の制定過程を問題としている。したがって，制定後に3条，旧4条と19条の関係がどのように解されたかは別問題である。現実に，1950年頃の審決を中心にこれらの重畳的適用を行うものが相当数ある。この点を含めて制定から占領終結までの展開については別稿を予定している。

(32) それ以前の案，例えば1946年12月2日付けの「独占禁止制度要綱に関する件（案）」では「不当な独占」「取引の不当な制限」ともに，自由取引による「公共福祉」の促進に支障を及ぼしてはならないものとされていた。さらに遡ると商工省「法律案要綱」（46.11.8）の「不当な取引制限」では，「公共福祉の促進」という文言は出てくるが，「独占」については「一の産業における生産又は取引を，不当に独占してはならない」とされるにとどまる。

する目的で「公共の利益」を挿入したとの経緯が交渉に当たった実務担当者の回想から明らかであるが(33)，不公正な競争方法については事情が異なるように思われる。不公正な競争方法における「公共の利益」は，もともとカイム案にあった文言であり(34)，「公共の利益に反する競争手段」なる文言は，日本側がカイム案によって作ったものではないかと思われ，この場合には競争の実質的減殺（対市場効果）とは無関係に違法性が判断されることを示す実体要件として取り入れたものと思われる。

　第4に，原始独禁法2条6項に示された6つの類型が規定された経緯である。1946年11月8日付けの商工省「法律案要綱」および12月5日付の経済安定本部「制度要綱」は，比較的忠実にカイム案をパラフレイズしたものであったが，翌年1月28日付の「試案」以降は，取引拒絶が入り，不当な顧客誘引が具体的な行為類型として明示され，不当な拘束条件付取引が加わることになる。取引拒絶に関しては，カイム案で「2以上の自然人または法人が他の者に販売または購入を拒絶することを合意し，または拒絶すると脅迫すること」（16節）と定義された「boycottinng」が当然違法類型として列挙されている（7節g号）。これを受けて商工省企画室「法律案要綱」でも，経済安定本部「制度要綱」でも，「不当な取引制限」の1類型として扱われているが，「試案」において共同行為の類型から削除され（6条にはボイコットは規定されていない），不公正な競争方法の問題とされるに至る。経緯は以上のとおりであるが，そのような扱い方がなされることとなった理由は不明であ

---

(33)　高瀬恒一・鈴木深雪・黒田武『独占禁止法制定時の回顧録』（1997年）13頁（柏木一郎），81頁（小山雄二），259頁（両角良彦）など。泉水，注2掲載の論文76-7頁。

(34)　カイム案9節2項。カイム案は「かかる方法が公共の利益に影響するものである限り，現実の競争への影響は不要である」として，「公共の利益」を実体要件として規定しているようにもみえる。これに対して，FTC法では「委員会は，いかなる者…であれ，不公正な競争方法または不公正なもしくは欺瞞的な行為または慣行を用いた，又は用いていると信ずる理由があり，それに関する手続の開始が公共の利益に合致すると考えられる場合には，委員会はかかる者…に審判開始決定書を発給し，送達するものとする」（5条b項）」として審判開始の手続要件として規定しているという違いがある。

る。排他条件付取引・抱合せは，カイム案10節に由来し，その後作成された日本側の要綱や試案においても一貫して取り入れられている。ただし，クレイトン法 3 条の要件である「競争を実質的に減殺することとなり，または独占を形成するおそれがあるとき」は，日本では違法要件とはならなかった（カイム案10節に「その意図するところは，独占及び制限を萌芽において禁止するにある」との文言があること，前述の質問書に示された懸念が日本側にあったことが影響したものと思われる）。

　第 5 に，不公正な競争方法に対する罰則について触れておきたい。商工省企画室の法律案要綱（1946.11. 8 ）では，不正競争型の行為類型に加えて不公正な競争方法型も 4 類型含まれていたが，これが行われた場合には独占禁圧委員会による差止めと 3 倍額損害賠償制度が提案されていた。 3 倍賠償制度は，経済安定本部「制度要綱」以降，実額賠償制度に改められるが，かわって現れたのが不公正な競争方法に対する罰則規定である[35]（甲案，乙案ともに採用されている）。具体的な刑罰が規定されたのは，「試案」（1947年 1 月28日）で 2 年以下の懲役又は 3 万円以下の罰金とされ（80条），「不当な独占」や「取引の不当な制限」と並んで独占禁止委員会の専属告発を俟って論ずるものとされた（86条）。その後も，罰則規定は第 3 次修正案（同年 3 月 9 日），

---

(35) なぜ，カイム案では予定しなかったにもかかわらず，日本側は「不正な競争行為」に対して刑事罰を科すこととしたかは明らかでない。 1 つの考えられる説明は，「法律案要綱」には不正競争防止法上の不正競争類型が含まれていたからというものであるが，当時の不正競争防止法は「外国ノ国ノ紋章，旗章其ノ他ノ徽章ニシテ主務大臣ノ指定スルモノト同一又ハ類似ノモノヲ其ノ国ノ当該官庁ノ許可ナクシテコレヲ商標トシテ使用シ又ハ之ヲ商標トシテ使用シタル商品ヲ販売若ハ拡布スルコトヲ得ズ…」という第 4 条の規定の違反に対してのみ「千円以下ノ罰金」を科していたにすぎず，他人の商品と混同を生ぜしめる行為等には科されていなかったことから，この理由とは考えにくい。 3 倍賠償という懲罰的損害賠償制度を商工省が本気で導入する意図があったかは不明であるが， 3 倍賠償制度が否定された後に懲罰的賠償制度に代替するサンクションとして刑事罰が考えられた可能性はある。いずれにせよ，日本側は何らかの実効的なサンクションが不公正な競争方法についても必要であると考えていたのではないか。なお，不当な独占（現在の私的独占），取引の不当な制限（不当な取引制限）に対する罰則は， 3 年以下の懲役又は 5 万円以下の罰金であった（79条）。

第4次修正案(同年3月11日)、第5次修正案(3月15日)と維持されるが、閣議決定された国会提出原案(3月18日)において削除された。その理由は不明であるが、このように最後まで不公正な競争方法が刑事罰の対象とされていたことは、今日、不公正な取引方法に対するサンクションの強化を求める声が高まりつつある中で[36]、大いに示唆的である。

## III 原始独禁法制定時までのFTC法5条の審判決

　占領下に原始独禁法の制定にいたる交渉を行った際、アメリカ側は、不公正な競争方法についての反トラスト法、とりわけFTC法5条に関する判例法等の展開を、どのように把握していたのであろうか。序論で述べた理由から、ここではFTC法制定以後の連邦最高裁判決と1938年の法改正を概観する[37]。

　1914年にFTC法が制定されてから、1947年3月末に原始独禁法が成立するまでの間に連邦最高裁がFTC法5条について判断を示した主要な8件の判決は以下のようなものであった。

　① FTC v. Gratz, 253 U.S.421(1920)(事案はcotton ties(綿を縛る紐)とbagging(袋地)の抱合せ販売であり、きわめて密接に関連する商品であって競争者や公衆が被害を受けたと立証されていないとされた)、

　② FTC v. Beech-Nut Packing Co., 257 U.S.421(1922)(食品会社の再販売価格維持行為がFTC法5条違反とされた)、

　③ FTC v. Curtis Publishing Co., 260 U.S.568(1923)(週刊誌、月刊誌などの出版者が卸売業者と排他条件付取引を行ったが、委託販売であること等を理由にクレイトン法3条、FTC法5条違反を否定)、

　④ FTC v. Sinclair Refining Co., 261 U.S.463(1923)(石油精製元売会社

---

(36) 独占禁止法研究会報告書「第一部措置体系の見直し」(2004年10月)30-1頁。
(37) このテーマに関する先駆的業績として、金井貴嗣「アメリカにおける『不公正な競争方法』規制の史的展開──連邦取引委員会法第5条を中心として──」法学新報87巻9・10号171頁以下(1980年)を参照。

が小売業者に自己のガソリンの貯蔵のみに使用するとの条件，了解のもとに，ガソリン貯蔵地下タンクを非常に安く賃貸する行為が問題となったが，当該契約は競争者のガソリン取扱いを明示的には禁止しておらず，他の競争者も行っている行為であることを理由にFTC法5条，クレイトン法3条違反を否定)，

⑤ FTC v. Pacific States Paper Trade Association, 273 U.S.52（1927）（太平洋岸諸州を拠点とする製紙業者の事業者団体による統一価格表の配布は競争を減殺するから，統一的な価格を設定する本件の行為はFTC法5条に違反する)，

⑥ FTC v. Raladam Co., 283 U.S.643（1931）（痩身効果があるとして広告された商品は甲状腺製剤が用いられており，健康を損なうおそれがあった。FTCはその広告を一定の条件下で禁止したが，最高裁はunfair methods of competitionといえるためには，競争者が存在する必要があるが，その立証がないとしてFTC法5条違反を否定)，

⑦ FTC v. R.F. Keppel & Bro.Inc., 291 U.S.304（1934）（子供向けにくじを用いてキャンディーを販売することはFTC法5条に違反する)，

⑧ Fashion Originators' Guild of America v. FTC, 312 U.S.457（1940）（全米婦人服団体が構成員の競争者（デザイン等を真似るアウトサイダー）から購入しないとの条件，了解に基づき小売店に婦人服を販売する等の行為はクレイトン法3条に違反し，かつ不公正な競争法に該当する)。（以下，このマル数字で判決を示す。)

これらの判決の年代別の内訳は，1920年代に5件，30年代に2件，40年代に1件である。20年代の5件のうち2件（②⑤）は価格に関する共同行為が問題となった事件であり，これらについてはFTC法5条違反とされた。残りの3件は，実質的には一方的行為（①の抱合せと③④の排他的取引）であった。1930年代に入り，⑥判決が健康を損なうおそれのある痩身剤の広告であっても，不公正な「競争」方法として禁止されるのは，競争者（潜在的競争者も含めて）が存在する場合であるとしたため，競争者の存在しない場合の規制の欠陥が明らかとなった（他方，子供向けにくじ付きでキャンディーを販売することが問題となった⑦判決では，競争者が多数存在したため，FTC法5条違反の不公正な競争方法とされている)。これに対応するための重要な改正が

Wheeler-Lee 改正（1938年）であり，FTC法5条に"unfair or deceptive acts or practices"なる文言を追加して，反競争的効果とは無関係に同法違反を認定できるようにした。最後に，1940年の⑧判決は，傍論ながら開花すればシャーマン法違反となる行為をFTC法5条はその萌芽段階で禁止することができると述べたものである。

以上の判決やFTC法の改正について若干の検討をすると，第1に，シャーマン法，クレイトン法違反ともなる行為をFTCが同法5条に基づいて禁止する権限を認めた最高裁判決が相当数ある[38]（②，⑤，⑧）。その結果，前述したように，反トラスト法は，例えば価格カルテルや再販売価格維持行為等の共同行為を，司法省がシャーマン法に基づいて刑事訴追，差止請求を行うこともできれば，FTCがFTC法によって当該行為の差止めを命じることもできるという「2系統・2本建て」ともいえる態勢になったわけである。

同時に，第2に，ある行為がシャーマン法やクレイトン法に違反しないが，しかし，これらの法律の基本的政策（basic policies）や精神（spirits）に反することを理由に，FTC法5条に違反することを傍論ながら述べていた判決もあった（⑦，⑧）。すなわち，開花すればシャーマン法やクレイトン法違反となる行為を，その萌芽のうちに摘み取ることがFTC法の役割であるとする萌芽理論（incipiency doctrine）である。さらに，Wheeler-Lee改正によって，具体的な反競争的効果の立証を要することなく，「不公正な若しくは欺瞞的な行為又は慣行」をFTCが「公共の利益」に合致する限り，審判を開始し，これを差し止めることができるようになった意味も大きい。要するに，アメリカでも，シャーマン法，クレイトン法の違法基準とFTC法の違法基準とは異なりうるものと認識されていたのではないか。これをダブ

---

(38) ただし，逆は真ならずで，FTC法5条違反の行為が必ずシャーマン法やクレイトン法に違反するとは限らない。なお，最高裁は，FTC v. Cement Institute, 333 U.S.683, n.4 at 691 (1948) で，Beer, *Federal Trade Law & Practice* 94 (1942) を引用しながら，FTCが1939年までに267件の共同行為に対してFTC法5条に基づいて停止命令を発したことを明らかにしている。

ル・スタンダードというかどうかは別として，反トラスト法は複合的な基準を備えていると考えられていたと理解することができるのではないであろうか。

## 結　語

　日本は，1執行機関しか設立しなかったにもかかわらず，「2系統，2本建て」と指摘された3つの反トラスト立法とその判例法を単独の独占禁止法の中に導入した。しかし，それは，実質的に同一の実体規定を，そのことを全く意識しないままに，重複的に2系統にわたって継受したわけではなく，相当程度重複を排しながら，異なる違法性基準をもった実体規制体系として継受した。当時のアメリカ反トラスト法においては，シャーマン法，クレイトン法とFTC法は，複合的な違法性基準を備えるものと理解されており，司令部の担当者もそのことを承知していたものと思われる。カイム案9節（不公正な取引・競争方法の禁止）が「現実の競争への影響は不要である」とし，10節（排他条件付取引・抱合せ）が「その意図するところは，独占及び制限を萌芽において禁止するにある」としたのは，その証左である。

　以上は本稿の結論の要旨であるが，しかし，本稿には多くの残された問題や派生する課題がある。例えば，本稿は村上教授の議論の一部についてしか反論しておらず，原始独禁法の制定後の運用や不公正な取引方法として優越的地位の濫用が導入された1953年改正過程を分析することをしていない。それだけではない。村上教授の議論の本旨が，規制基準の国際的な整合化の必要を説くことにあり，仮に導入時において「原罪」を犯さなかったとしても，日本の独禁法は，アメリカやEUのような単一の規制基準（行為類型によってその立証のあり方は異なるとされる）にハーモナイズしていかなければならないのではないかというものであるとすれば，これにどのように応えることができるかである。この点の検討は本稿の課題を超えるが，まずアメリカのシャーマン法，クレイトン法，FTC法の間の違法要件や規制基準が完全に単一化しているのかが問われなければならないであろう。少なくともシ

ャーマン法1条，2条とFTC法5条の違法性基準については，①戦後直後の判決から1977年の審判決までが1つのグループを形成する。この時代の主要な審判決は，戦前からのFTC法5条の「シャーマン法やクレイトン法を補完し，てこ入れする（bolster）」役割を確認するだけでなく，一層それを拡大するものである。これに対して，②1980年代の巡回控訴裁判所判決やFTC審決の多くは，現実の反競争的効果の立証を要求することによって，シャーマン法違反でない行為についてはFTC法5条違反を否定するものが多い。この時期の審判決のみをみれば，FTC法5条とシャーマン法との間に違いがないようにみえる。ところが，③1990年代のFTC同意審決を中心に，再びシャーマン法違反とはいえない行為にFTC法5条を適用する傾向がみられる（いわゆる「共謀への招待（invitation to collude）」のケースなど）。アメリカ一国の中でさえ，単純にシャーマン法の基準に統合されつつあるといえるかは，より慎重な検討を要するように思われるが，いずれにせよ，これらの問題は将来の課題とするほかない。

\* 本稿は，広渡・大出・川崎・福島編『小田中聰樹先生古稀記念論文集　民主主義法学・刑事法学の展望（下）』（日本評論社，2005年）に執筆した拙稿を承諾を得て転載したものであることをお断りします。

## 6 ハンガリー議会政の史的考察
――体制転換期における議会制民主主義再建への道程

早 川 弘 道

  I 課題と方法
  II ハンガリー議会制の史的沿革
  III 社会主義「人民権力」体制とその民主化問題
  IV 体制転換と議会制民主主義の再建
  結 語 ――体制移行の現在

## I 課題と方法

　1989年10月の憲法改正，即ち1949年＝72年憲法改正に基づく〈臨時憲法〉の制定によって，ハンガリーは，40年ぶりに議会制民主主義国家へと復することになった。その後における体制転換過程には，任期満了による5度の国会総選挙を通じて，次第に安定した政党システムの形成を基盤とした議会政の定着化現象を見出しうる。勿論議会制民主主義は，民主的政党制に基づく国民代表制度を中心環におきつつ，政府・官僚システム，他方自治制，独立した司法制度等により全体的に編制されるものであり，今日的には憲法審査制度の在り様も，重要なファクターを成すことは言うまでもない。そしてさらに，その国の歴史的法文化・政治的文化に根差した国民・市民の法意識や政治行動に最終的に規定されるものである[1]。

---

（1）　早川弘道『東欧革命の肖像』法律文化社，1993年，『ソビエト政治と民族』成文堂，1994年，早川弘道「東欧における体制転換と憲法革命」『法学の根底にあ

体制転換・移行期の初期過程としてあった1990年代が，諸政治アクターによる国家・国民・民族といった諸コンセプトの再同定 Re-identify の試みを伴うものであったことも，右の脈絡においてありうべき現象としてあったといえよう。1990年春の国会総選挙は，戦後初期民主改革期からおよそ半世紀を経由した複数政党制に立脚する立憲政体の再建・再生を意味するものであった。そこで成立したハンガリー民主フォーラム主導下のアンタル Antall József 連立政権が，歴史的ハンガリー像の再生を求め，「全ハンガリー人」の政府を標榜したことは，そのカトリック＝キリスト教的価値に基づく政治的信条の表白にとどまらず，歴史的ハンガリーの非領域的再同定をさえ意図するところにあった。

　12世紀にあって，ローマ・カトリックに改宗し王冠を受けたイシュトヴァーン王 István の故事にちなみ，ソビエト型社会主義の変容・継受を宣明した1949年憲法記念日が，聖イシュトヴァーンの名にちなむ8月20日とされたことも，ここで想起されてよいであろう。この王冠は，首都ブダペシュトの中心部に位置する国立博物館に保管・公開されてきたが，2000年1月に国会に移された。こうした措置が，翌01年6月に国会で採択された新法「近隣諸国に居住するハンガリー人に関する法律」に関連したものであり，なおこれをも踏まえた翌々年（2002年）春の国会総選挙をにらんだものであったことは，容易に見て取ることができよう。同新法は「ハンガリー人地位法」と通称されるものであるが，第一次世界大戦の戦後処理の一環としてなされた1919年トリアノン条約の結果，ハンガリー近隣諸国に帰属することになったハンガリー系市民（結果的にオーストリアを除く6ヶ国）への手厚い便益の供与を通じて，国境を越えたハンガリー人〔民族〕の実態的形成に寄与することを目的とするものであった。また1990年第1回「自由選挙」以降の定期的政権交替の轍を踏むことなく，オルバーン首相のひきいる青年民主連合主導の連立政権の維持を企図する政治的パフォーマンスとしてもあったのである[2]。

　　　　るもの』有斐閣，1997年，早川弘道「ハンガリーにおける体制転換と憲法問題」
　　　　『比較法学』第37巻2号，2004年
　（2）　家田修「ハンガリーにおける新国民形成と地位法の制定」『スラヴ研究』第51

聖イシュトヴァーン王冠のもとにおける国境を越えた「ハンガリー人 Magyarok」の再統合という政治的メダルの裏面には，緑・白・赤の横縞からなるハンガリー三色国旗の中央部にかつて描かれた社会主義体制のシンボル（星と麦穂とハンマー）を焼きくりぬいた無数の小旗が位置づけられていた。3月15日の対オーストリア独立革命記念日，10月23日の1956年ハンガリー革命記念日に，これらの小旗が人々の手にされるべきものとしてあった。ハンガリー民族の解放と国家的独立の証を，これらは意味していた。そしてこの両面メダルの置かれるべき空間は，ハンガリー人の再同定の上に回帰するべき「ヨーロッパ」であった。

ハンガリーにおける「源流の法とグローバル化の法」にかかわる右の1990年代現象ともいうべきものが，20世紀社会主義体制からの離脱と深化する統合と東方への拡大を求める「ヨーロッパ」への復帰の重合過程のうちに存したことを，まず確認しておかねばならないであろう。ひるがえって見るならば，ハンガリーの「近代化」は，ヨーロッパ半島を席巻した「1848年革命」と軌を一にした民族独立戦争・国家的自立期から1871年アウスグライヒ Ausgleich, Kiegyezés による二重帝国体制の成立期をターニング・ポイントとするものであった。この時代が，ハプスブルク帝国の立憲化の試行，ドイツ第2帝政の成立，そしてロシアにおける立憲化を阻止するための社会・政治・司法改革（1860年代の「大改革」）と歴史空間を共に構成するものであり，さらに日本における幕末期改革から明治維新体制の成立期に，そして中国清朝における改革と革命へのプロセス等に比定されうる同時代現象としてあったことが，注目されるべきであろう[3]。

山室信一氏はかねてより，『法制官僚の時代』（1984年刊）から『思想課題としてのアジア』（2001年刊）に至る一連の著作を通じて，日本の立憲体制

---

号，2004年，Kantór Zoltán, A státustörvény, Teleki László Alapítvány, Budapest, 2002., The Hungarian Status Law : Nation Building and/or Minority Protection, Slavic Eurasian Studies No. 4, Sapporo, 2004.

（3） Z. Péteri, Constitution-Making in Hungary《Acta Juridica Hungarica》1994, No. 3-4., 大江泰一郎『ロシア・社会主義・法文化』日本評論社，1992年，鈴木正幸・水林彪・他共編『比較国制史研究序説』柏書房，1992年

への移行を基軸とした歴史過程について,「模範国」と「準拠理論」をキイ・コンセプトとして東アジアにおける近代法体制への移行のダイナミックスを克明に論証されてきた[4]。氏のかかる研究は,早稲田大学比較法研究所でかつて試みられた「法の継受」に関する共同研究の成果を,今日的に新たな地平に導く重要な視座と論点を含むものである。本稿においてその含意は,いわば〈思想課題としてのヨーロッパ〉,就中〈中東欧〉として措定され得るものである。「聖イシュトヴァーンの王冠」をもって「自ら」を「ヨーロッパ」に同定することを「選択」したハンガリー王国が,中世身分制議会を1848年革命期に近代立憲議会へと構成する道程に進入し,アウスグライヒ体制期に「ウェストミンスター型」国会議事堂の建設を,「建国千年」期事業としたことの歴史的・思想史的意味を,その後の1918年ブルジョア民主主義革命と1919年のタナーチ(ソビエト)革命,そして対独反ファシズム・民族解放・民主化という戦後変革期に「連続」する人民民主主義革命,その「ソビエト化」の下における改革と革命,そしてその帰結としての1989年市民革命と体制転換(国家主権回復+民主化+市場化)という一連の劇的な国制転換を含む政治社会史に踏み入る際に,重要な方法的手がかりを与えるものとなると思われる。

本稿は,20世紀社会主義体制が提示した諸課題・論点が,21世紀にあって無視され忘却される今日の状況による学問的空白を埋め,〈社会主義〉問題を不可欠の課題として組み込んだ上で,東中欧諸国の「再同定化」過程,とりわけハンガリーのそれを直接の素材として,「法の源流とグローバル化の法」に関する総合的研究に参画しようとするものとして位置づけられるものである。

## II ハンガリー議会制の史的沿革

中世ハンガリーの身分制議会は,13世紀ごろより Országos gyúlések(全

---

(4) 山室信一『法制官僚の時代』木鐸社,1984年,『思想課題としてのアジア』岩波書店,2001年,『ユーラシアの岸辺から』岩波書店,2003年

国会議)と呼称されたが，15世紀に入って，国王 Király の下での封建制全国会議 Országgyűlés として制度化された。上院は上級貴族及び聖職者により構成され，下院は中小貴族及び都市民から成った。国王の男系継承者が断絶した際には，全国会議が国王選出権を行使するとされた。

　法的基礎は，1222年の黄金律 Golden Bull にその淵源がおかれ，それはイギリスの Magna Charta マグナ・カルタに比肩すると評されている。13世紀以来の「議会伝統」は，漸進的な立憲的進化の過程とされ，カノン法をはじめ西欧法，とりわけドイツ法の影響を受容するものであった。1510年に成立した Werbőcy Tripatrium が，ハンガリー法の近世化への結節点とみなされている。また1790－91年の司法の独立化を含む一連の立法措置は，1789年のフランス大革命の直接的影響下になされたものであった[5]。

　不文憲法体制下でのハンガリー法の漸進的発展は，1848年の対ハプスブルク＝オーストリア帝国からの独立革命期に，近代化への明確な一歩を踏み出すことになった。国会組織法・内閣法・出版法等からなる1848年4月法体制は，身分制議会自身の行為としての近代立憲主義体制への移行宣言でもあった。しかしながら，翌49年の独立戦争の敗北（ヨーロッパの憲兵としてのロシアの干渉）により皇帝フランツ・ヨージェフⅡ世は，ハンガリー4月法体制を拒否し，その無効化を宣した。それはハプスブルク帝国の1848年革命の果実と成るべく議会によって策定されたいわゆるクレムジール憲法を拒絶するばかりか，その対抗策として制定された48年3月欽定憲法自体の廃棄による，新絶対主義体制の形成と軌を一にする帝国の反動的再編の一環としてあった[6]。

　ハプスブルク帝国の「全体国家」Gesamtstaat 化は，しかしながらかか

---

(5) Edited by A. Harmathy, Introduction to Hungarian Law, Kluer, 1998., Magyar Alkotmánytörténet, Osiris Kiadó, 2000., パムレーニ・エルヴィン編，田代文雄・鹿島正裕訳『ハンガリー史』(1)(2)，恒文社，1980年

(6) András Gerő, The Hungarian Parliament (1867～1918) A Mirage of Power, Columbia U. P. 1997., Ruszoly József, Alkotmány és hagyomány, JATEP Press, Szeged, 1997., Ruszoly József, Újabb Magyar Alkotmánytörténet 1848-1949, Püski, 2002.

る新絶対主義によっては，はかること能わず，1867年には帝国の維持のために，ハプスブルク家の支配体制は，オーストリア・ハンガリー両王国の二重化によって再編されることとなった。かかるアウスグライヒ（妥協＝和約）新体制下に，オーストリア国民議会が1867年12月憲法によって近代化の道を進むと同時に，ハンガリー国会もまたかの4月根本法体制の復活を基盤として，近代立憲制の母体たるべき議会制政体となったのである[7]。

1905年のロシア革命を契機とするロシア帝国「議会」の成立（1906年4月）は，その擬似的・「外見的」性格の帯有にもかかわらず，下からの人民＝社会革命による衝撃に基づくロシア国会の生誕として，漸進的近代化の道を歩みつつあったハンガリー国会の成長を刺激するものであった[8]。さらにまた次第に顕著となっていった労働者階級の政治社会への参加要求は，労働組合運動の発展を労働者政党としての社会民主党の結成と影響力の拡大によって，それまでの保守的改革をめぐる二大政治＝社会勢力による議会抗争に，新たな政治要素を加えるものであり，普通選挙権制度の実現や議会制民主主義の深化に向けて進展していった。

この時期にハンガリー建国1000年を記念して建設されたハンガリー国会議事堂が，ドナウ河畔に対岸のブダ王宮と対面するようにその威容を形成したことは，そのウェストミンスターを模した景観と共に，ペシュト地区商工民・労働者の政治的要求を実現するためのアリーナが出現したことも意味していたのである。

第一次世界大戦におけるハンガリーの敗北状況は，この国のそれまでの漸進的政体変化に決定的な一撃を加えることになった。1918年秋のオーストリア・ハンガリー二重帝国の崩壊と解体は，新たな民主的政体の揺籃としてあった。秋ばら革命と呼ばれる市民革命は，カーロイ共和主義政権を生み出した。議会制と大統領制のコンビネーション政体への試行は，急速に深化する政治的・社会的危機状況の下で，労働組合政府樹立の方向へ転移するが，

---

（7）　矢田俊隆『ハプスブルク帝国史研究』岩波書店，1977年
（8）　M. ウェーバー，雀部幸隆・小島定訳『ロシア革命論Ⅱ』名古屋大学出版会，1998年

1917年のロシア十月革命によって成立したソビエト政府の出現及びハンガリー共産党の結成を触媒として，1919年3月以降のハンガリー・タナーチ Tanács（ソビエト）政権の樹立へと転回をみるに至った。タナーチ政権は，7月に臨時憲法を制定し，ソビエト・ロシアと歩みを共にするかたちで議会制政体からの訣別の道を選択したのであった。タナーチ憲法は，ハンガリー憲政史上初めての成文憲法であった。

その後ルーマニアの軍事介入によるタナーチ政権の解体とトリアノン条約体制のもとで，摂政ホルチ提督による擬似君主体制が発足して，戦間期に国会が復活された。

共産党は非合法化され，同党内において反議会主義が主流を占めることになるが，そのなかでルカーチ＝ブルムの議会制民主主義を通じて社会主義へと移行する連続革命戦略が構想されたことは特筆されよう。結局戦間期体制は，ドイツ軍の進出下に，サーラシ矢十字党政権を登場させ，議会制民主主義は窒息状態に追い込まれることになった[9]。

## III 社会主義「人民権力」体制とその民主化問題

第二次大戦末期の反ファシズム＝対ナチスドイツ抵抗運動のなかで，1944年秋にデブレツェンに臨時議会が招集され，議会制民主主義再建の第一歩が踏み出された。大戦終結直後の46年2月には，立憲共和制に基づく国家組織法（1946年法律第1号）が制定され，国民の政治的統合のシンボルとしての意味を有する「弱い大統領」制と普通選挙権に基づく一院制の国民議会 Országgyűlés，これが選任する移行期＝民主化を統御する「強い内閣」から成るトライアングル・システムが形成された。東＝ソビエト社会主義体制及び西＝西欧資本主義体制双方の長所に立脚する，いわゆる「第三の道」（Bibó István），そして社会主義への道を指向する民主的過渡期（Lukács György）等の政治・社会構想が交錯するなかで，ハンガリーの初期人民民

---

（9） 早川弘道「ルカーチ政治思想における社会主義・国家・議会主義（一）」『早稲田法学』第79巻2号，2004年

主主義革命のプロセスが,強力な一院制議会によって担われることになった(10)。

1946年,48年の2次の国会選挙は,右から左までの(独立小地主党,社会民主党,人民党,共産党(ハンガリー勤労者党)等)有力諸政党によって争われ,それぞれ連立政権が樹立されている。

しかしながら,コミンフォルム指導下に,1948年には左翼勢力の社会民主党と勤労者党(共産党)の合同が成立し,サラミ戦術の下で中道右派勢力,とりわけ独立小地主党への政治的圧力が強まり,有力指導者の「亡命」等を契機に,勤労者党の強力なヘゲモニー体制が次第に確立されていった。複数政党制を維持しつつ,マルクス=レーニン主義政党の政治的・社会的ヘゲモニーが実体的なものとなっていった。

1949年憲法の制定は,右の法的・政治的帰結点としてあったのである。同憲法は,ヨーロッパで最初のプロレタリア独裁憲法としての政治的含意を付与され,ソ連1936年憲法型の政治=憲法システムとして構成されるものであった。社会の指導的勢力としての労働者階級とその政治的中核としてのマルクス=レーニン主義政党の指導的役割が,憲法体制の本質を規定することとなった(11)。

複数政党制の維持は,政治的複数主義に立脚する議会制民主主義=国民代表制の存続ではなく,非ソビエト型形態によるハンガリーの社会主義への道を実現するための政治装置であるプロレタリア独裁の独自の形態とみなされることになった。国会の存続は,議会制民主主義の承認を意味せず,社会主義への体制的移行を保障するためのハンガリー独自の(そしてそれは新たに形成された「東欧人民民主主義諸国」の政体と共通するものである)政治形態にはめこまれたものであった。

---

(10) 以下の叙述を含めて,早川前掲『東欧革命の肖像』を参照のこと。Vita demokráciánk válságáról,《Valóság》1946 jan-febr, 86-103old.

F. Donáth, István Bibó and the fundamental issue of Hungarian democracy, 《Socialist Register》1981.

(11) A Magyar Népköztársaság Alkotmánya 1949 év, xx törvény, 高橋勇治他編『人民民主主義の研究』(下巻) 勁草書房 1956年

国会の政治的・法的存続は，実質的にマルクス＝レーニン主義政党のヘゲモニーを実現するための政治装置のそれとして位置づけられることになった。国会とこれが選任する閣僚評議会（内閣）は，国会に新たに設けられた共和国幹部会制度がひとまず統御する仕組としてあったものの，ハンガリー勤労者党による「指導」の下におかれることになった。こうしてハンガリーに，ソビエト型社会主義に特有の「一党制」が，独自の形態をもって出現をみたのである。

　かかる急速・急激なハンガリー人民民主主義体制のソビエト化は，経済・産業部門の国有化・協同組合化を中心とする社会主義建設路線（ソビエト型の道）とあいまって，国の政治的・社会的矛盾を一気に緊張させることになり，1953年にはナジ政権の下で，いわゆる「新コース」政策が立案・公表され，その第一次的修正を迫られることになった。右の政策の一環として，国会の機能をあらためて確認し，政治的民主主義の再構成がはかられようとした。

　それは「国家＝党」機構のプロレタリア独裁体制下における最初の改革試行として注目されるべきものであった。国家の民主的機能の回復と，統一戦線の再活性化（HNFの創立）を両軸とする政治的民主主義の再構築の試みとしてである。しかし小スターリンの異名を取るラーコシ党書記長の巻返しの前に，ナジ「新コース」は挫折を余儀なくされ，ナジ自身も首相の座を追われることになった。

　1956年ソ連共産党第20回大会における「スターリン個人崇拝」批判は，1953年の政治的「小危機」の埋れ火ともいうべき改革＝民主化への指向を再燃させる導火線となった。10月の学生＝民衆による民主化運動は，ナジの復権（10月23日）へと連なり，ナジ改革政府と下からの労働者等の評議会運動という2筋の，ソビエト型社会主義＝人民民主主義体制に対するラディカルな改革運動を構成することになった。初期人民民主主義体制を担った諸政党の復活が行われるなかで，ナジは連立政権を組閣し，複数政党制による議会制民主主義の本格的な復位を宣言するに至る。ここに，ソビエト社会主義体制とこれをモデルとする東欧諸国の人民民主主義体制から訣別し，独自の社

会主義的民主主義のレジームが，ユーゴ型評議会システムを視野に入れて形成され始めたのである。

ソビエト型社会主義体制からの離脱試行が，国家主権の回復を求めることは必然の事象であった。これが，ワルシャワ条約機構からの離脱が決定された時点で，ソビエト軍の本格的介入（第二次軍事介入）が行われ，ソ連領域内で樹立されたカーダール臨時労農革命政府が，ナジ政権の軍事的解体下に政治権力を掌握することとなり，1956年革命のプロセスに終止符が打たれることとなったのある[12]。

カーダール「臨時政府」下におけるナジ政府国務相ビボーによる事態打開策として提起された1946年国家基本法体制への復帰を中心とする政治構想は，事態の進展の前に葬り去られたとはいえ，議会制民主主義の復位を基礎とした社会主義システムの存続をはかるという点において，その現実性はともかくとしても，1980年代におけるソビエト型社会主義体制の「民主化」の経緯を知るわれわれにとって示唆的である以上の意味を含むものであったと評されねばならないであろう。

現下の「ハンガリー問題」を，交渉と妥協・和解に基づいて解決することを呼びかけたビボーの11月9日「提案」は，10月23日に発する「革命」を，1946年国家基本法に基づく「共和国」体制の枠組に定置し，革命的諸組織（評議会，革命委員会等）をこれに包括すること，複数政党制に立脚する議会制民主主義を再建し，政党活動の合憲性を監視する職務を含む憲法裁判所を創設すること，信教の自由を完全に保障する等市民の基本的自由を実現すること，搾取の廃止原理に基づき，社会主義的所有と個人的・私的所有のコンビネーションを制度化すること等，政治・社会の諸形態の今後の在り方を体系的に提示するものであった。「提案」の諸項目は，「革命制憲会議」におい

---

(12) 早川弘道「1956年10月革命と憲法問題」，前掲『東欧革命の肖像』所収, Советский Союоз и Венгерский кризис, 1956 года, Документы, 1998, Москва, РОССПЭН., The 1956 Hungarian Revolution : A History in Documents, CEU Press, 2002., Edited by György Litván, The Hungarian Revolution of 1956, Reform, Revolution and Repression, 1953-1963, Longman, 1996.

て，「新しいハンガリー民主主義の憲法的・社会的基本原則」を規定した。1949年憲法にかわる「新憲法」を採択し，それら基本原則の法制化について，その後に構成される国会において特別多数決による「憲法的法律」群をもって行うことが主張された。以下にビボー提案の全文を掲げる[13]。

「ハンガリー問題の妥協に基づく解決に向けた提案」（1956年11月9日）

［1］ 政府：政府問題の立脚点は，ナジ・イムレ首相の下に11月3日に構成された現下の合法的ハンガリー政府を確認することである。政府の合法性は，1956年10月23日のハンガリー革命に由来するものであり，1949年に制定されたラーコシ憲法によるものではあり得ない。

［2］ オルタナティヴA：外交政策に関連する解決の一つの道は，ハンガリーがワルシャワ条約の軍事条項から離脱することであり，ヨーロッパの平和と安全保障に関する協議とその合意を遵守することが，現在ユーゴスラヴィアが同様の条件下で参加することを保障することになるであろう。

オルタナティヴB：外交政策のもう一つの解決手段は，ハンガリーがワルシャワ条約から脱退し，その上でハンガリー及びソビエト連邦間での二国間協定に至ることである。

［3］ コミュニストの地位の保障
A 全政治犯の釈放及び政治的確信に基づいてなされたあらゆる行為の赦免。死刑の廃止。
B 質的選択手段により実施されるべき国家・産業機構の再組織が，コミュニストのみならず，一般的に資格証明書を有さぬ人びとや短期有資格の人びとの整理に向けられないこと。

---

(13) Bibó István, Válogatott tanulmányok, Magvető Könyvkiadó, Budapest, I. Bibó, Democracy, Revolution, Self-determination, Columbia U. P., 1991.

［4］　軍事的撤退は1ヶ月から2ヶ月以内に段階的に政治的安定化と併行して，以下の通り行われるべきである。

　　a　撤退の第1段階：ソビエト軍部隊が首都ブダペシュト及び南部5～6件から撤退する。同時に自由ハンガリー政府が活動を行い，革命集会及び労働者評議会の地位を確定し，行政の再組織化を実施する。

　　b　撤退の第2段階：ソビエト軍部隊が4～6ヶ月以内に西部6県及びペシュト県から撤退する。同時にハンガリー軍部隊が，西部国境を一時閉鎖し，流入民の入国規制を行う。撤退の第2段階の締括りとして，第5項の規定に従って革命制憲会議をブダペシュトに招集する。

　　c　撤退の第3段階：ソビエト軍部隊が，ボルショド，サボルチ両県を除く残る東部諸県から撤退する。同時に第5項に従い，ブダペシュトの革命制憲会議が，必要な憲法的法律を制定する。

　　d　最終段階：ソビエト軍部隊が残る2県から撤退し，その時点で第2項に基づき，ハンガリー・ソビエト連邦による二国間協定を完了するものとする。

［5］　憲法上の解決：国会総選挙に先立って，革命評議会及び革命委員会によって構成される革命制憲会議が開催され，憲法の効力を有する新しいハンガリー民主主義の憲法的・社会基本原則を決定する。憲法は，以下の規定を含むものとする。

　　a　ハンガリーの国家形態は，1946年法律第1号に基づく共和国である。

b　ハンガリーの政府形態は，1948年法律第3号に基づき，独立した責任政府，人民代議制，基本的自由及び議会制民主主義に基礎をおくものである。

　c　ハンガリーの社会形態は，搾取の禁止という社会主義原理に基礎をおくものであり，以下を内容とする。
①20～40エーカーを上限とする1945年土地改革を維持すること。
②鉱山，銀行及び重工業の国有化を維持すること。
③労働者管理，労働分配，利潤分配に基づいて，現存の社会的工場所有を維持すること。
④搾取禁止原理下に，自由な個人的・協同組合的企業を可能とすること。
⑤搾取禁止原理下に，私的所有の自由を認めること。
⑥全般的社会保障を実施すること。

　d　実施された経済的・道徳的不法行為に対する賠償は，以前の状態を復活することを含むものでないとする。あらゆる保障は，搾取禁止の原理に従い，破壊された家屋もしくは勤労によって得た財産の逸失の観点からのみなされるものとする。

　e　ハンガリー行政の再組織化は，その専門資格に基づいて選任された専門職からなる小規模組織，選出された適格性を有する指導層，委員会によって管理される自主管理組織に基礎をおくものとする。上記委員会の権能は，最終的な選挙の実施までの間，革命諸機関によって遂行される。短期資格または無資格で現在その職についている者の地位は，特に公共事業，軍隊及び警察においては，資格審査の後に，特定の場合については義務的申立に基づき制度的な正常化を得るものとする。

f　基本的自由のうち，信教の完全な自由が，特段強調されなければならない。国家は，教会権に対しいかなる干渉も行ってはならない。教会の地位は，完全な政教分離の原理に従って規定される。国家は，教育を含む教会の活動を尊重し，承認された規模での支援を行うものとする。

　§　前掲諸項からなる提案は，国会の3分の2または4分の3による特別多数決によってのみ改正されるものとし，憲法的法律の効力を有するものとする。更に，憲法裁判所が，いかなる政党もこれらの諸項に違反して活動することを認めないための判断を行う。

[6]　国連軍・警察活動の必要性は，ソビエト占領軍の撤退が協定に従って遂行されない時，または重大な事件の発生したときに出来する。国連軍は，ソビエト軍の撤退後には不要となり，平穏な数ヶ月を経た後に選挙が施行されるものとする。革命後のハンガリーの道徳的及び公共的精神は，ハンガリーのこれまでの千年間の歴史にもまして高度のものとなるであろう。ソビエト軍の撤退，政治的・道徳的権威を有する政府によって実施される諸施策に基づいて，公共的秩序の維持が完全に可能となるであろう。

　　ビボー・イシュトヴァーン
　　　国務大臣
　Budapest, 1956年11月9日

　ビボーの「提案」は，ソビエト軍による全面的征圧（軍事占領），ナジ首相ら主要閣僚等の拉致，カーダール「臨時政府」の存在という深刻な状況の下にあって，その「現実性」を著しく欠如するものであったことは否めないところであろう。しかし仮に「革命の根本問題は権力の問題である」（レーニン）として，「ソビエト軍＋カーダール臨時政府」の組合せによる，正統

性を完全に欠如した「軍事権力」は，首都の大ブダペシュト労働者評議会及び全国に展開する革命的自主管理諸組織という革命的政治・社会権力と対峙する状況にあったことを想起するならば，ソビエト軍の撤退条件を確保したうえで，国民的和解のもとに政治・社会の新たな形態を民主主義的合意に基づいて創成することは，決して「非現実的」として排除し得ないと評されよう。

かかる1956年の全過程が表出したところの，評議会運動と議会制を統合した民主主義的社会主義というオルタナティヴ形成は，20世紀社会主義体制に対する本格的な修正・改革要求としてあったと言えよう。

その後の1972年憲法体制は，「グヤシ共産主義」と呼ばれるものであったが，社会主義市場経済制度の導入を中軸として，市民的自由については，相対的・選択的に許容する点で，ソビエト型社会主義体制の原則的維持の下での改革政策を求めるものであった。しかしこれが二次のオイル・ショックに誘引された世界経済危機に際会したこともあり，「保守派」＝反改革派の攻勢に直面した。1980年代に入り，経済改革の行詰りを打開する意味を付与された政治改革の試行がなされることになる。

1983年の憲法改正によって，国会付置機関として憲法評議会が設けられ，政治的憲法審査機関の活動が開始される。また事実上の一党制による小選挙区制度の下で，複数立候補者ルールが導入され，候補者指名権を有する愛国人民戦線（HNF）の政治的力能の拡大とあいまって，国会制度の活性化と民意の新たな調達システムが求められることになったのである。

「党の指導的役割」＝事実上の一党制レジーム下における政治的アクターの多元化現象は，国民の政治意識の新たな表出回路を限定的なものではあったが萌芽的に創出することになった。ソビエト型政治アリーナに，一党制を変容させる現実的諸要素が，生成を開始したのである。国会においても，現職大臣との選挙戦に勝利した無所属議員，HNF改革勢力に連携する党員議員等が少数ながら進出し，政策イシューに関連した新たな議員グループの登場，無所属改革議員サークルの形成等が1980年代後半に進行することになり，議会運営もまた「党の指導」の全面的貫徹システムからの脱皮が実質的

に促されていった。

　1988年の新結社法制をめぐる政治的・社会的経緯のなかで，同年12月の国会採択に先行するかたちで，49年憲法体制以前の政治諸党派が次々と「復活」し，また同法制定を機として，多数の新政治集団が簇生するに至った。かかる新たな状況に併行して，同年5月の社会主義労働者党全国協議会で採択されたソビエト型社会主義体制から民主主義的社会主義体制への移行のプログラムが，新憲法の策定と複数政党制に基づく国会への転換政策として徐々にかたちをとり始めていた。1989年2月党中央委員会総会でのハンガリー1956年事件の評価の転換（「反革命」から「人民蜂起」へ），政治的複数主義に立脚する社会主義的民主政体の創出を企図する新憲法草案の公表は，下からの政治的複数主義の現実的形成にも対応しようとするものであり，なお「党」の主導性を改革プロセスにおいて維持することを企図するものであった。

　ソ連のペレストロイカ，ポーランドでの和解プロセスと併進しながらのハンガリー自身での党主導による民主化コースは，しかしながら，3月の反対派内卓会議の結成によって一変することになった。

　89年5月に入り，「党」，反対派内卓会議，「党」の影響下にある社会勢力諸団体の三者による全国円卓会議が，国会内に設定され，その審議活動を国費によって開始させる。この時点から全国内卓会議の「合意書」採択（9月パクト）まで，民主的体制改革の基本的権力は，国会自身の手，あるいは「党」のヘゲモニーから離れ，全国内卓会議に移行することになったのである。

　1989年10月に，全国円卓会議を通じて起草された1949年憲法改正案が国会における審議に付され，若干の修正をもって採択されることになった。国会は，あらためて国権の最高機関として復活を実現した。この時点で，「強い一院制国会」に対して，「党」の政治的影響力を直接確保することを担った「強い大統領制」（国民の直接選挙による）を，大統領選挙法によって実現することが，「党」の民主化構想を保持する最終的政治手段として予定されていた。全国円卓会議における自由民主連合および青年民主連合2派の最終局

面での合意文書拒否事件は，右の事情によるものであった。両派は国民投票法に基づいて大統領選出方式の転換戦術をとり，これに成功した。「強い議会」，ドイツをモデルとする建設的不信任制度をもつ責任内閣制，国会が選出する「弱い大統領」制，そして新たに設置をみた憲法裁判所と独立した司法制度の4者によって，移行期ハンガリーの立憲秩序が組まれることになったのである(14)。

## IV　体制転換と議会制民主主義の再建

　1990年春に施行された政治的複数主義原理・普通選挙権による「自由選挙」通じて，旧マルクス＝レーニン主義政党である社会党は第4党となり下野し，かわって民主フォーラム主導の中道右派連立政権が樹立された。体制転換後の第一国会は，最大野党となった自由民連合と政府の間のパクトを基礎に1989年臨時憲法（改正1949年憲法）の大幅な改正を行い，残存した「社会主義的痕跡」を消去した。同改正において，第2条1項中の「市民的民主主義と民主主義的社会主義の諸価値が等しく実現される」との文言が削除されたことは，ハンガリーの体制変移が，1980年代における「体制改革」から完全に離別する方向性を確定するものであった。表Ⅰは，その主要な改正条文の対照を示したものである。

　したがって，1990年七月パクトに基づく憲法改正は，1989年九月パクトを基礎とした十月移行期憲法体制を，ハンガリー型体制転換の道に全面的に進入させるべく修正したものであり，旧体制への逆進を不可能とする憲法的保

---

(14)　前掲早川「ハンガリーにおける体制転換と憲法問題—1989年の急転現象と90年代」，The Round Table Talks of 1989, CEU Press, 2002., A rendszérvaltás forgatókönyve, Kerekasztal targyalások 1989-ben, Budapest, 1998-2000., Edited by B. K. Király, Lawful Revolution in Hungary, 1989-94, Columbia U. P., 1995., G. Kilényi & V. Lamm, Democratic Changes in Hungary, Studies of Hungarian State and Law, Vol. 3, 1990., Fehér Ferenc és Heller Ágnes, Kelet-Európa "dicsőséges forradalmai", T-Twins, 1992. Rudolf Tőkés, Hungary's Negotiated Revolution, Cambridge U. P., 1996.

障を与えることになった。「交渉」に立脚した平和的「合法革命」Lawful revolution が，国会選挙による民意の表出と新国会の最初の行為としての憲法改正を通じて，ひとまず結実したものと評することができよう。最大与党である民主フォーラムと最大野党の自由民主連合の間での右の憲法改正に関する合意，そして初代大統領に自由民主連合推薦の候補者であるゲンツ・アルパードを国会が選出したことは，「交渉革命」のフィナーレを構成することになったのである。さらに同国会は，憲法裁判所法（1989年10月）経過規定に則り，同裁判官の追加選任を行い，憲法裁判所の初期的構成を実現することとなった[15]。

強力な一院制議会は，法案差戻し権等を有するものの多分に象徴的な大統領制，そして法案の事前審査権をも有した強い憲法裁判所，議院内閣制の下で建設的不信任制度によって議会と「対峙」し得る相対的に強い内閣制の諸力をベクトルとする主環に位置することになった。

386議席から成る国会議員は，小選挙区（個人）議員（176個人選挙区），地域比例代表（政党リスト）議員（20区152議席），全国比例代表（政党リストによる58議席）によって構成され，新議院規則のもとに政党会派中心の議会運営が行われることになった。地域比例の政党獲得票が5％（後の第2回総選挙以降4％に変更）を切った政党には比例議席配分がないという阻止条項のために，ハンガリーの移行期における政党システムは，次第に多極型から三極型，さらには双極型に変異することになり，これまで中道右派連立政権と中道左派連立政権が，任期満了による総選挙のたびに交代する現象を生み出してきた。

国会は年2会期制をとり，春会期が2月1日より6月15日まで，秋会期が9月1日より12月15日までとされており，時に春会期後に臨時国会が召集される。

---

(15) 早川弘道「ハンガリーの憲法改正」，及び平泉公雄訳「ハンガリー共和国憲法」，『法律時報』1990年3月号，早川弘道監訳「ハンガリー共和国憲法」，『比較法学』第37巻1号，2003年，前掲早川「ハンガリーにおける体制転換と憲法問題」

表1　ハンガリー憲法改正に関する主要条項対照

| | （1989年改正憲法） | （1990年改正憲法） |
|---|---|---|
| [第2条] | ハンガリー共和国は，独立した民主的法治国家であり，そこにおいては，市民的民主主義と民主主義的社会主義の諸価値が，等しく実現される。 | ハンガリー共和国は，独立した民主的法治国家である。 |
| [第7条2項] | 立法手続は，憲法に準ずる効力を有する法律によって，これを定める。 | 立法手続は，法律で規定され，その可決のためには，出席する国会議員の3分の2の多数による議決を必要とする。 |
| [第9条12項] | ハンガリー経済は，計画化の長所をも利用する市場経済であり，ここにおいては，社会的所有と私的所有が対等平等の保護を享受する。 | ハンガリー経済は，市場経済であり，公的及び私的所有は，平等な配慮を受け，法律の下に保護される。 |
| [第12条2項] | 国家は，生産者自主管理と自治組織による所有の創出及び運営を承認する。 | 国家は，地方自治体の財産を尊重する。 |
| [第29／A条1項] | 共和国大統領は，国会が4年の任期をもってこれを選出する。 | 国会は，5年の任期をもって共和国大統領を選出する。 |
| [第32／A条4項] | 15名からなる憲法裁判所の構成員は，国会がこれを選出する。憲法裁判所構成員の選出には，国会議員総数の3分の2の賛同が必要とされる。 | 憲法裁判所は，国会によって選出される11人の構成員から成る。憲法裁判所裁判官は，国会に議席を有する各政党につき1人の構成員から成る推薦委員会によって推薦された者である。憲法裁判所裁判官の選出には，国会議員の3分の2の得票を必要とする。 |
| [第7章] | 閣僚評議会 | 政府 |
| [第33／A条] | | （新設）政府への権限委任は，以下の事由により終了する。(a)～(f)（略） |
| [第39／A条5項] | | （新設）国会が政府に対し，前2項で定められた場合において，信任を採択しなかった場合には，政府は，辞職しなければならない。 |

なお議院規則は，1956年国会第2号決定を改正するかたちをとりつつ，1989年1月の複数政党制への対応，同年8月の不信任動議対応ルールの導入，90年から92年にかけての第一国会に対応する規定の導入を経て，1994年第2回総選挙を受けて成立した社会党を中心とする中道左派連立政権の下で，国会内会派6政党の合同提案のかたちで，新議院規則が制定された[16]。

1990年代のハンガリー議会政に関連する指標的事項について，以下に概観する。

第一に，複数政党制の復活とその後の変移について見る。1989年1月結社法及び89年10月政党法に基づく政党登録数は，1990年総選挙の年と前年11～12月期に合わせて77政党，1994年第2回総選挙とその前年を合わせて72政党となり，政党の結成，改編数は，きわめて多数となっている。しかし第3回総選挙（1998年）とその前年の登録は，合計して18にとどまり，一党制廃止後の複数政党制への移行に伴う特異現象は，ほぼ終息を迎えたとみなしてよいであろう。旧政党の復活を含む政治結社現象は，国会選挙に対する参加政党数，及び議院構成政党数の順に，三階梯選挙制度とこれに基づく民意の表明により絞りこみがなされている[17]。

1990年以降の国会選挙を指標とする諸政党の消長は，表IIに示された通りとなっている[18]。ビハリ・ミハーイは，体制移行期の政党配置について，総選挙の投票数等を指標として別表のように図示している。（表III・IV・V）[19]

第二に，国会選挙に基づく政府構成の変移を見ると，1991年・94年・98

---

(16) 以上について，Edited by A. Ágh & S. Kurtán, Democratization and Europeanization in Hungary: The First Parliament, 1990-1994, 1995, Budapest. Kukorelli István, Az alkotanányozás évitizede, Korona Kiadó, 1995, Z. Péteri, Constitution-Making in Hungary, Acta Juridica Hungarica, 1994, No. 3-4., Bragyova András, Az új Alkotmány egy koncepciója, Budapest, 1995.

(17) Democratization and Europeanization in Hungary: The Second Parliament, 1994-1998, Budapest, 2001.

(18)(19) Bihari Mihály, Magyar politika 1944-2004: Politikai és hatalmi viszonyok, Osiris, 2005.

表11　1990年以降の国会選挙における諸政党の動向

| 政党 | 1990年総選挙 | | | | 1994年総選挙 | | | | 1998年総選挙 | | | | 2002年総選挙 | | 2006年総選挙 | |
|---|---|---|---|---|---|---|---|---|---|---|---|---|---|---|---|---|
| | 総選挙得票 | | 国会議席 | | 総選挙得票 | | 国会議席 | | 総選挙得票 | | 国会議席 | | 国会議席 | | 国会議席 | |
| | 得票数 | % | 議席数 | % | 得票数 | % | 議席数 | % | 得票数 | % | 議席数 | % | 議席数 | % | 議席数 | % |
| フィデス（青年民主連合） | 439,649 | 8.95 | 21 | 5.4 | 378,678 | 7.01 | 20 | 5.2 | 1,340,826 | 29.48 | 148 | 38.3 | 188 | 48.7 | 164 | 42.49 |
| 独立小地主党 | 536,315 | 11.73 | 44 | 11.4 | 476,127 | 8.82 | 26 | 6.7 | 597,820 | 13.15 | 48 | 12.4 | ― | ― | ― | ― |
| キリスト教民主国民党 | 317,278 | 6.46 | 21 | 5.4 | 379,332 | 7.03 | 22 | 5.7 | 104,892 | 2.31 | ― | ― | （フィデスと連合リスト） | | （フィデスと連合リスト） | |
| ハンガリー民主フォーラム | 1,214,359 | 24.73 | 164 | 42.5 | 633,157 | 11.73 | 38 | 9.8 | 127,118 | 2.8 | 17 | 4.4 | ― | ― | 11 | 2.85 |
| ハンガリー正義・生活党 | ― | ― | ― | ― | 85,431 | 1.58 | ― | ― | 248,901 | 5.47 | 14 | 3.6 | ― | ― | ― | ― |
| ハンガリー社会党 | 535,064 | 10.89 | 33 | 8.6 | 1,780,009 | 32.99 | 209 | 54.2 | 1,497,231 | 32.92 | 134 | 34.7 | 178 | 46.11 | 186 | 48.19 |
| 自由民主連合 | 1,050,799 | 21.39 | 92 | 23.8 | 1,064,788 | 19.73 | 69 | 17.9 | 344,352 | 7.57 | 24 | 6.2 | 19 | 4.92 | 18 | 4.66 |
| 労働者党 | 180,964 | 3.68 | ― | ― | 171,801 | 3.18 | ― | ― | 179,672 | 3.95 | ― | ― | 社会党＋自民連 1 | 0.26 | 同左 6 | 1.55 |
| 社会民主党 | 174,434 | 3.55 | ― | ― | ― | ― | ― | ― | ― | ― | ― | ― | ― | ― | Somogyért 1 | 0.26 |
| [総計] | 4,911,241 | 100 | 386 | 100 | 5,394,550 | 100 | 385 | 100 | 4,547,682 | 100 | 386 | 100 | 386 | 100 | 386 | 100 |

(Bihari Mihaly, 2005年、及び全国選挙管理委員会公式統計より作成、2006年総選挙による議席数を付加)

(1) 1990年総選挙では、本表に農業同盟 1、無所属 1、共同候補 6、共同候補 4 議席が加わる
(2) 1994年は、農業同盟、共同候補各 1 議席が加わる
(3) 1998年は、無所属 1 議席が加わる

表Ⅲ　国会選挙得票数に基づく政党配置

- 幽霊（登録・不活動）政党　230-250政党
- 活動政党　0-10
- 1%以上支持獲得政党　3-4
- 5%以上議会政党　6-4

得票数　4-5百万
得票数　300-400千
得票数　150-200千

（Bihari Mihály, 2005年, 444頁より作成）

年・2002年の4度いずれも与野党が「規則的」に逆転していることが特筆されよう。1989年直後の第一国会ではそれまでの「支配政党」であった社会党が敗北し，かわって第一党に進出したハンガリー民主同盟主軸の中道右派連合政権が成立した。その後第二国会では社会党と自由民主連合による中道左派政権，第三国会では青年民主連合中心の中道右派政権，第四国会では再び社会党及び自由民主連合の組合せによる中道左派の連立政権が樹立されている。いずれも国会の任期満了に基づく総選挙によって，中道右派勢力と左派勢力との間での政権交替となった。第二国会以降にあっては，中道左翼に位置する社会党と右翼にあるフィデス（青年民主連合，現フィデス＝ハンガリー市民連合）を両極とする政治勢力配置が構成され，国会会派は五ないし六政党により構成されるものの，社会党及びフィデスの二大政党を各連立政権の核に置く状況が出現している（前掲表Ⅴ・Ⅵを参照）。

　移行期にあって，重要法案をめぐる厳しい与野党対立，政治スキャンダルの発覚等によって政府危機が何度か発生しているが，首相の交代，内閣の一

表Ⅳ　2002年国会選挙におけるイデオロギー基準による政党配置

- 社会主義
  MSZP,
  社会民主主義的
  小政党
  （2,361,997 票）

- 保守主義キリスト
  教市民主義
  MDF
  FKGP ｝継承・
  KDNP ｝分離政党
  Fidesz
  （2,306,000 票）

- 共産主義
  Munkáspárt
  （121,503 票）

- ラディカル民族主義
  MIÉP
  （245,326 票）

- 自由主義
  SZDSZ
  （313,064 票）

（Bihari Mihály, 2005年, 444頁より作成）

部改造，そしてドイツ・ボン基本法型の建設的不信任制度（憲法第29／A条3項・4項）等を通じて，政府総辞職や任期満了前国会解散の事態には至っていない。ロシア連邦において，強力な大統領制度と大統領与党が議会多数派を構成しないなかで幾度となく政治危機を招きながら，結局大統領の国家会議解散権の前に政治的妥協が繰返され，1993年憲法体制下で任期満了前議会解散がこれまで行われなかった。他の旧東欧諸国における議会解散に至る政治変動に比して，対照的な権力分立システムを有するハンガリーとロシアが，移行期の現時点まで任期満了前議会解散を経験しなかった事実は，比較憲法論の視角からして興味深いものがある。

　第三に国会構成であるが，常設委員会と特別委員会から成るが，委員会委員長は与野党合意に基づき野党にも案分されている。例えば第一国会・第二

## 表V　政治社会における現在の主要政党配置

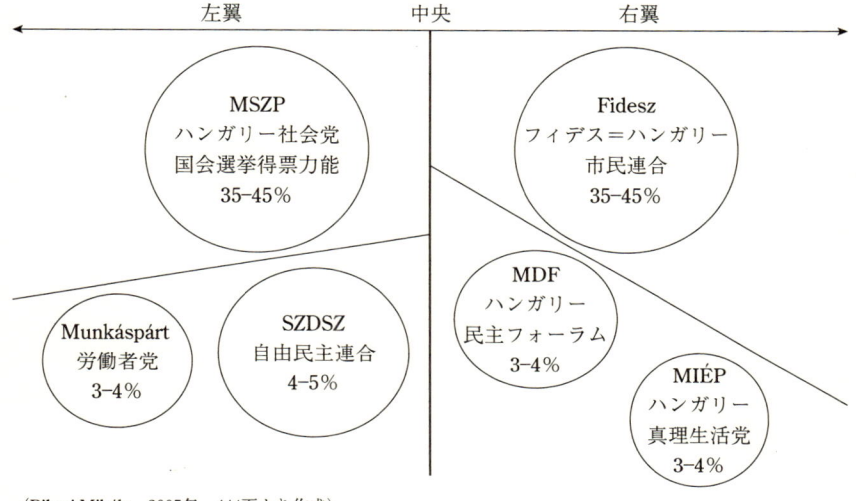

左翼　　　　　　　　　中央　　　　　　　　　右翼

- MSZP　ハンガリー社会党　国会選挙得票力能　35-45%
- Fidesz　フィデス＝ハンガリー市民連合　35-45%
- Munkáspárt　労働者党　3-4%
- SZDSZ　自由民連合　4-5%
- MDF　ハンガリー民主フォーラム　3-4%
- MIÉP　ハンガリー真理生活党　3-4%

(Bihari Mihály, 2005年, 444頁より作成)

## 表VI　1990年4月合意に基づく第一国会の委員会構成

|  | 与野党委員数 | 委員長 |
|---|---|---|
| I．常設委員会 | | |
| 1．憲法・法律委員会 (25) | 15：10 | 与党 |
| 2．内務委員会 (25) | 14：11 | 野党 |
| 3．外務委員会 (23) | 13：10 | 野党 |
| 4．国防委員会 (23) | 14： 9 | 与党 |
| 5．予算委員会 (26) | 15：11 | 野党 |
| 6．経済委員会 (26) | 15：11 | 与党 |
| 7．社会保健委員会 (25) | 15：10 | 与党 |
| 8．環境委員会 (23) | 13：10 | 与党 |
| 9．文化・教育・科学委員会 (25) | 14：11 | 与党 |
| 10．人権委員会 (25) | 14：11 | 野党 |
| II．特別委員会 | | |
| 1．議院委員会 (11) | | |
| 2．議事委員会 (14) | 8： 6 | 与党 |
| 3．選挙-権限委員会 (12)　(1990年3月～92年10月) | 6： 6 | 野党 |
| 4．免責・兼職禁止・資格委員会 (12) | 6： 6 | 与党 |
| 5．安全保障委員会 (13) | 8： 5 | 野党 |

(The First Parliament, 1995年)

国会における委員会構成は、表Ⅵ・Ⅶの通りである[20]。

　第四に国会における立法の状況であるが、90年代を通じて、「立法工場」と評される如く、その立法活動はきわめて活発であり、複雑な移行期の特質を示している（表Ⅷを参照）。第一国会を例に採ると、総計796件の議案が提出されているが、その発議の内訳は、政府366件、委員会42件、議員314件から成っており、その過半56％を委員会及び議員からの発議が占めているのが特筆される。なお議案中432件が法律案であり、そのうち219件が新法、213件が法改正であった。但し、全文10条以下の法案が250件にのぼっている。全文50ないし100条の法案は35件、100条以上の法案が16件であった。

　立法の中心的担い手が院内諸会派であったことは、政党・議員の積極的活動の存したことを物語る一方、立法における専門性を保障する組織的・経験的欠如を示すものでもあった。「立法工場」との表現は、右の事情に由来する[21]。

　最後に、体制移行期を通じて政治・社会制度に対する市民の評価がどのようなものであったかについて、世論調査をもとにした表Ⅸを挙げておく[22]。

## 結　語　——体制移行の現在

　ハンガリーは間もなく、1848年独立革命から160周年、1867年アウスグライヒから140周年、1918年市民革命及び1919年タナーチ（ソビエト）革命から90周年、1946年戦後民主改革から60周年、そして1956年革命から50周年を迎えようとしている。このおよそ150年にわたるハンガリー近現代史は、幾重もの独立革命・市民革命・社会主義革命の積層から構成されるものであった。「国家と革命・世界戦争」の時代としてあった20世紀を通じて、「独立・民主・自由」を基調とする国家・社会形成の道程は、1989年市民革命の帰結としてある1989年憲法改正＝臨時憲法へと結実し、立憲制の下での議会政再

---

　[20][21]　The First Parliament & The Second Parliament.
　[22]　Magyarország politikai év-könyve, 1988-2004, Budapest.

表VII　1992年9月6党合意に基づく1994年の委員会構成

| | 与野党委員数 | 委員長 |
|---|---|---|
| I．常設委員会 | | |
| 1．憲法・法律委員会 (25) | 14：11 | 与党 |
| 2．内務委員会 (25) | 15：11 | 野党 |
| 3．外務委員会 (23) | 13：10 | 野党 |
| 4．国防委員会 (23) | 13： 9 | 与党 |
| 5．予算委員会 (26) | 15：11 | 野党 |
| 6．経済委員会 (26) | 15：11 | 与党 |
| 7．社会保健委員会 (25) | 16：12 | 与党 |
| 8．環境委員会 (23) | 13：10 | 与党 |
| 9．文化委員会 (25) | 14：11 | 与党 |
| 10．人権委員会 (25) | 14：11 | 野党 |
| 11．教育・青年・スポーツ委員会　(1992年10月〜) | 11： 8 | 与党 |
| 12．農業委員会 (19)　(1992年10月〜) | 11： 8 | 与党 |
| II．特別委員会 | | |
| 1．議院委員会 (11) | | |
| 2．議事委員会 (14) | 8： 6 | 与党 |
| 3．免責・兼職禁止・資格委員会 (12) | 6： 6 | 与党 |
| 4．安全保障委員会 (13) | 8： 5 | 野党 |
| 5．欧州委員会 (16) | 9： 7 | 与党 |
| 6．検査委員会 (14) (1992年10月〜) | 8： 6 | 野党 |

(The First Parliament, 1995年)

表VIII　1990年代における立法状況

| | 1990 | 1991 | 1992 | 1993 | 1994 | 1995 | 1996 | 1997 |
|---|---|---|---|---|---|---|---|---|
| [国会] | | | | | | | | |
| 　法律 | 77 | 93 | 92 | 121 | 99 | 126 | 132* | 159 |
| 　(1)新　法 | 29 | 55 | 50 | 61 | (24) | | | |
| 　(2)法改正 | 48 | 38 | 42 | 60 | (25) | | | |
| 　決定 | 55 | 73 | 92 | 103 | 75 | 128 | 120 | 126 |
| 　見解 | 3 | 3 | 2 | 2 | 0 | | | |
| 　採択総数 | 135 | 169 | 186 | 226 | 174 | 254 | 252 | 285 |
| [政府] | | | | | | | | |
| 　命令（決定） | 32 | 188 | 177 | 185 | 190 | 179 | 242 | 288 |
| [憲法裁判所] | | | | | | | | |
| 　判決・決定 | 84 | 180 | 167 | 145 | 149 | 169 | 239 | 191 |

＊大統領による差戻し
2件→1997年再採択

(The First Parliament, 1995年及び The Second Parliament, 2001年より作成)

表IX　体制移行期におけるプレステージの推移

| | 89.05 | 89.11 | 90.01 | 91.02 | 92.05 | 92.11 | 93.03 | 94.03 | 98（前期） |
|---|---|---|---|---|---|---|---|---|---|
| 大統領 | | | | | | 61 | | 70 | 64 |
| 憲法裁判所 | | | | | | 56 | 59 | 57 | 60 |
| 地方自治体 | | | | | | 54 | 57 | 53 | 51 |
| テレビ | | | | 63 | 58 | 54 | 60 | 51 | 57 |
| ラジオ | | | | 63 | 63 | 54 | 60 | 54 | 56 |
| 新聞 | | | | 69 | 58 | 53 | 56 | 54 | 50 |
| メディア（平均） | 75 | | 69 | 65 | 60 | 54 | 59 | 53 | 54 |
| 教会 | 65 | 64 | 68 | 67 | 57 | 46 | 59 | 52 | 49 |
| 軍隊 | | | 58 | | | | | 59 | 52 |
| 警察 | 49 | 46 | 48 | | 51 | 51 | | 58 | 46 |
| 省庁 | | | | | | | 46 | 44 | 44 |
| 政府 | 56 | 55 | 55 | 45 | 32 | 32 | 46 | 40 | 45 |
| 国会 | 61 | 61 | 57 | 50 | 29 | 36 | 43 | 39 | 41 |
| 支持政党 | | | | | | | 66 | 73 | 66 |
| 野党 | | | | | | 37 | 49 | 48 | 41 |
| 与党 | | | | | | 37 | 43 | 38 | 41 |
| 労組 | 61 | 42 | | 41 | 36 | 39 | 49 | 45 | 36 |
| 雇用者 | | | | | | | 47 | 41 | 35 |
| 全体平均 | 60 | 54 | 59 | 57 | 48 | 47 | 53 | 52 | 49 |

(Magyarorszag politikai év-könyve より作成)

建を現代的所与のうちに実現しつつある。20世紀社会主義体制下の二つの革命（1956年・1989年）の位相の差異を改めて確認すべきであると同時に，これらがそれぞれに固有の条件・国際環境下にあっていずれも立憲制・議会政の再生を目途としうることにおいて連鎖をなすことが認められるべきである。

　そして今，世界の耳目を集めた1989年の「東欧革命」から15年余の歳月が経とうとしており，2004年5月には，ハンガリー，ポーランド，チェコ，スロヴァキア，スロヴェニアの旧東欧社会主義圏5ヵ国及びリトアニア，エストニア，ラトヴィアの旧ソ連構成共和国3ヵ国等が，EU（ヨーロッパ連合）への加盟を果たすことになった。この間におけるこれら諸国のＮＡＴＯ加入の事象と併せて，「20世紀世界」の変貌は，まことに著しいものがある。この後に引き続き予定されるEU東方拡大の第2波（ブルガリア，ルーマニア）への帰結は，ユーラシア大陸の新たな地政学的相貌と分極化を招来することになろう。かつて20世紀初頭におけるロシア革命に際してレーニンが展望した"社会主義的ヨーロッパ・ロシア"，そして革命的「東方」という，「社会主義＝共産主義」原理及び民族自決原理を旋回基軸とした地域＝世界編成は，政治体制の「民主化」と資本主義的市場経済への移行，さらにはそれらのEUへのハーモナイゼーション，そして「グローバリゼーション」という新たな諸基軸による再編に代替されようとしている[23]。

　ここに至り，1990年代に進行したソビエト型社会主義体制からの「体制転換」・「体制移行」は，その初期サイクルの過程から第二の階梯へと移行する局面を迎えている。ソビエト連邦解体後におけるアメリカの世界＝地域戦略再編の試行に従属したＮＡＴＯの東方拡張を前提としたEUの東方拡大第一波の完結は，旧ソ連・東欧圏における「民主化」現象に内在した種差性を，ヨーロッパ・スタンダードによる包摂と統合過程に投げ込むと共に，新たな種差化を生じさせることになると思われる。今日通有するところのグローバル・スタンダードへの強制は，右の二重化現象に対して，さらに複雑なバイ

---

(23)　鈴木輝二『EUへの道／中東欧における近代法の形成』尚学社，2004年

アスをかけることになろう。新たな権威主義的秩序への再編に傾斜する旧ソ連構成諸国家と対照的に，再ヨーロッパ化の道程を指向する旧東欧社会主義国家群及び沿バルト三国にあって，法治主義に基づく立憲国家の今日的創成の課題は，それぞれの資本制社会の相貌，さらには市民社会の特質との相互連関のもとで，あらためて問い直されることになろう[24]。

---

(24) A. Arató, Civil Society, Constitution and Legitimacy, Rowman & Littlefield Publishers, 2000.

# 第2部　国際シンポジウム

テーマ：「法のグローバル化と日本法のアイデンティティ」
日　　時：2004年11月28日（日）10時～17時半
会　　場：早稲田大学国際会議場3階第1会議室
主　　催：早稲田大学比較法研究所

プログラム
　開会の辞
　シンポジウムの趣旨説明
　基調講演「日本法のアイデンティティ」
　セッションⅠ「法の継受と移植－ベトナムの経験」
　セッションⅡ「法のグローバル化とアイデンティティ」
　セッションⅢ「知的財産に関する法のグローバル化とアイデンティ
　　　　　　　ティ」
　全体討論
　まとめ
　閉会の辞

# 開 会 の 辞

木 棚 照 一

　おはようございます。私は，ただいまご紹介にあずかりました，比較法研究所の所長を務めさせていただいております木棚照一と申します。

　本日は，お忙しい中，早稲田大学比較法研究所の主催いたします本シンポジウムにご参加いただき，厚くお礼申し上げたいと思います。本シンポジウムの開会に当たりまして，比較法研究所の紹介と本日講演をいただきます報告者の先生がたのご紹介を兼ねまして，一言ごあいさつ申し上げたいと存じます。

　早稲田大学比較法研究所は，日本および諸外国の法制を比較法的に研究し，我が国の法学教育，ならびに，法学研究に寄与するとともに，世界の法学の発展に貢献するために，1958年に設立されました。それ以来46年間，研究員の共同研究を推進するほか，海外の機関との学術交流，公開講演会，外国人研究員の受け入れを行い，また比較法学，Waseda Bulletin of Comparative Law, Waseda Proceedings of Comparative Law, 比較法研究叢書などの出版物を通じて，比較法に関する学術的情報を発信してまいりました。

　比較法研究所は，2001年から比較法の現段階を検証し，方法論を含めて総合的に研究を進めるために，研究所独自のプロジェクトを持ち，「比較法の新段階－法の継受と移植の理論」を第1期として2002年度まで，また「日本法の国際的文脈」というテーマのもとで，2003年度は「その歴史と展望」，2004年度は「アジアと西洋の視点から」という課題で連続講演会を開催するとともに，科学研究費を獲得して研究を進めてまいりました。

　本シンポジウムは，本日総司会を担当していただいております野村稔前所

長が代表者となり，10名の研究員が協力して，2002年度から「日本法のアイデンティティに関する総合的比較法的研究—源流の法とグローバル化の法」というテーマで，科学研究費基盤研究Bを獲得して行われています研究の一環として，開催するものです。

　この研究は，次に本シンポジウムの趣旨をご説明いただき，また総司会をしていただきます戒能通厚教授が，実質的なアドバイザーとなられて始めたものであり，本年が3年間の研究期間の最後の年でありますので，そのまとめのために行うものでございます。

　シンポジウムは，基調報告と三つのセッションからなります。まず基調報告は，カナダのUBCやオーストラリアのメルボルン大学のアジア法センター教授や所長などを歴任されて，本年4月から中央大学教授として，独特の立場からアメリカ法を批判的に見て，独自の議論を展開されてこられましたマルコム・スミス（Malcom D. Smith）先生にお願いいたします。マルコム・スミス先生は，日本法のアイデンティティと題してお話ししていただきます。

　セッションIの報告者は，フランス留学のご経験も長く，広い視野からベトナム法を論じてこられた，カントー大学法学部長，グエン・ゴック・ディエン（Nguyen Ngoc Dien）先生にお願いをしております。先生は，ハノイ大学をご卒業の後，パリ第二大学等で研究され，現在はパリ第二大学で客員教授として比較法を教えられているとともに，カントーで公証人もされておられ，実務のご経験もお持ちです。先生からは，ベトナムの経験から法の継受と移植の問題をお話ししていただきます。

　第2セッションの報告者は，北京大学法学部ご卒業の後，京都大学法学研究科で学ばれ，現在，神戸大学大学院法学研究科の教授であられます，キ・エイトウ（李衛東）先生です。先生には，最近ご出版された『中国的裁判の構図—公論と履歴管理の狭間で進む司法改革』という，有斐閣から出された書物があり，また，ミネルヴァ書房から出版された『超近代の法：中国法秩序の深層構造』があります。そのほかにも，注目すべきご著書がございます。先生からは，中国法との関連で，法のグローバル化とアイデンティティにつ

いてお話しいただきます。

　第3セッションは，比較法研究所と学術交流協定のある機関から，お二人の先生をお招きして，知的財産に関する分野につき取り上げて，法のグローバル化とアイデンティティを論じていただくようにいたしました。

　まず，ドイツのミュンヘンにありますマックス・プランク知的財産・競争・租税法研究所のアンネッテ・クアー（Annette Kur）教授です。先生は，ドイツ，ヨーロッパ，および国際意匠法，商標法，不正競争法など，幅広い分野につき，興味ある論文やご著書を著しておられ，同時に，知的財産を国際私法的な観点からも研究されておられます。本日は，日本法の母法となったドイツ知的財産法の観点から，この問題を論じていただきます。

　次に，中国社会科学研究所知的財産研究センター副センター長の，李明徳教授であります。先生は，アメリカのシアトルにあるワシントン大学やミュンヘンのマックス・プランク研究所でも研究をされたご経験を持たれます。先生には，中国の立場から中国に伝統的に存在する知的財産に関する法意識とも関連させながら，この問題を論じていただきます。

　各セッションの討論の司会やコメンテーターは，原則として比較法研究所の研究員の先生方にお願いいたしました。最後に，全体討論やレセプションも予定されておりますので，どうか最後までご参加いただき，積極的に討論に加わっていただきますようお願いする次第でございます。どうぞよろしくお願い致します。

# シンポジウムの趣旨説明

戒 能 通 厚

　おはようございます。戒能でございます。私は比較法研究所の所員でありますが，今木棚所長からご紹介がありましたように，このテーマについて一応アイディアを提供したということで，そのまとめとしての本日のシンポジウムにおいて，司会とともに，全体の趣旨をお話しさせていただくということで，ここに登場させていただきました。

　今，すでに木棚所長からございましたように，日本法のアイデンティティという概念，それ自体，早速このあとマルコム・スミス教授から，そもそもそういう概念があるのかという，非常に問題提起的なご報告がすでに予定されております。ですから，私のほうからは，日本法のアイデンティティというのをなぜあえて設定したかということだけ，ちょっと申し上げます。

　そもそも日本法とは，総体としてどういうものとしてとらえるか。これは，言うまでもなく比較法の方法論の問題で，比較法の研究者，西洋の比較学者，いずれもとらえがたい問題として対象化されていることはご存じのとおりです。本日のテーマは，したがって，日本法のアイデンティティをどういう視角からとらえるかという，いちばん大きな問題としては，比較法の方法論の問題でもあるということです。従来の比較法の方法論は，どちらかといえば国家法中心主義，国家法を中心に幾つかの法のグループを作り，それぞれの法のグループの特徴を描き出すことが，比較法の基本的な方法論であったわけです。

　グローバル化の法の中には，一つはそういうネーション・ステートそのものが，揺らいでいるという問題があります。したがって，国家法中心主義的

な比較法方法論では、現在の世界の法はとらえにくいという問題があるわけです。したがって、そういう前提から考えますと、日本法のアイデンティティを一体、国家法を中心にとらえるのか、そうではないのか。そこに非常に大きな方法論的な問題があります。各国法のアイデンティティは、ネーション・ステートの法それ自体が重層的に積み重なった構造を持ちつつ、その表層部の調和とか統一が語られるなかで、新たに解明されるべき課題となっている、と考えるのです。

したがって私が、あえてグローバル化の法と日本法のアイデンティティというテーマを設定した最大の理由は、そのような状況は必ずしも日本にのみ特有に表れている現象ではないと思うからです。すでに、国家法という枠を超えて、ヨーロッパにおいてはヨーロッパ連合という動きがあるわけで、人によってはヨーロッパ法の形成ということすら、議論になっているわけですが、このなかで各国法の深層部におけるアイデンティティが問われているのです。こうした視角をこのシンポジウムでも導入したいということです。

それでは法のハーモナイゼーションをどういう現象としてとらえるか。これについてはいずれにしても、ヨーロッパにおいては、ヨーロッパ大陸法とコモン・ローという枠組みですら、いわば融合が始まっていると言える状況があります。つまり、国家法のレベルでも、従来の比較法の方法論ではとらえきれないという問題が現象としているということです。

一方、法のグローバル化を進めている基本的な社会的・経済的背景は、言うまでもなく市場化ということです。市場化と法のグローバル化は、どういう関係にあるかについても、必ずしも確定した論議があるようには思えません。これを解明すること自体重要な課題です。他方、私は、その法のグローバル化という論理の中に、法の目的というか、共通に追求できる普遍的価値は存在するかどうかという問題があるかと思うのですがそのことを、本日のシンポジウムの課題にできないかと考えているのです。そのモデルというか、その模索の一つの形態は、ヨーロッパにおいて人間の尊厳を目指して、法の統合を追求する。その端的な表れは、言うまでもなく Council of Europe（欧州評議会）における人権の追求です。これは市場経済化と直ちに対

応していない。そこに法の一定の自律的な論理が働くのではないかと考えています。

　フランスの北東部に，ストラスブールという小都市があることはご存じのとおりですが，そのストラスブールは非常に交通が不便で，なかなか新幹線でさっと行けるようなところではありません。しかし，そのストラスブールにはヨーロッパ人権裁判所という裁判所と，世界的な人権の研究所があります。人間の尊厳と人権というヨーロッパ評議会の理念というのは，言うまでもなく第二次世界大戦におけるファシズムに対する深刻な反省から生まれたものです。これは経済的統合としてのヨーロッパ共同体とは別のものですが，そこに人間の尊厳・人権という，普遍的な価値が追求されていることに注目したいのです。

　ひるがえって，アジアにそういう動きがあるか。残念ながら，アジアにはそのような動きはないように思われます。ということになると，市場経済化と法の移植との関係はそのまま資本活動の基盤整備という一方向的なものになるおそれがあります。現在，日本が政府の開発援助として非常に精力的に行っているいわゆる法整備支援という壮大な事業の中に，果たしてそのような人間の尊厳，平和，人権の追求という理念を織り込めるか。このことは，恐らく本日，例えばベトナムにおいてディエン先生がお話しになることとも関連することではないか。

　現在の法のグローバル化の中で，そこに何らかの意味の法の理念を捜し出すとすれば，それは何かということが，恐らく今日の最大のテーマになるのではないかと思うのです。それには各国法のアイデンティティというものを国家法中心でなくとらえ，いわば社会化された法の観点で再構成してみれば，法の発展やその展望を自国法の自省的分析のなかから明らかにできるのではないか。本日は，そのような課題を，最も先端的な，一見そういうものと全く無関係のように見えるかもしれませんが，知的財産権の問題という非常に現代的な問題も取り上げて，論じようとしています。

　以上が私の趣旨説明です。そのようにうまく事が運ぶかは分かりませんが，ぜひそういう観点からご議論をしていただければ，大変ありがたいと思

っています。どうもありがとうございました。

**基調講演**

日本法のアイデンティティ
# The Identity of Japanese Law

## Malcolm Smith

### Introduction

My challenge is to speak about the "identity" of Japanese Law in the context of a "globalizing" world community. I imagine that much of the discussion at this International Symposium will revolve around the different interpretations that participants give to these two key concepts. I doubt if I can add anything really original to the discussion, but thirty years or more of studying Japan have left me with the clear impression that the identity of Japanese law in classical comparative law terms is very elusive.

First, I would argue that the concept of the "identity" of Japanese law involves a consideration of two important perspectives: 1) the way in which Japanese view their own legal identity, and 2) the identity which outsiders impose on Japanese law. These views are usually influenced by their own perspectives of the role of law in their own communities. In turn, these perspectives are influenced greatly by the methodologies that are brought to bear on the task of establishing legal identities. There is some evidence that these two perspectives operate independently of each other, at least to the extent that Japanese scholars may not place much store by what foreigners think about their legal system.

The dictionaries that I have consulted all give meanings for "identity" that relate to distinguishing characteristics. So what are the characteristics of the Japanese legal system that set it apart from others, or which define its nature and essence?

## Traditional "identities" and comparative law method

In this respect it does not seem to me to be very useful to apply the traditional "tags" of the Comparative Lawyers to ascertain the identity of Japanese law. I don't think the basic terms "civil law system" or "common law system" help us much any more, at least when the essential difference is seen in terms of legal systems based on legislative action and legal systems based on judicial action. The distinction is no longer valid in comparisons between Europe and the United Kingdom, where the original distinction emerged. Legislation is now far more important as a source of law in England than case law, and this is true in all other common law countries. Indeed this has been true for over half a century. On the other hand, in Europe, the role of case law is increasing. There is a convergence. Rather than constituting an organizing principle by which legal systems can be identified, the distinction is now a limited, technical point about the relative roles of the courts in different national legal systems[1].

This distinction is even harder to apply when considering countries to which the European systems have migrated over the last century. Migration has led to the popular "families" of law distinction. However, the "families" have different histories. Laws migrated as part of the process of colonization involving settlement, where legal systems migrated with settler populations (e.g. USA, Canada, Australia), and so there was continuity between law and culture. Colonization, and Imperialism, also involved superimposing the settlers' laws on large indigenous populations (e.g. South America, Africa and parts of Asia). Then there are countries such as Japan and Thailand, which have imported laws and added them to a quite different cultural base.

Rather than an identity based on the nature of the system imported, my first point of "identity" for Japanese law would be that the modern Japanese system has an imported western model superimposed on a much older, and distinct, cultural tradition. Moreover, Japan has borrowed extensively from both European civil law systems and Anglo-American common law systems in two distinct periods. This mixture of imported systems is a second identifying characteristic which is not shared by many other countries. I think this fact of voluntary and coerced importation of laws from both sides of the civil law/common law divide, superimposed on a different cultural base, is most important as an identifying characteristic.

The issue of the utility of identification by legal "families" and more recently "legal cultures" seems to me to be important. Professor René David tried to organize the world's legal systems into families, essentially based on the Civil Law/Common Law divide, which I now argue has been superseded[2]. However, his work is very superficial when he deals with other legal systems. In particular, his characterization of 20th Century Japanese and Chinese legal systems by reference to their former 18th and 19th Century systems as societies in which law is marginalized, is quite misleading and outdated. It is surprising to see it still included in a work published in 1985, but its influence lingers[3]. Since none of its sources are more recent than 1964, the identity it assigns to Japanese law should be discounted in 2004.

The European systems were built on a Judaic/Christian culture, though they have become increasingly secular over the last century. The claim of universality for laws has been with us since the enactment of the Napoleonic codes. Some Europeans have attempted to divorce law from the underlying culture, and a very recent manifestation of this is in the works of the law and economics scholars[4]. However, other contemporary thinkers such as Professor Mark van Hoecke[5], have made culture the key distinguishing feature of legal systems. I think van Hoecke's system of identities based on underlying cultural families is a step forward. He would identify legal systems as "western" or "non-western" by their approach to three issues : the society's concept of law ; the role of law in the society ; and the way conflicts are handled in the society. He argues that western societies and non-western societies, divided into Asian, Islamic and African societies, deal with these issues in very distinctive ways. However, his starting point is to define the "western legal culture" and then distinguish other systems. In my view his treatment of other systems is very superficial. For example he equates "Asian legal culture" with Confucian societies.

Based on my three decades of work on Japan, I think that these three issues in fact have been constantly used by commentators to identify distinguishing characteristics of the Japanese legal system. In most cases the aim has been to differentiate Japan from the United States. The English language literature on Japanese law goes much deeper than any of the general comparative studies outlined above. I would like to simply refer you to arguments that I have been pondering since a previous international Symposium at Kyushu University in November 2002[6], and which I have subsequently revised and published in 2004 in the Bond University Law Review[7].

The attempt to compare cultures by people untrained in the task is dangerous, as again it can lead to sweeping misclassifications. I have no appropriate qualifications. My essential argument is that the methodological tools of European comparative law seem to be deficient in discussing law in Asian societies because traditional comparative law assumes a unified system of national law, whereas legal systems in many Asian societies are pluralistic. The "families of law" debate seems to me to be at a dead end because of convergence, and the "legal cultures" debate is dangerous because non-professionals misinterpret cultures, and cannot cope with multiple cultural and legal influences in the one country. Indeed, van Hoecke argues that you cannot compare legal systems from different cultures, only within a particular culture, so his approach would limit our discussion today.

Recent sophisticated attempts to establish a system for classifying legal systems also break down when applied to Asia, and more particularly Japan[8]. I refer particularly to the work of Professor Ugo Mattei in 1997. He attempted a different approach to the taxonomy (or identification) of legal systems, based on a different set of identifying criteria. He identified legal systems as falling intone of three groups. 1) Systems which follow the rule of law in the European sense of allocating law an autonomous zone, separate from politics, religion and morality and allowing law to control the rulers. 2) Systems in which law and politics are not separate, and where law does not control the rulers, rather the rulers control law and use it as an instrument of control. 3) Systems where law is subsumed in a prevailing traditional religious or social philosophical system. I find this system of identification attractive in theory, but disagree with his application of the theory to countries in practice, especially to Japan. He insists on identifying Japan with the third group, over the objections of Professor Frank Upham, a leading specialist on Japan, who, like me, would identify 21st Century Japan among the first, rule of law, group.

## The new Generation-rejecting comparative law?

Let me briefly introduce some recent scholarship[9] from young legal academics who specialize in Japan and who are challenging traditional interpretations. Some may be here today and can further the debate. In a recent international symposium they engaged with young Japanese legal scholars to discuss a topic that is quite close to the theme of this Symposium. Their topic was "The Multiple Worlds of Japanese Law"[10], or how Japanese law seems to mean different things to different people.

The striking thing to me was the insistence of the Japanese participants that Japanese academics don't care much about how the rest of the world sees their system. The non-Japanese participants discussed their methodologies and came down heavily in favor of the importance of culture in explaining how the Japanese legal system operated. They also tended to reject comparative law as a useful discipline in favor of simply focusing on how the Japanese system seems to work for the Japanese people. In my view, the law and economics scholars like Mark Ramseyer[11] of Harvard, usually also paint a detailed picture of the actual situation in Japan in any area before explaining why decisions by Japanese in that context are economically rational.

## Some distinguishing elements of Japanese law from an outsider's perspective

Having spent a long time suggesting that existing systems of analysis may not give an accurate picture of the identity of the modern Japanese legal system, let me offer some ten key legal and cultural features that I think help to establish the "identity" of Japanese law.

1.  It is a long standing, **mature** system in its current form. The constitutional and public law system has followed western models for over 100 years and in its present form has been operating for almost 60 years. The private law system is at least 100 years old and has undergone little legislative change with the exception of family law. The court system and the civil and criminal procedure codes that are used in the courts also have a settled history of continuity, with only one major period of change in the 1940s. Indeed, Japan is one of the oldest of the "modern" legal systems.
2.  The Japanese legal system is **evolving**, it is not static.
3.  Japan has been adept at assimilating new laws to a long established society, so much so that this is part of its legal identity.
4.  Japan has successfully **adapted western laws to a non-western society** (non-Christian), and both the processes and the results are part of its legal identity.
5.  Compared with most nations of the world, Japan's legal system operates successfully in the context of a **highly developed economy**.
6.  The Japanese legal identity is based on a **highly literate people** who, on any measure, are highly legally literate. This is reflected in the number of law graduates, the ease of access to the written laws (if not to the case law), and the quality of news reports about law, including international legal issues.
7.  The high level of **cultural homogeneity**, in language/religions/aesthetic culture, is a key part of Japan's legal identity.
8.  The Japanese legal identity involves a **complex interplay of factors** which cannot be reduced to any simple formula. I personally do not

subscribe to any overarching explanations of the system, or how it works[12].

9   Using the Mattei classification, Japan's legal identity clearly involves a commitment to the **rule of law**, although this may be stronger in the public law area than in the private law sphere. I think it is impossible to argue that Japanese rulers are not subject to legal constraints. I think it is clear that Japanese the political is subject to the law. As an outsider, I do not see any evidence that any particular religion or social philosophy over-rides the legal system. Within the Rule of Law identity, the Japanese legal system exhibits some particular characteristic features:

- It is one of the world's oldest **constitutional monarchies**, in which the monarch has no role in politics or law.
- It follows Westminster model of **responsible government**.
- It is a **parliamentary democracy** within which the parliament is constitutionally defined as the sole law-making authority.

10  Following the van Hoecke analysis, I think we also usefully can focus the Japanese legal identity around his three issues:

- The modern Japanese concept of law is probably not uniform across the community. Those educated in the Law Faculties probably have a quite western concept, and allocate to law its own autonomous sphere. However, the continuity of traditional thought after over 100 years of the current system, and more than sixty years since the concepts of kokutai were discredited, is still asserted. If there is still a Confucian, or Tokugawa, concept of law prevailing, then this would indeed be an important characteristic of Japan's legal identity. Many commentators still assert that the tradi-

- tional social concepts prevail over the adopted laws, but where is the contemporary evidence for this?
- The role of law in modern Japan seems to me to be constantly expanding into new fields. While the argument 30 years ago was that Japanese law was unimportant and that people avoided the legal system and equated law with punishments, today, my daily newspapers are full of examples of contemporary Japanese people using the legal system to achieve a wide range of results.
- Dispute resolution has been a central issue in my research on Japanese law. The identity of Japanese Law in many articles is built around supposedly characteristic approaches to dispute resolution, ranging from the traditional use of wakai in preference to litigation, to economic analyses showing that the court system demonstrates a degree of certainty that eliminates the need for litigation. Along the way, the Japanese legal identity has been framed around the number of (or lack of) lawyers, the lack of judges, the lack of litigation in general and the absence of litigation in areas of interest to western lawyers, such as administrative litigation, tax litigation and corporate litigation[13]. All these analyses have been challenged, and the challenges help to clarify the identity of Japanese law[14].

## Identities and Globalization

The need to impose a particular identity on a legal system today seems linked to measuring the distance of national systems from some future global model. Is "globalization" the same as colonization or earlier movements for the unification or harmonization of private law, or is it something more post-colonial or post-imperial in nature? In earlier movements there was a conscious, voluntary, mixing of ideas from the world's most developed legal systems in order to construct a more perfect model. Is that what is meant by globalization today? I believe many fear that globalization has a different purpose of herding the world into a system that suits the already rich and powerful nations, and which they can control in order to maximize their profit. However, if "globalization" is limited to the economic sphere and means both deregulating national economies to eliminate barriers to foreign trade and investment, the adoption of internationally agreed legal instruments, and the membership of international economic organizations, then in the last twenty-five years Japan has moved a very long way in the direction of globalization.

## Japanese law and globalization

This leads to my final question. Is it necessary to closely define the "identity of the Japanese legal system in order to preserve it from globalization, or to allow it to influence the new globalization movement? Is Japanese law a valid model for global law?

In this regard, Japan has changed its legal identity significantly in the last twenty-five years. Prior to 1980, Japan was a recommended model for developing economies. It had successfully rebuilt its economy on the basis of a closely regulated structure based on laws which allowed wide administrative discretions[15]. Amendments to the Foreign Exchange and Foreign Trade Control Law and the Commercial Code in 1980 were a milestone in the change to a more deregulated economy. Removal of barriers has continued steadily ever since, including the Japanese "big bang" reforms and beyond.

In 2004, Japan's economy is globalized in the legal sense that most legal impediments to foreign trade and investment in and out of Japan have been removed. Japan is also a member of the key global economic institutions and subscribes to most relevant international legal instruments. The only significant omission is the Vienna Convention on the International Sale of Goods, which I understand Japan thinks is unnecessary in view of the smooth operation of the relevant provisions of domestic law. In 2004, Japan joined the global template for arbitration laws, building on its long term adherence to the New York Convention. Japan's company and securities laws are consistent with internationally accepted systems, though varying in details. Relatively recent reforms to insolvency laws, intellectual property laws, consumer protection laws, product liability laws and competition laws align Japan with either US or European models. Japan is well placed to participate in debates on further harmonization in these areas.

Japan's legal identity in the economic law area in 2004 is that of a highly globalized system. It offers a very different model to other countries than the previous identity it developed between 1945 and 1970. The Japanese contemporary model therefore deserves close study in the context of the globalization debate. I think that the traditional elements of Japanese culture have little impact on those economic laws that have been globalized. This suggests that commentators need to avoid sweeping generalizations and to carefully identify the area of law and culture they are discussing, before asserting that there is a distinctive Japanese legal identity.

( 1 )　Ewoud Hondius, "Precedent in East and West", International Academy of

Commercial and Consumer Law, Conference "Globalization, Regionalization and Transplants in Commercial and Consumer Law", Riga, Latvia, August 2004
( 2 )　David and Brierley, *Major Legal Systems in the World Today* (3$^{rd}$ ed., 1985), 17-31.
( 3 )　Ibid, at pages 29-30 and 534-546.
( 4 )　For an evaluation of Japan from the Law and Economics perspective see M. Ramseyer and M.Nakazato, *Japanese Law : An Economic Appraisal* (U.Chicago P. 1999).
( 5 )　M.van Hoecke and M.Warrington, "Legal Cultures, Legal Paradigms and Legal Doctrine : Towards a New Model for Comparative Law" (1998) 47 *International and Comparative Law Quarterly* 495.
( 6 )　Kyushu University Faculty of Law and Japan Society for the Promotion of Science, 2002 Asian Science Seminar "Law and the Open Society in Asia".
( 7 )　M.Smith, "Comparative Law and Legal Culture" in (2003) 15 *Bond Law Review* 12.
( 8 )　I will focus particularly on Ugo Mattei's "ThreePatterns of Law", see (1997) 45 *American Journal of Comparative Law* 5
( 9 )　V.Taylor (ed), *Asian Law through Australian Eyes* (1997)
(10)　T.Ginsburg, L.Nottage, and H.Sono, *The Multiple Worlds of Japanese Law : Disjunctions and Conjunctions* (2001).
(11)　See for example his text in note 4 above.
(12)　cf eg J.O.Haley-*Authority without Power : The Japanese Paradox*, (OUP, 1991)
(13)　There is a huge English literature in this area, sparked by Professor Kawashima in the 1960s and taken up by Professor Haley, among others, in the 1970s. A representative sample extracted for US law students is in Milhaupt, Ramseyer and Young, *Japanese Law in Context : Readings in Society, the Economy and Politics* (Harvard University Asia Centre, 2001) 107-141.
(14)　For example the work in English by John Haley and Mark Ramseyer.
(15)　These structures were the subject of my early research in Japan from 1969 to 1980.

## セッションⅠ 「法の継受と移植－ベトナムの経験」

〈報　　告〉

# 外国法の継受と移植
―― ベトナムにおける法整備支援プロジェクト ――
## Introduction and reception of foreign laws: Legal technical assistance projects in Viet Nam

### Nguyen Ngoc Dien

　The Vietnamese law has been bearing a lot of influences in the course of its evolution. That might make it difficult to be apprehended by foreign legal researchers: the romano-germanic basis of the colonial legislative enterprise in the one period; the marxist-leninist ideology, the traditional social order inspired of Confucianism and the religious belief in the others. These influences have contributed in the definition of the conditions and the context of the development of the current Vietnamese legal system.

　The Vietnamese modern legislation was inaugurated after the Revolution of August 1945, revolution which results in the foundation of a socialist State in Vietnam. In the beginning, the Vietnamese socialist legislation had been profoundly impregnated with the soviet legal system, especially in the field of public law. It is noted that the development of private law in contemporary Vietnam had been neglected for decades on account of the pursuit of the policy of centralized and planned economy, policy characterized by the primacy of the public property and the repugnance (leading naturally the way to legal impediment) to the accumulation of richness in the private sector.

The adoption of the policy of market economy, effectuated by the leaders of the Vietnamese Communist Party in the end of 1987, has provoked profound changes of the country. More particularly, the admission of private ownership of production assets has created favorable conditions to the development of economic activities in the private sector and by the way, the development of the national economy. Correlatively, the Vietnamese society has been split and restructured: the social differentiation has reappeared; the capitalist class (rebaptized "entrepreneurs circle") was restored and due to its contribution to the national economic development, it is worthy of good treatment. More precisely, the principle of equality established in the field of economy is translated, in the sociological point of view, into the principle of social equity.

Facing the remarkable evolution of the economic and social context, the old legal system, inspired of the soviet legal culture and characteristic of the State-run economy, of the forced simplification of the social structure and of a closed, isolated foreign relations policy, appeared technically backward and unsuitable: it needed to be revised.

The revision and perfection of the Vietnamese legal system might be realized by various means. Owing to the fact that the Vietnamese law has been accustomed to receiving foreign contributions throughout its historic evolution, it is said that one of the favorite means of improvement of Vietnamese law consists of introduction and selective adaptation of achievements of foreign legal systems in the national context[1]. To this effect, a number of legal technical assistance projects have been carried out in various fields - civil law, commercial law, administrative law[2]... In the framework of these projects, foreign legal experts coming from developed countries present experiences in the development of their legal systems, especially the solution of the problems that the Vietnamese lawmaker has confronted or are expected to confront ; the Vietnamese lawmaking responsibles use theses experiences at their will in the course of elaboration of law projects.

# 1  Generalities on introduction and reception of foreign laws

## 1.1  Necessity of reception

The introduction and reception of foreign laws in Vietnam is more necessary for the following reasons.

**Saving of time**. On the following day of adoption of the open economy policy, the Vietnamese law remained embryonic and insufficient. The Vietnamese lawyers and legal researchers, for their part, were of modest professional capability, on account of default of qualified legal training, except for penal law. In this situation, if the Vietnamese lawmaker managed by himself the research of the best solution of the Vietnamese legal development, it would take a lot of time to catch up with developed countries. The Vietnamese leaders are aware that to accelerate the improvement of quality of the Vietnamese legislation, the best way consists of selective reception of foreign laws, especially in the field of private law (civil law, commercial law,..) . The reception of foreign laws is particularly helpful in case of solution of the problems that other systems also confronted in the more or less similar economic and social context. The Vietnamese lawmaker will not thus have to spend so much time on reflections concerning the problems whereof other legal systems are sufficiently experienced in resolution. In a certain measure, the reception of foreign laws is carried out in the same manner as the transfer of technology in the field of juridical sciences.

**Necessity of integration**. The tendency to the globalization of the socio-economic life is irreversible. So Viet nam has no choice but to accept to be integrated. It is not so difficult to admit that entering into the common playground, Vietnam is obliged to be subject to the common rules. Moreover, during the period of isolation, the Vietnamese legal thinking had been formed and developed in a different way in the regard of the traditional legal thinking[3]. Thus, the introduction and reception of foreign laws will certainly be helpful for the Vietnamese lawmaker to reform the Vietnamese legal thinking in accordance with the general standard as well as to correct the abnormal solutions in conformity with the basic law.

### 1.2 Typology of reception

The reception of foreign laws is not effectuated in the same manner in all cases. Distinction is made between facultative reception and obligatory reception.

**Facultative reception**. The facultative reception of foreign law is held to be the voluntary admission of foreign solutions. The facultative reception is often acknowledged in the fields of State organization, administrative law, civil law. Facultative, the reception of foreign laws is normally selective : the lawmaker gives careful consideration to the solutions adopted in different legal systems before approving the one which is judged to be the most suitable to his own legal system.

The facultative reception might be realized in one of the following forms.

*Pure and simple reception*. Once purely and simply received, a foreign solution becomes part of Vietnamese law without alteration. This kind of reception is normally chosen in case of perfect conformity of the concerned solution with the fundamental principles of Vietnamese law.

*Adaptation*. Adapting a foreign solution consists of polishing it in accordance with the requirements of the Vietnamese dominant political ideology, socio-economic policy, morality,... Most of the time, the adapted solution conserves its essential elements, but the modalities of its implementation are different. There are however cases in which only some elements of a foreign solution, considered as positive in the regard of the Vietnamese lawmaker, are used for the conception of the Vietnamese solution.

*Collation for self-improvement*. There are cases in which the Vietnamese law has its own solution of the problems that are also resolved in foreign laws. The Vietnamese lawmaker does not abandon its own solution, but he proceeds with the collation in order to mark the similarities and the differences between the two solutions. The collation is helpful to the reveal of eventual technical defaults of the collated solution of the Vietnamese law and by the way to the facilitation of its perfection.

**obligatory reception**. The reception is qualified as obligatory when it is imposed on the Vietnamese lawmaker. In most cases, the obligatory reception of a foreign solution is the consideration of an economic advantage or good treatment in mutual or multilateral relationship. Anyway, obligatory reception does not necessarily imply pure and simple reception. In accordance with the particular political, economic and social situation of Vietnam, a foreign law's solution might be polished to be adapted.

In practice, obligatory reception of foreign laws is rare. Its typical examples can be found in the matter of international financial aid projects. More particularly, when accepting to give hands to a country to overcome an economic or financial crisis, the international monetary institutions often impose the adoption of draconic legal measures of control of the economic development in this country. Forced adoption of international rules is also often used as a condition imposed on a country desiring to adhere in an international organization or to participate in a common international programme of actions. The recent ratification by the Vietnamese State of some international treaties on intellectual property for their direct application in the national territory are typical example of obligatory reception of foreign laws.

## 2 Conservation of identity of Vietnamese law

**Identity or originalities?**. The identity of Vietnamese law is not so easy to define. That situation is mainly due to historic fragility of the Vietnamese legal tradition. More precisely, the historic evolution of the Vienamese law is characterized by the discontinuity. The subsequent legislation does not legally succeed the previous ones. As for the current legislation, which is quite young, its originalities have not practically been sufficiently estimated in various points of view, for the purpose of qualification as characteristic elements of a distinguished legal system. To be modest, we would talk about the originalities and the particularities of the Vietnamese legal system rather than its identity.

### 2.1 Necessity of the conservationof the originalities of Vietnamese law

**Connection of originalities to interests**. Rationally speaking, we might wonder what is the interest, in the regard of a developing country, to conserve the originalities and the particularities of its own legal system.

It is certain that the conservation of the originalities is not taken for the only purpose of consolidation of purely formalistic differences. Moreover, the law, by its nature, is always oriented to the perfect equity. Perhaps, the conception of equity is not the same from one legal system to another[4]; however, the most influential legal systems - romano-germanic and anglo-saxon - are always held to be defenders of the values which are widely admitted - property right, human rights, contractual liberty,...Thus, the reception of foreign laws, especially that of legally-developed countries would really be helpful for the improvement of the technical quality of the receiving country's legal system.

In reality, there are interests closely connected to certain originalities or particularities of a legal system. In the regard of the Vietnamese leaders, the originalities and particularities of the legal system are in close connection with the two following categories of interests : political and moral. But it is practically unconceivable that a developing country conserves originalities of its legal system for economic interest. That is understandable : in the context of globalization of economy, economic interest is controlled by the most economically powerful countries ; so, to talk about the defense of economic interests, the small countries have to use the same juridical language as the big one[5].

**Political interest**. Everybody knows that Vietnam is a socialist country. There are a lot of legal institutions which constitute necessary conditions for the existence and the development of the socialist State, the cement of the socialist political regime. So, the conservation of these institutions is attached to the vital interest of the country.

One of the typical examples of the Vietnamese legal system's originalities acknowledged in the political point of view is concerned with the concept of State power. In Vietnam, indeed, the State power is not separated in accordance with the principles established in the Montesquieu Doctrine which is said to be a priori incompatible with the ruling mechanism based on the all-sided leadership of the communist party[6]. All the State power is in the hands of the people and by the way, unified and indivisible. But the performance of the State power must be based on the specialization of the State organs' functions. Specialized, the State organ is susceptible of individualization in the point of view of empowerment. The separation of powers, in the sense of the occidental political doctrine, is rejected, but the distribution of the unified, indivisible State power is admitted as the main principle whereon the organization of a modern socialist State is based : the State machinery is composed of the State organs and each State organ is holder of a fraction of the State power. Thus it is not the "power against power" mechanism but the "mutual control and co-ordination" mechanism which is to be developed in the organization and functioning of the Vietnamese State.

**Moral interest**. The concept of moral interest is subtle in Vietnamese juridical language. It might be tightly linked with the notion of social morality and that of public order.

The conception of the Vietnamese social morality results from the combination of Confucianism and Marxism and consequently becomes very specific. Of course, the Vietnamese moral system acknowledges such universal values as honesty, fidelity,... ; but it has its own values. In the name of the Vietnamese social morality, prostitution is prohibited ; the homosexual marriage is declared outlawed. More particularly, the familial gratitude is considered to be the moral attachment of family members and by way of consequence the cement of the family, the principal material of the familial solidarity[7]...

The Vietnamese public order, for its part, is conceived essentially on the basis of the fundamental principles ruling the organization and functioning of the socialist society. So, it is forbidden to propagate anticommunist ideas, to criticize the socialist ideology ; the national leaders must be revered ; private possession of military weapons is prohibited ; the individual liberty is organized on the basis of conciliation of individual interest and social interest ; ...

## 2.2 Experience in reception of foreign laws and conservation of originalities

Hereafter are some illustrations.

### 2.2.1 Constitutional law

**Reception.** Parallel to the implementation of the open economy, the Vietnamese State has been in the process of reorganization, and the State management of the society has relied more and more on rules of law. The attributions of the State organs are now rather clearly defined. More particularly, the relations between the central power and the local power are minutely regulated by organic laws. It is noted that for the improvement of the quality of the Vietnamese State apparatus, foreign experiences, especially those presented by French legal experts, have been selectively adapted.

In addition, most institutions of citizen rights have been improved. We may take an example concerning the property right. The admission of private ownership was adopted by the Vietnamese socialist leaders right from the beginning. But, up to the promulgation of the Constitution of 1992, the individual appropriation of production assets had been refused. So the property law has been seriously developed for only more than 10 years in consequence of the remarkable revision of the Vietnamese Constitution.

**Conservation.** The Vietnamese lawmaker remains faithful with the theory of mutual control and co-ordination. So, the National Assembly, composed of the people's deputies, is held to be the center of the State organization. All other State organs are directly or indirectly established by resolution of the National Assembly and assume various functions in accordance with the Constitution.

The National Assembly is invested with the legislative power accompanied with that of supreme and general supervision. The organs established by the National Assembly hold their power by virtue of law and not in their capacity as the National Assembly's delegates: if these State organs have to assume responsibility towards the National Assembly of their activities, that is simply because the latter is invested by the people with right of control and supervision of functioning of the State machinery. In other terms, the National Assembly is entrusted by the people to confer the people's powers to the organs established by the National Assembly: the government is held to be invested with executive power and the supreme court with the judicial power, beside the National Assembly which is entitled to the exercise of the legislative power. Mutually controlled, even the National Assembly might be subject to the court or the government as far as its activities are concerned; co-coordinated, every State organ places its independent activities in the service of another. The ruling machinery thus becomes at the same time a political entity and an assembly of separated political bodies.

### 2.2.2 Property law

**Reception.** The current property law of Vietnam is inspired of French law, because, perhaps, the elaboration of the Vietnamese Civil Code of 1995 was performed on the basis of adaptation of such civil codes themselves elaborated under the influences of the French legal thinking as the Russian Civil Code, the Chinese one. So, the concept of ownership, the classification of things (movable and immovable; fungible thing and certain corps ; consumptible thing and non consumptible thing ; ...) , the institution of servitude are practically the same as in French law.

The acquisition of property by acquisitive prescription, the acquisition of property by means of accession are also admitted under certain conditions...

It is acknowledged, however, that the deviation in legal thinking, as mentioned above[8], has affected the quality of the Vietnamese property law. In addition to the strange concept of possession, evoked above, there is an original distinction between patrimonial right (Civil Code of 1995 art. 188) and thing (art. 180), distinction based on the opposition of incorporeal assets (patrimonial rights) and of corporeal assets (things). This distinction makes it difficult to adapt the institution of real right in the Vietnamese property law. It is noted that the situation is the same in the Vietnamese positive law inspite of the new Civil Code of 2005.

**Conservation**. Among the most original institutions in the Vietnamese property law, we take two examples : the communal property and the cultic heritage.

*1. Cultic heritage.* To the Vietnamese, the soul is immortal. At the expiration of the duration of their human life, the ancestors are physically separated from their descendants ; but they are still at home, spiritually. It is often said, in case a descendant enjoys an easy life, that he/she benefits from his/her ascendants' support. So, it is necessary to satisfy the needs of the ancestors, so that they could keep on supporting. That results in the practice of cult of ancestors. Normally, the cult of ancestors is carried out in the form of meal solemnly offered by the living to the dead : hot dishes are placed on the ancestral altar next to burnt incenses and candles. On this occasion, a lot of relatives get together to show their gratitude to ancestors, before taking the meal previously offered to ancestors.

Traditionally, the funding of this ceremony, including the meal, is made by means of accumulated revenue of the cultic heritage. This is a fraction of heritage used by the will of a testator exclusively for the cult of himself and/or his ancestors. In the point of view of property law, this patrimony is very special in the sense that it is at the same time without titular and placed under the moral authority of all the members of the same family. Its management and exploitation is assumed by a person appointed in the beginning by the constituent and afterwards by the preceding manager or the assembly of family members.

2. *Communal property*. The communal property may result from the transformation of a cultic heritage. Most of the time, cultic heritage is extinguished after having been transmitted to the fifth or the sixth generation. But there are cultic heritages which are maintained beyond the customary limit of duration. In this case and in the measure that the dimension of the family is so expanded as a result of the natural human propagation and that family members form a local community, the concerned cultic heritage becomes communal. This kind of property is also known as clan's property. It is characterized by these two elements: 1. it belongs to all the people who have relationship by blood; 2. the co-owner's part is undeterminable.

There are also communal properties resulting from the collective will of the local people of the past time for the establishment of a foundation to pay homage to the tutelary god of the region, a hero or a celebrated personality originating from the region. This is property of the community as a whole.

### 2.2.3 Land law

**Reception**. The land policy is characterized by a very active role of the

State.

It is noted that since the adoption of the market economy policy, the urbanization of the Vietnamese territory has been remarkably accelerated. Consequently, urban planning law has taken shape step by step. The Vietnamese urban planning law is also inspired of reflections on the questions which are more or less similar to those raised in other countries: implantation of buildings, installation of collective equipment (hospital, schools, sporting equipment,), protection of environment, preservation of historic and cultural patrimony... The directive idea is that urbanization is a logical consequence of economic development; but the savage urbanization will badly affect the natural and social environment. So, it is necessary to organize the urbanization. To this effect, the Vietnamese lawmaker has tried to adapt such legal technical tools utilized in foreign laws as urban planning directives and documents, the technique of reparcelling, the regulation of allotment, the regulation of building permit. In addition, the elaboration of the urban planning legislation is impregnated with the idea of decentralization: there is a national urban planning policy containing the general principles; but the concrete urban orientations are recorded in legal texts emanating from local authorities.

The Vietnamese rural law is also elaborated with reference to foreign laws. Beside the classic issues relating to private interest, the contemporary rural policy deals also with the protection of mountains, forests; the improvement of soil quality; the management of water resources,... So, the modern rural law, in the point of view of public law, sounds like environmental law on many technical points.

**Conservation**. The public ownership of land was only formally acknowledged in Vietnamese law since the promulgation of the 1980's Constitution. In spite of the admission of private ownership of production assets as a result of the adoption of the open economy policy, the Vietnamese lawmaker remains faithful to the principle of public ownership of land. Thus, in Vietnamese positive law, the land belongs exclusively to the people represented by the State ; the individuals only have land use right. In the point of view of private property law, the land use right, in place of land, is the elementary immovable thing.

### 2.2.4 Law of persons

**Reception**. Formerly, the family was the only legal subject in Vietnamese law[9]. During the colonial domination, the colonial lawmaker tried to introduce the French institutions of individual person and legal person ; but the result of his efforts was modest. The legal subjects development has only been speeded up in Vietnam since the socialist era. In Vietnamese positive law, individual person and legal person are identified in the same manner as in occidental law[10]. More particularly, the institution of legal person results from the adaptation of that of personne morale in French law.

**Conservation**. The Vietnamese socialist law acknowledges two legal subjects in addition to the individual person and the legal person : ho gia dinh (household) and to hop tac (collaborating group). Household is a group of individual persons who are members of the same family and who put assets in common for the purpose of common economic activities. Collaborating group, for its part, is composed of at least three individual persons who practice the same profession and who agree to put in common assets or labor for the purpose of common activities to be carried out in the framework of professional practice. Household and collaborating group are not legal persons, but they are also titular of a patrimony, capable to be engaged in civil life. The legal personalization of household and of collaborating group is formalized in the Vietnamese

Civil Code of 1995 and that of 2005 acknowledged to be one of the most remarkable originalities of the Vietnamese socialist law.

### 2.2.5 Commercial law

**Reception.** In the past time, Viet Nam had not commercial law[11]. During the colonization, French lawyers tried to introduce in Vietnam the notions and institutions conceived in their commercial law in the course of building of the Vietnamese commercial legislation. Thanks to their efforts, the Vietnamese lawyers of the colonization period acquired knowledge of fonds de commerce, commercant, societe commerciale,… Owing to the fact that the colonial economy was not really developed[12], these institutions were not widely implemented and by way of consequence could not become familiar, dear to the Vietnamese people. Nevertheless, the presence of the typical institutions of the French commercial law contributed actively in hampering the penetration of the anglo-american commercial legal culture. And the also the traces of Latin commercial law conserved in the custom played the role of the signals directing the Vietnamese lawmaker of modern time in the research of the appropriate commercial legal system model for the open Vietnam.

**Conservation.** The household enterprise is characterized by two elements : the invested capital is modest and the members of the enterprise are also members of the same family. In fact, the household enterprise cannot only be found in Vietnam ; moreover, it is not characteristic of an under-developed economy[13]. But, perhaps only Vietnamese law admits that the household enterprise is a legal entity that is different from individual person and legal person.

### 2.2.6 Intellectual property law

**Newly born branch of law**. This is perhaps the field in which the introduction and reception of foreign laws does not confront important difficulty. The Vietnamese current law of intellectual property, including law on copyright and law on industrial property, is indeed profoundly inspired of international treaties as well as laws of advanced countries. In fact, there are still differences between Vietnamese laws and laws of advanced countries; but most of the time, these differences result from the way to understand subtle concepts in foreign laws rather from the Vietnamese lawmaker's intention to create particularities of the Vietnamese intellectual property law[14]. There are also solutions which cannot be introduced in Vietnamese law owing to the Vietnamese society 's ignorance of the concerned situation[15]. It is said that the pure and simple admission of most of foreign law solutions in the matter of intellectual property law may be explained by the fact that the concerned solutions are normally adopted by almost all countries members of the World Trade Organization whereto Vietnam has been proceeding with necessary negotiation to adhere.

## 3  De lege ferenda

**Observation**. It is certain that the introduction and reception of foreign laws will continue in the coming years to be the favorite means of rapid improvement of Vietnamese law, especially as far as private law is concerned. On the other hand, the conservation of the most remarkable originalities of the Vietnamese legal system will go on relying on political and moral interests. Anyway, the integration of Vietnam in the world's political, economic and juridical life will certainly impose to Vietnam specific requirements. It is not excluded that these requirements would not correspond to the pursuit of certain interests wherewith the particularities of Vietnamese law are connected. In this case, the conciliation of opposite interests is indispensable.

Moreover, there are solutions introduced in Vietnam during the period of the centralized and planned economy and by the end of some time acknowledged to be characteristics of the Vietnamese modern law. Some of these solutions are to be revised or even rejected on account of their incompatibility with legislation based on the admission of private ownership of production assets. However, the rejection of these solutions might eventually be encountered with a certain number of technical difficulties.

### 3.1 Conciliation of opposite interests

The conciliation of opposite interests is necessary in many fields. Examples may be taken in constitutional law and property law.

**Constitutional law.** The preeminence of the Montesquieu doctrine in the State organization is from now on incontestable in the regard of the partisans of Marxism-Leninism. It is effectively said in dominant doctrine in contemporary Vietnam that the Montesquieu doctrine contains a number of positive elements, which might be adapted in the building of a socialist State organization theory[16]. However, the strict application of this doctrine seems to be incompatible with a ruling mechanism characterized by the all-sided leadership assumed by the communist party. In addition, in spite of the constant interpenetration of various cultures in contemporary life, the Vietnamese contemporary society remains very traditional in the sense that the idea of structuring the nation in the form of family remains dominant in the mind of most of the Vietnamese people. Familial, the relations between two State organs must be held to be cooperative, collaborative and especially interdependent, not to be adverse or opposite.

**Land law**. The public property of land itself is not regarded as exclusive particularity of Vietnamese law: in England, the land belongs all the time to the Crown. But because the solution is closely tied to the Revolution, it becomes representative of the Vietnamese socialist legislation. Anyway, the admission of public property of lands is probably irreversible in Vietnamese law. So the most important issue is how to improve the legal situation of the titleholder of land use right. Since the adoption of the policy of open economy, the Vietnamese law on land has been revised for three times. The holder of land use right has been invested of more and more prerogatives on land.

It is noted however that up to the present time, the legal nature of land use right has not yet been clearly defined in Vietnamese law. Obviously, land use right cannot be assimilated to property right: the latter is absolute, exclusive and perpetual, even if it is crushed of limitations as in modern laws of most of countries. But neither land use right can be considered as a mere surface right since the titleholder has not only the ownership of the building and plantations but also a real right on the land itself. Apparently, the institution of land use right has been evolving towards a kind of tenure. But perhaps a couple of years have to be taken for reflections on a good definition of legal nature of land use right in Vietnamese law. Anyway, it is certain that the Vietnamese lawmaker is no longer repugnant to private property. It is widely admitted on the contrary that private property is one of the principal motors of the market economy oriented to the socialist finality. So we may envisage the future of the Vietnamese private property law based on the land use right (not land property right) with optimism.

## 3.2 Technical difficulties of conservation of new originalities

**Law on legal subjects.** In reality, household and collaborating group are not legal subjects originating from Vietnamese ancient law : they were implanted in Vietnam as a result of the adaptation of soviet law's achievements[17]. The conservation of these institutions is encountered with a lot of difficulties whereof the most remarkable is due to the failure in the implementation of the concerned regulations in civil life. Most of the time, the household or collaborating group is organized in the model of legal person or indivision, not in accordance with the legal prescriptions inserted into the Civil Code[18]. It is stated that in the course of revision of the Vietnamese Civil Code, the abrogation of the institutions of household and collaborating group was strongly recommended by the majority of legal experts appealed to the contribution in the conception of revision ideas, especially by all the Japanese law professors members of the joint working group for the revision project. The problem, however, is that the acknowledgement of these legal persons were already effectuated in many texts of Vietnamese written law, especially in the matter of land law and commercial law. The abrogation of these institutions would lead the way to the revision of the related texts and that is not a simple task for the Vietnamese lawmaker.

# Conclusion

In any case, Vietnam will certainly be able to conserve its identity (originalities or particularities) in the course of integration unless the Vietnamese leaders wish the contrary. The problem, nevertheless, is that the Vietnamese legal system's identity is rather faded on account of the historic discontinuity of the legal system's evolution[19]. As we know, the current legislation is very young : on the following day of the Revolution, the Vietnamese socialist leaders abolished the colonial-feudal legal system and inaugurated a socialist legislation. So, the Vietnamese lawmaker is also encountered with another issue : reconstitution and rehabilitation of the lost characteristics. How to proceed with the said reconstitution and rehabilitation?

It is told that a legislation, which has been implemented for a sufficiently long period of time, is spontaneously observed by the population in the same manner as a habit, a customary rule. That results finally in the integration of this legislation in the custom. So, when the concerned legislation is abolished in consequence of change of political regime, its traces are conserved in customary law. A lot of customs originating from ancient legislations remain faithfully applied in modern life. In the measure that the custom is admitted to be one of the sources of law, the long-standing customary rules are really composing elements of the identity of a legal system. The untransferability of the cultic heritage, of the communal property, the prohibition of caressing manners between a man and a woman in public site, the familial duties, the filial piety, may be regarded as examples of long-standing customary rules in Vietnamese law So, in order to bring its particularities in relief in the measure that the current Vietnamese law does not succeed the previous legislations, it is necessary to recognize and promote the custom in the development of the Vietnamese legal system. Formerly, under the influence of the soviet legal thinking, the Vietnamese lawyers were convinced that the socialist legislation could be fully contained in written law. This belief is now on the point of being renounced. For about ten years, the custom has been gradually regarded to be a complementary source of private law[20]. Anyway, it certainly takes some more time for the custom to "recuperate" its place in the classification of sources of law.

(1) Foreign law is defined in these lines as law of another country or international law.

In the past time, the Civil Codes of Tonkin and Annam were drafted in the model of the Code civil Napoléon, the Gialong Code was profoundly inspired of the Code of the Ts'ing Dynasty ; the Code of the Le Dynasty was elaborated with some reference to the Code of the Tang Dynasty.

(2) Ex. The elaboration of the commercial law was carried out with the assistance of a group of French legal experts ; the elaboration and the revision of the Civil code have been supported by the Japanese Government.

(3) One of the typical examples of the originality of the Vietnamese legal thinking concerns the concept of possession. In Vietnamese positive law, possession is held to be one of the attributes of the owner (possession, use and disposal), not the mere fact of exercise of property right acknowledged independently from the existence of this right.

The deviation in legal thinking is also the reason for the Vietnamese lawyers' impossibility to apprehend some complexe notions conceived in foreign laws. For instance, a lot of the Vietnamese legal practitioners are not capable to show the differences between inheritance claim which is part of inheritance law and claim for partition of heritage which belongs to the regulation of co-ownership : Tuoitre journal, 11/8/2004, Xa hoi.

In another illustration, a number of Vietnamese lawyers are not in position to realize that the occidental law's hypothec results in granting the creditor a real right in a thing and by way of consequence, the right to claim possession of the thing by means of actio in rem from any person. So, in Vietnamese positive law, the debtor who constituted hypothec cannot sell the thing without the consent of the creditor ; furthermore, the transferee will become fideiussor of the transferor (Civil Code of 1995, art. 358). In practice, the selling of a hypothecated property which is made without the knowledge of creditor pledgee is held to be fraudulent ; it is penally punishable. The transferee has no more to be the fideiussor of the transferor after the Civil Code of 2005 came into effect ; but the transfer is still subject to the consent of the creditor.

(4) It might even be controversial in the interior of a legal system.

(5) But that does not necessarily mean that the pursuit of economic interest always implies the sacrifice of the characteristic values of a legal culture. There are values which are not concerned with any economic interest.

(6) Traditionally, the Vietnamese political philosophy, impregnated with Confucianism, cannot serve as basis for the development of separation of powers doctrine. In the past time, the Vietnamese monarchy is indeed centralized ; the society as a whole is organized and runs as a great family headed by the king or the emperor. The king or the emperor is the unique holder of the State power, including the power to make law, the power to apply the law and the power to give sanction.

(7) The familial gratitude is a very special moral value of the traditional Vietnam. It is effectively said that the household, constituted on the basis of marriage, is the place where one is surely nourished, reared, cared, and helped ; one feels protected, enjoys happiness and shares misfortune. That results in the familial gratitude : the children are grateful to their parents (motivation of the filial piety); the spouses are grateful the one to the other (motivation of spouse's duties).

(8) Infra.

(9) In accordance with the traditional conception, the nation (great family) is composed of groups of individuals tied together by parentage or alliance and which are qualified as private families. In the regard of ancient private law, it is the private family, not the individual, which is held to be legal subject : Nguyen Ngoc Dien et Claude - Emmanuel Leroy, *Pluralités des approches juridiques de la pluriculturalité au regard de la conception du patrimoine en droit vietnamien,* in *L' Etat pluriculturel et droits aux différences*, Bruylant, 2002, p. 75.

(10) i.e., as for the individual person, his identity is composed of the same elements as those conceived in French law : name, domicile and, civil status documents.

(11) The Vietnamese law of ancient time, like Chinese law, was not divided into branches. Simply, all the rules of conduct were inserted in one Code. So we can find in the same code various rules which, in the regard of occidental law, belongs to different branches of law - administrative law, penal law, civil law... The most celebrated codifications of Vietnam - the Code of the Le Dynasty and the Gialong Code - are typical illustrations of this remark.

It is noted that in the ancient society, trade is a slighted profession. That is perhaps the reason why the lawmaker of the ancient time did not feel like elaborating rules in this matter.

(12) The Vietnamese colonial economy is practically nothing but subsidiary part of the French imperialist economic system. Colony, Vietnam played the mere role of raw material provider.

(13) Italia is one of the developed countries where the model of familial commercial enterprise is widespread : Malaurie and Aynès, *Droit civil - La famille*, Cujas, 1999, n. 2 note 5.

(14) For instance, in Vietnamese positive law, the right of divulgation and that of reproduction seem to be confused.

(15) For instance, Vietnam has not yet admitted the patrimonial value of the clientele.

(16) Nguyen Dang Dung, *Essay on the theory of separation of powers, in Selected works on Constitution and State*, Giao thong van tai, Ha Noi, 2001, p. 245.

(17) Some people think that the household originates from the Vietnamese ancient concept of legal subject. But the legal subject in Vietnamese ancient law - family - is conceived on the basis of the natural relationship of its members, while the household supposes certain economic activities that members of the same family carry out together. In modern life, the family, in the sense acknowledged in ancient law, is considered only as a cultural institution.

(18) According to the concerned regulations in the Civil Code, the household and the collaborating group have their own patrimony ; but in reality, this patrimony does not exist. The assets of the household or of the collaborating group constitute indeed an indivision whereon the family (collaborating group) members have co-property right ; and the debts of the household or collaborating group are held to be solidary between the family (collaborating group) members and by the way guaranteed by all the assets of family (collaborating group) members.

(19) Supra.

(20) By virtue of article 3 of the Civil Code of 2005, the custom is formally acknowledged as a complementary source of law beside the written law. The custom's authority is also admitted in the matter of family law, commercial law.

It is noted that in the draft of lawmaking strategy for the period of 2004-2010, the Vietnamese leaders plan to draw up a route leading the way to the adhesion of jurisprudence in the family of sources of law.

〈コメント〉

# ディエン報告へのコメント

内 田 勝 一

## 1 はじめに

ディエン先生，ヴェトナムにおける法の継受と独自性の維持に関する理論的問題と実際の状況についての優れたご報告ありがとうございました。

私は，日本の民法学を専門とし，ヴェトナム民法改正共同研究に加わっており，これまでもディエン教授とは数回お会いし，お話しをしてきました。以下，ディエン報告について若干のコメントをします。なお，ヴェトナム民法改正共同研究の状況については，2002年6月に，比較法研究所での報告参照（拙稿「ヴェトナム民法改正共同研究の現状と課題」早稲田大学比較法研究所編『比較法研究の新段階』146－169頁参照）。

## 2 ディエン報告の骨子

ディエン報告は，現代ヴェトナムにおける法整備の特徴を次のように述べている。ヴェトナムの法制度は，儒教に基づく伝統的社会秩序と宗教的信念を基盤とした上に，植民地時代の法制度，マルクスレーニン主義とくにソビエト法が積み重ねられて成立していた。この法制度は，1986年以降，私的所有制度を肯定し，市場経済システムを導入する政策により，グローバル化した世界経済に組み込まれることになった。この場合，どのようにして法制度を整備するかが問題となる。とくに，外国法を選択的に継受（forced reception と対比する意味で facultative reception と呼ばれたが）する際，生じる問題点について，報告では，憲法，財産法，土地法，法主体（law of persons），商事法，知的財産権法等の領域において，継受されるべきものと維持されるべきものとを区分して，グローバル化の中でのヴェトナム法の独自性を論じられた。

また，儒教に基づく伝統的社会秩序と宗教的信念の基盤の上に，植民地時代の法制度，マルクス・レーニン主義とくにソビエト法が積み重ねられているというヴェトナム法制度の多層的な（multi-layer）な構成を，指摘し，市場経済システムへ組み込まれるなかで直面する課題を多面的に述べられ，慣習法の発展についても触れられた。

### 3 外国法の選択的受け入れの鍵となる要件

日本民法学との比較，法の継受と移植という視点から，ディエン報告について，2点コメントをしたい。

第1は，外国法の選択的な受け入れに関する問題である。選択的な受け入れをするには，自国の法状況，つまり，歴史的に形成されてきた伝統的慣習，各地域における法慣習，ルールの違いを調査すること，つまり自国法の地盤調査が必要である。その上で，比較，継受の対象となる諸国の法制度を検討することが必要となる。日本の明治期における経験に照らしても，一方での慣習調査と他方での外国法の研究とがいわば車の車輪のように行われてきた。さらに民法典の編纂に際してはその中心的な役割を担う学者がいた。はじめはお雇い外国人のボアソナードであったが，その後は，梅，穂積，富井の3名が中心になった。

自国の法慣習調査，外国法の比較法的検討，中心的研究者の存在という3点が，選択的な法の受容をする際の鍵であると思う。ヴェトナムの法整備の現状において，地域ごとに異なると思われるが，慣習調査が十分行われているのか。外国法の比較法的検討をする人的・物的な整備がなされているのか。理論的な指導だけでなく，実務的な立法作業を統括する中心的立法者は存在しているのであろうか。ディエン教授は中心者の一人でしょうが，これらの点が十分かどうかが，現在及び今後における法整備，とくに選択的な法整備が成功するかについての鍵であると思います。法典の編纂，法の継受が実際の市民生活，市場経済の基本的ルールとして現実に実現されるものとなるのか，それとも単に紙の上の法典にとどまるかはこの点にかかわると思うので，慣習調査，比較法的検討の人的整備，立法の中心的な担当者という点についての先生のお考えをお聞かせ願いたい。

### 4 継受すべきものと独自なものとして維持すべきものの区別

第2は，外国法の継受に際して，受け入れるべきものと，独自なものとして維持

すべきものとの区別にかかわる問題である。公法，とりわけ憲法のような政治体制にかかわる場面と民法のような直接的な影響の少ない場面では，理論的にも実際的にも状況が違うことは当然である。ディエン報告においても，各法領域において，継受ないし受容すべきもの（reception）と維持すべきもの（conservation）という区別をされていた。では，どのようにしてそれを区別するのか，区別の基準はどのようなものなのかが問題となろう。歴史的に形成されてきた制度であっても，保存し維持すべきものと，国内における市場経済の整備およびグローバル化への適合において廃棄されるべきものとの区別が問題となる。

　ディエン先生はご報告の最後で土地法の領域において土地の公的所有と実際の保有者の権利との関係をイギリス法にみられる土地保有条件（tenure）を例に挙げて調和的に説明することを試みられた。中国における土地使用権についても同じような議論がみられる。日本における民法典制定の際にも，土地法においてはどのように所有権構成をするかが問題となった。江戸時代における藩の領主が土地に対して持っている徴税権を中心とする権利と土地を現実に保有する者の権利の対立，新田開発にみられたような名目的な土地保有者の権利と実際に開拓した者の権利の対立などの土地に対する複合的な権利が存在した。ヨーロッパにおけるいわゆる上級所有権と下級所有権という二元的構成と同じ問題であり，日本ではこれを一元的な土地所有権として構成していった歴史がある。土地保有権，土地使用権の法的性質をどのように規定するかについては，二元的構成と一元的構成という方向がありますが，土地法における権利構成の今後をどのように考えるかについてお聞きしたい。より，一般的に言って，市場経済の導入をすすめ，グローバル化へ対応するなかで，保持すべき自国法の独自性と廃棄すべきものとの区別をどのような基準に基づいて行うか，この点についての先生のお考えをお聞かせ願いたい。

〈討　論〉

## セッションⅠ「法の継受と移植――ベトナムの経験」討論

司会　鎌　田　　　薫

**鎌田**　時間の制限もありますので，ほかのかたのご意見を伺ったうえで，適宜今の内田先生のご質問にも答えていただくということでお願いします。

事務局からは，少し時間を延長して12時15分ぐらいまでは続けてよろしいという許可をいただきましたので，何人かのかたからご質問あるいはご意見をいただこうと思いますが，挙手をしていただいて……

では，早川先生。

**早川**　早稲田大学の早川と申します。グエン教授の大変興味深いお話と，そのあとの内田先生からの的確なコメントで，幾つかの疑問点は氷解しましたが，少しアプローチを変えて，三つばかり，ぜひグエン先生に教えていただきたい点がございますので，よろしくお願いします。

第一は，かつて日本の東アジア社会主義法研究において，中国法，朝鮮法，ベトナム法の違いについて論じられたことがありました。その際に，ベトナム社会主義法の特質として，フランスの植民地であったことから，フランス法の影響を多大に受けていると。これがベトナム社会主義のポジティブな特質，肯定的な，積極的に評価されるべき特質として，強く主張されていた経緯があります。確かに，コロニアル・ローとしてのフランス法ですので，それが社会主義自体にポジティブな作用を及ぼしたことを論証するのは，なかなか難しいのですが，先生はいかがお考えでしょうか。第1点です。

もっとも，この点はここにいらっしゃる名古屋大学の鮎京（正訓）先生が主張されていましたように，アメリカの独立宣言とベトナムの独立宣言が，大変重要な共

通の特質を持っているところとも関連していると思います。

　第2点は、1945年の8月革命以降、社会主義への移行期にあるベトナムは、明確にソビエト法を受容したということですが、このソビエト法を受容した場合に、概して今日それはネガティブな現象であったと評価されるケースが多いように思います。

　ただ、一つエピソードを思い出しますと、抗米戦争の時代に、ソビエト連邦からの軍事的なサポートに際して、ベトナムの高温多湿、あるいは水田地帯が広がっているという自然環境の特異性の中で、ソビエトの軍事装置がそのままでは利用できない。そこで、ベトナムの人々は創意工夫を凝らして、通常は使用できない武器をベトナムで十分に使いこなしたことが、勝利の原因にもなったと伺っています。そうした点から考えてみますと、ベトナムの人々の、あるいは国民の柔軟性というか、継承した場合におけるそのオリジナリティの発揮という点から考えますと、ソビエト法の受容に際しても、何らかのベトナム化、ベトナマイゼーションがありえたのではないかということです。これが2点めの質問です。

　3点めは、ソビエト型社会主義から市場型社会主義への移行という、21世紀の壮大なプロジェクトに今ベトナムは直面していると思われます。それは、やはり今のお話のように、社会主義的な政治権力は、モンテスキュー型ではない、これを排除したものであるという路線は堅持されるというお話でした。しかし、かつて20世紀における同様の実験は、ハンガリーにおいてもソビエト連邦においても、未完のプロジェクトとして終わりました。

　この点、社会主義的な方法空間と、これによって形成される社会主義的な市場空間、司法領域という仕組みになると思います。これは単にハーモナイゼーションというレベルでは解決できない、言ってみれば厳格な意味でのアーティキュレーションという構造になってくると思います。その特質について、先生のお考えを伺わせていただきたいのです。

　**鎌田**　ありがとうございました。それでは、ディエン教授、よろしいですか。

　**ディエン**　ご質問をどうもありがとうございました。

　それでは、答えを次のような形でしていきたいと思います。まず、ソビエト法の影響です。この影響は長い間、実証されてきましたし、特に強い影響がありました。特に、市場経済政策を導入するまで、つまり1980年代の終わりまでソビエト法の影響が認められます。特に公法の領域と経済法の領域において、非常に強い影響

がありました。長い間,ベトナム国家の組織・機構は,ソビエト法で認められている原則に従って形作られていました。つまり,国家というのは,ベトナムにおいては,いわゆる政治システム(ポリティカル・システム)を認めており,こういった概念があります。このポリティカル・システムはソ連の政治ドクトリンと同じものですが,この体制は社会主義社会を運営する,社会主義的な形で運営をする責任を持っています。共産党が牛耳っており,さまざまな国家機構,国家主体は,共産党の支配下に置かれており,ピラミッド型の構成になっています。ピラミッドのトップにあるのが共産党です。

そのほかの社会政治的な機構・組織などは,この共産党の指導のもとに存在しています。ですから,根本的な政治体制の原則は,ベトナムの国家の場合は,ソ連と同じ形で作られています。この概念は,ソビエト法からの影響を受けています。

この影響は,今日までベトナムの政治的な理論に受け継がれてきています。経済の分野においてもかなり長い間,ベトナムはソ連と同じような経済政策を導入していました。つまり,集中された計画経済です。このベトナムの経済システムは,ソ連と同じ形で,何年間かの計画に基づいた形で運営されてきています。ベトナムの経済システムは,市場経済政策を導入する前に作られていたわけですが,そのときの形は,国家がいちばん大きな機構で,これを政府が代表しています。国家の指導のもと,小規模な事業が生まれました。このような事業の機能は,行政府と同じ形で運営されてきた,つまりソビエト型の経済のモデルです。長い間,開放・市場経済政策が導入されるまでは,そういった形で実施されてきました。

そして,このようなソ連の法制度の特徴は,ある意味,今日までベトナム法において保全されてきているわけです。その中でもいちばん特筆すべきソ連法の特殊性は,私のペーパーの中でも申し上げましたが,世帯と共同体という,二つの法主体が存在するということです。つまり,自然人と法人に加えて,この二つの主体があるということです。世帯および共同体,共同グループは,土地法,民法,商法で,法主体として規定されています。このような法制度は,ソビエト法制度から生まれてきているわけです。

ベトナムにおいては,フランス法の影響は特に民法の世界で認められるものがあります。ベトナムの実定法の中で,フランス法の所有権と同じ概念が取り入れられています。ベトナムの財産法および私的財産に関する法律は,やはりフランス法と同じ原則の上に成立しています。このようなフランスからの影響,つまり植民地時

代の法制度を保持することができたことは，非常にプラスであったと考えられます。ベトナムの実定法の中で，このようなものが保全されていることによって，我々の民法を，大陸の法文化のスタンダードと同じ形で発展させ，整備させることができたのは，フランスの影響だったと思っています。

これでお答えになりましたでしょうか。

**鎌田** まだ少し答えなければいけない問題はあると思うのですが，いちばん最後に全体の討論の時間も取ってありますので，そちらのほうでまた補充的な議論をしていただくこととして，ほかのかた，特に午前中しかいらっしゃらないかたからのご発言がいただければと思いますが，いかがでしょうか。

**稲葉** 早稲田大学の稲葉と申します。大変興味深いお話でしたが，グローバリゼーションを，ベトナム法の中で考える場合に，ある意味では生存をするために一つ，どうしても通らなければならない過程だと思われます。そこで，グローバリゼーションをどの程度まで受け入れるべきかということが，いちばん大きな課題だろうと思います。繰り返し，内田先生からも早川先生からも話が出ているわけですが，現状の認識と，それから受け入れるべきものの価値，そこのところの区分けがきっちりできるだろうかというところが，非常に大きな問題のように思います。

グローバリゼーションとして受け入れ可能なものは，一体何であるか。あるいは，受け入れるべきものは何であるか。共産党一党支配を受け入れ続けることは，結局はその共産党の無謬（むびゅう）性，つまり過ちがないことを受け入れざるをえないわけですが，そういう前提自体が，そのグローバリゼーションの中では受け入れ不可能だというのが，グローバリゼーションの基本なのではないか。そこのところは，どうなのだろうか。日本の官僚支配が崩れてきたのも，その点だと思います。官僚は間違いをしないということは，バブル崩壊の結果から見ても，そういうことは考えられないところがあるのではないか。

もちろん，グローバリゼーションの中にも，例えば金がみんなの価値の尺度になっているという点は，本当にそれでいいのだろうかという疑問を持つわけです。そのように公共の福祉との関係で，そこは歯止めをつけなければいけないという部分も，もちろんあるわけです。その辺について，どのように区分けをして，グエン先生としてはどうお考えになってられるのか，その辺をどう整理しておられるのか。ちょっとお聞かせいただければ大変ありがたいと思います。

**鎌田** ありがとうございました。全体にかかわる非常に大きな問題ではあると思

いますが，ベトナムの観点から，ディエン先生，お話をいただれば。

**ディエン**　グローバル化の傾向は，もうすでにお話ししましたように，特にベトナム国民にとっては，社会生活，経済生活で，グローバル化というトレンドは不可逆的なものだと受け止められていると思います。

　ベトナムは，社会主義国として今，世界で残っている数少ない幾つかの国の一つとなっています。そして，疑いなく，ベトナムも統合されなければなりませんし，グローバル化に参加をすることを，ベトナムも受け入れなければならないと思います。

　ですが，グローバル化の程度，度合いとおっしゃったとき，どのような意味でおっしゃったのか理解ができませんでしたが，統合されていくというプロセスの中で，ベトナムはそれでも，そのアイデンティティを維持することは可能だと考えています。特に法的な側面においては，幾つかの制度があり，200～300年間存続をしているものがあります。これらは引き続き，発展をし続け，そして維持されるでしょう。

　伝統的な価値観については，例えば家族，そして私生活などについて，法律の保護のもとに置かれています。1945年8月の革命により，社会主義国家がベトナムで設立されました。社会主義国家を維持し，発展させていくこと，しかもグローバル化というコンテクストの中でそれを行うことの中において，ベトナムは，社会主義国家の発展に必要とされる制度について維持していくと思います。

　また，原理について，国家機関の社会主義的な基本原則について，ペーパーでもお示ししましたが，相互コントロール，相互支配，コーディネーションという理論について，調和という理論について，これはある意味では伝統的な国家機関という考え方，家族という形での国家の構造という考え方と，モンテスキュー理論のプラスの側面を組み合わせることは可能だと思います。それがミューチュアル・コントロール・コーディネーション・セオリーに反映されていると思います。これまでのところ，ベトナムの国家機関のミューチュアル・コントロール・コーディネーション・セオリーは成功裏に運用されています。国家機関の機能もそのために成功していると思います。

　グローバル化というプロセスの中で，ベトナムはこういった価値観を維持し続けると思います。それほど難しいことではないと思います。維持するべきだという十分な決意もあると思います。したがって，私は強く確信しているところですが，ア

イデンティティを維持することはできると思います。

いずれにしても，ベトナムが，グローバル化の中において姿を消してしまう，解消することはありえないと思います。

**鎌田** では，北村先生。

**北村** 東京大学の北村と申します。大変面白いお話なのですが，そのハウスホールドとコラボレーティング・グループというのは，「所帯」あるいは「共同体的な団体」というように訳されていると思います。これは非常に面白い，例えば日本の家制度などとも関連するようなものだと思うのですが，恐らく社会主義的な共同性が，これらの制度を強化するのに作用したとは思うのです。しかし，慣習的なその基礎はどういうものなのかを，教えていただきたいと思います。

**ディエン** 世帯およびコラボレーティング・グループ，これらはベトナムの慣習法に基づいているわけではなく，ペーパーの中でも語っていますが，世帯および共同体的な団体がベトナムに入ってきたのは，ソビエト法の適用によって導入されました。ですから，こういった法主体はソビエト法から来ており，ベトナムの古法に基づくものではありません。ですから，ベトナムの慣習法にも，そういった基盤はないわけです。

私は，このような価値観を保護しようと思っているのではなく，支持しているわけではないのです。内田先生もご存じですが，ベトナムの民法改正の話をしていたときに，このような法主体に関しては，私はいつも反対の意見を持っているわけです。こういったものを保持することに対しては，私は反対意見を持っています。ベトナムの民法の中で保全すべきだと思っていないわけです。私は，これはなくしたほうがいいと思っています。

というのも，世帯とは何であるか，特定をするのが非常に難しいのです。および共同的な団体を，実定法の民法でこれを規定する基準が難しいわけです。ですから，これがこの主体であるということを，特定するのが難しいし，このような団体・世帯に，法人や自然人と同じような形でその権利を与えることは，なかなか難しいと考えています。

だからこそ，私はこのような法主体は，なくすべきであるという議論をしました。ベトナムの民法の改正のときは，それを私は主張したのですが，成功は収めませんでした。

**内田** それについてメンション（言及）させていただきますが，ベトナムにおけ

るこの「世帯」という概念は，日本の「家」や「世帯」というように血縁的な形で結びついて存在しているものではなく，国が個人に土地使用権を与えたときに，そこに一緒にいた人たちを，すべて「世帯」と。したがって，そこで働いていた人や，家族的な関係が全くない人でも，そこにいれば，その「世帯」の構成員であって，その土地が分解されたときに，元来，土地使用権が与えられた人たちにも，権利が承継されるという形で問題になってしまうのです。このベトナムにおける「世帯」は，権利が与えられたときに，そこで共同的な作業をしていた人たちを，一つの団体としてとらえるという考え方です。血縁的な「世帯」という概念とはだいぶ違うということです。ベトナムの民法典の現在の改正の中で，このような「世帯」を，法人格があるものとして残すかどうかが議論されているということです。

　**鎌田**　よろしいですか。

　**ディエン**　さらに追加的にコメントをさせていただきたいと思います。

　実は，ベトナム実定法における「世帯」という法人と，ベトナム古法での「自然人」，この二つの間には，全く共通点はありません。ベトナム古法でのプライベート・ファミリーという考え方は，血縁（parentage）や同盟（alliance）に基づいたもの，家族関係に基づいたものです。しかし，この「世帯」（household）という法人格の考え方は，経済的な関係に基づいたものです。基本的にメンバー間，構成員間の経済的な関係に基づいたものです。

　物質的な条件，「世帯」の構成条件は，ご記憶のとおり，同じ経済活動を行っているところにあります。もともとは，家族が同じ経済活動を行っていたわけですが，「世帯」（household）のメンバーが，同じ経済活動を行わなければ「世帯」とはなりません。しかし，ベトナム古法におけるプライベート・ファミリーにおいては，違います。

　**鎌田**　お昼休みを少し縮めてもいいというお許しが出ましたので，最後にもう一人だけ。それでは，栩澤先生。

　**栩澤**　先ほどの北村先生のご質問とも関連すると思うのですが，ベトナムにおける慣習とは何かということも含めて，ディエン先生にお伺いしたいと思います。

　今日のディエン先生のご報告の基本的な論点は，不可逆なグローバル化への同調あるいは統合が一方であり，他方，ベトナムにおける独自性，特殊性，自立生を維持しなければならない。この二つの課題を一体どのように調整したらいいかという極めて大きな問題で，これは我々，日本が直面している困難な課題でもあります。

恐らく，そうした認識の前提には，市場経済的なグローバル化は，何か普遍的な一つの型があって，グローバル化を受容するということは，その普遍的なその市場的な型に全部染まってしまう。そういう認識ではなくて，そのそれぞれの国民国家が持っている社会的な型があり，その型の中に市場が埋め込まれるというものなのだという認識を，前提としていると思われます。

　しかし，今日のディエン先生の，二つのモーメントを統合するといった場合，その独自性は特殊性，自立性の維持は，政治的なレベル，あるいは政治的な利益，道徳的な利益に限定され，経済的なレベルでの独自性は，なお今，ベトナムでは主張できるものではない。こういう前提でお話しになったように受け止めました。

　しかし，私は，果たしてそうだろうかという疑問を実は持っているのです。特に，土地法，とりわけこのベトナム経済では非常に重要な部門である農業の部門，つまり農地についての規制を，具体的な例に取って考えてみたいと思うわけです。

　ベトナムでは，基本的には北部を中心として，小農経営が伝統的にあり，それが社会主義的な集団化を経て，そして現在，市場化を通じて，また小農経営へと戻ろうとしているわけです。これに併せて，87年に土地法が制定され，個々の世帯に土地使用権が割り当てられる。そのことによって，土地の排他的な利用を可能にし，個々の世帯，あるいは個々の農家の生産意欲を高めていった。こういうことになるわけで，そこではその生産手段としての私的所有に近い使用権が，ここで確立されました。

　その後，1993年の改正土地法においては，その土地所有権の譲渡可能性を規定した。これは，土地所有権を商品的にとらえる，商品所有権として把握するような法の規定だったわけです。この背後には，農産物市場の開放というグローバル化の背景の中で，競争力を持った農業経営，大規模農業経営を創出するためには，土地使用権，農地使用権の流動性，農地所有権の譲渡可能性，賃貸可能性を高めていく。そのことによって，ある農家は農業をやめ，規模の大きい農家に農地使用権を集積していく。こういう農業政策に対応する土地法の改正が行われたと理解しています。そして2003年，去年の改正法も，やはりその方向での改正がなされています。

　他方，これは内田先生がコメントで指摘されたことですが，あくまでそれは土地使用権であって，土地所有権ではない。土地所有権は全人民的所有，つまり国家に帰属するわけです。しかし，そういった二重所有権はどうなのだという内田先生のご質問があって，私はこのように理解しているのです。つまり，農地を農地として

維持するという政策は，これはどこの国でも取られていて，ヨーロッパ諸国でもそうです。農地取引については，他の商品とは違う取引規制をやっている。それはEUレベルでも，EUは，その資本取引の自由を前面に掲げていますが，各構成国が持っている農地取引規制については，これはEU法には違反しないという判断を，EUの裁判所は示しているわけです。

日本でも同じです。日本でも農地法が，農地の取引規制をする。その目的は，言うまでもなく，農地を農地として維持するがためです。ベトナムにおいては，土地使用権の流通性を高めたけれども，しかし他方，所有自身は人民的所有であって，農地の目的以外で使用した場合には，国家がただちにそれを収用する。そういうことで，私は，ベトナムにおけるこの構成は，他国における農地取引規制と機能的等価な関係になるのではないかと考えています。

他方，これは日本でも全く同じ課題を抱えているのですが，日本の農業政策も，とにかく各農業経営規模を拡大しよう，拡大しようという政策を取って，日本の農地法もそういう方向へ動いてきています。しかし，他方で，実はこういう問題があるのです。多くの農家からリタイヤさせて，そして特定の規模の大きい農家だけを育てていく。そのことによって，効率的な経営を可能とし，競争力のある農家を創出しようという政策は，他面において極めて危険な側面を持っており，その農家が例えば死亡したり，事故にあったり，あるいは後継者がいないことになりますと，それを引き継ぐ条件を持った農家がすべて消えてしまっていることになります。

そういう意味で言うと，伝統的に，実は日本の農村のコミュニティは，兼業農家と一部の専業農家との間の協力関係を形成してきていて，農地を農地として管理する機能を伝統的に形成してきた，そういう慣習的な規範を持っているのです。

他方，ベトナムを見てみますと，私が聞き及んでいるところによりますと，例えば北部の農村地帯では，次のような慣行があるようです。つまり，土地の「割替性」ということです。農地には肥沃な農地もあれば，やせた農地もある。川に近い肥沃な農地もあれば，川から遠いやせた農地もある。それは，その川に近い農地というのは危険な部分もあり，また有利な部分もあるのです。肥沃であるということで，そこの農地を持つ者は有利性を獲得する。けれども，一度，川がはんらんすると，そこで成育したものは，すべて水に流されてしまう。そういう有利性と危険を均等に割るために，この割替性が古くから慣行としては行われている。これはきっと，現在のベトナム土地法の改正の方向，つまり土地所有権の流動性を高め，農地

を集積するというドライブ（推進力）には反対の機能，それを阻害する慣習として機能するに違いないと思います。しかし，それをどうするのか。では，そういった慣習を，土地法によって排除していくのか。それとも，そういう慣習を維持していくのか。こういう選択に迫られるわけです。

　もう一つだけ，その関連で，2003年の土地法の中に，農地を住民コミュニティに割り当てるという条項が入りました。この住民コミュニティにより割り当てられた土地は，少数民族の風俗・慣習に従うべきだと書かれています。それは，そうしたこのベトナム社会における慣習というものを，土地法の中に反映する性格のものなのかどうか。そういうことについて，ちょっとお伺いしたいと思います。

　**鎌田**　それでは，ディエン先生，お願いします。12時30分に終わりたいと思いますので，よろしくお願いします。

　**ディエン**　ありがとうございます。先ほどもお話ししましたように，ベトナムの立法者は，グローバル化において，ベトナム独自性の維持ということでは経済的な利益はないと考えています。これは本当だと思います。今，先生は個人と国家との間で，土地の所有権について，その概念・定義について対立があるとおっしゃいましたが，この個人と国家と対立はベトナム実定法における，土地使用者の権利者の規定に根差しています。しかし，改善がなされたというのは，幾つか問題があったためです。個人対国家ということに起因している，土地所有権の国内の幾つかの問題があり，改善が必要だとされたわけです。これは，グローバル化によるベトナムと，ほかの国との対立ではなく，国内での個人対国家の対立です。

　ベトナム法では，土地使用権の権利者は，1983年の初めて土地法が成立して以来，土地使用者の権利は改善が続き，改良されてきています。そして，土地使用権は，イングランド法のテニュア（tenure）と，ほぼ同等のものになってきたと考えています。

　このように進化を遂げてきたわけですが，ベトナム実定法の土地法の進化は，開放経済政策を導入し，それに成功したことに起因していると思います。外国法を継受したことに起因しているのではないと思います。土地使用権の状況が改善されることは，ベトナム経済の発展を促進・奨励するために，ベトナムの農業生産を奨励するために必要だったわけです。そのために，ベトナム経済は，全体としても発達を遂げることができました。

　改革ということについて，ベトナム土地法も改正・改革をされていますが，これ

は，国内での対立関係が解決されたことによる改革といえます。国家という土地所有者と，個人という土地使用者との対立が解決されるための改革でした。これは，ベトナム社会の国内問題です。ベトナムという国家対外国という対立ではありません。

それから，政治的利益，また倫理的な利益ですが，例えば先ほど申し上げたように，国家機関について，ベトナムとしては，その制度を維持するという利益があります。そして，ベトナムの立法者は，モンテスキュー理論のプラスの側面を導入しようとするでしょう。そして，ベトナムの国家機関という理論を改善させようとするでしょう。

ベトナムの立法者は，そのような受容を行うという利益があります。ただ，一方で国家機関の伝統的な価値観も維持するという利害もあります。これは別に国土使用権とは関係はないと思います。

**鎌田** 時間を超過してしまいましたが，ディエン先生のご講演，それから内田教授のコメント，それに会場の皆さんのお話で，アジアにおけるグローバリゼーションに対する対応の一つのタイプ，とりわけ，社会主義国におけるグローバリゼーションとの調和ということで，大変興味深いお話を頂戴することができました。

また同時に，このお話を通じて，そもそもグローバリゼーションとは一体何なのか，あるいはどういう側面でそれをとらえていくことが必要なのかということも，課題として浮き上がってきたと思います。午後のご報告・討論を通じて，この点についての議論を深めていければと思っています。どうも長時間にわたり，ありがとうございました。

# セッションⅡ「法のグローバル化とアイデンティティ」

〈報　告〉

## 中国法のパラダイムとグローバルな時代における文明間の対話*

季　　衛　　東

　マックス・ウェーバーの理論によれば，資本主義経済および近代文明の発展につれて，法規範の体系は，その形式的合理性や予測可能性をますます強めていくはずである[1]。しかし，二〇世紀における事態の推移は，この命題とすこぶる異なるように見えている。ちなみに，市場原理，個人の権利意識，主観的能動性および合理的懐疑主義が大幅に伸張した以上，1970年代半ば以降，社会の絶えざる変動と複雑化を背景に，多様な価値や意味づけを重んじる制度設計[2]，インフォーマルな紛争解決方式（ADR運動），状況的思考も再認識され，強調されるようになってきた。とりわけ国際化・グローバル化の時代に入ってから，多くの分野において，官僚制と明確な規則による安定化の程度が実際によりいっそう低下しつつある。まさにアンソニー・ギデンズが指摘したとおり，「私たちの制御可能性が高まったというよりは，むしろ制御しうる範囲がせばまった，すなわち，私たちはいま『暴走する世界（runaway world）』に直面しているのである」[3]。なかでも情報技術によるネットワーク社会は，ランダムな結びつきや，双方向のコミュニケーションが決定的な重要性を持ったから，その人間関係の距離が大いに短縮すると

同時に，不合意のリスク，行為の非線形効果ないしカオスも増幅している。

　ウェーバーは，西欧型近代文明の対照系として中国文明を捉えて，その歴史経験の典型的意義を強調する。ウェーバーからすれば，中国文明には，「プロテスタンティズムの合理主義」と異なるような「儒教的合理主義」が確かに存在している(4)。しかし，それは，現世の諸条件への適応を基本的な価値選好とした以上，結局，合理的動機に基づく非合理主義へと滑り込みやすい。したがって，彼は依然として非合理的な伝統主義の角度から中国の社会と法を理解している。すなわち，儒教的規範体系が呪術から脱却しておらず，この「迷信の大憲章（Magna Carta of superstitions）」はそれこそ権力構造の憲法的基礎であると考えたのである(5)。したがって，伝統的中国法のアイデンティティに関するウェーバーの捉え方は，迷信的「呪術の園」のうえに組み立てた非合理的な規範の場にほかならないというように定式化することができる。

　ウェーバーの中国法論の最大の弱点は，「儒教的合理主義」と「宗教市場」現象を媒介する互恵性およびそれをめぐる交渉によって，「呪術の園」のみならず，法の神話や裁判官信仰さえも早く解体されたという史実を見逃してしまったところにある。ここでは注目すべきは，交渉を通して紡ぎ出した人間関係のネットワークに立脚する互恵性を，法秩序の黄金律にして，実践理性にして，しかも国家的制度のなかに組み入れる形で制度化したこと，および，かかるネットワークを通して，個人が関係再編成の活動によって社会構造をある程度まで操作でき，この分だけ相互作用におけるコミュニケーション理性が求められながら，環境適応と環境改造との境界も流動的になること，という二点である。

　こうした実践理性とコミュニケーション理性との相乗作用が，結果的に互恵的社会交換の普遍化をもたらし，法と国家およびイデオロギーの規範性領域に対する市場原理の浸透を促していたと言えよう。その延長線上，裁判における「超当事者主義（hyper-intention of parties principle）」ともいうべき傾向が現れたのである。超当事者主義は，全員一致の合意を紛争解決の目標として，判決に関する当事者・関係者の納得や敗訴者への配慮を強調するあ

まり，実際に承服しない当事者の意思こそ事件審理の帰趨を相当の程度まで決めてしまうような裁判方式およびその理念を指す。ここでは，自己主張の強い当事者がたくましく国家法の機構と交渉しながら善と悪の決定にかかわるから，「呪術の園」に属しない主体の姿をまったく見せていないとは言いがたい。

　ロバート・アンガーも，ウェーバーと同様に，中国文明に西欧型近代文明のアンチテーゼを探し求めた。しかし，西欧型近代文明およびその発展趨勢に関しては，アンガーは，ウェーバー理論とまったく違う法と社会のビジョンを提示したのである(6)。アンガーは，資本主義経済体制および近代文明の内的矛盾，とりわけ理性と欲望，形式と実質の緊張関係を明らかにしたすえ，個人的自由の条件に対する再定義を通してかかる矛盾の止揚を試みた。たとえば，個人的自由を基礎とする構成的共同体観（communitarianism）や他者への連帯に関心を注いだり，あるいは逆に解放または構造再編成を目標とするスーパー・リベラリズムを提唱したりするところで，その模索の足跡が残されている。アンガーは，非決定論の立場を取って，より徹底的な批判精神および政治力学で近代合理主義の檻ないし関係的本体論の枠を打破しようとしているから，合理主義の自己救済やコミュニケーション理性といったハーバーマス流の批判理論との間に，明確な一線を画している。

　中国文明に関しては，アンガーがウェーバーと異なる視座から法現象を考察した。彼によれば，中国的法秩序において道具理性を強調する官僚制と成文法もあれば，自生で情動的な民間秩序形成も儀礼という相互作用の規範もあったが，残念ながら二つの側面が一つの法治システムとして統合されなかった(7)。そこで，伝統的中国法のアイデンティティに関するアンガーの捉え方は，縦型の官僚支配と横型の相互作用に基づく自生秩序，あるいは刑と礼，あるいはハードローとソフトローの二項対立構図によって特徴づけられた。すなわち，アンガーは，中国的社会における相互作用，互恵性，連帯および秩序形成の主観的能動性に留意したが，官僚制および律令制から独立した別の規範類型，あるいは異なる発展段階としてそれを捉え，両者間に繋がりがあったことを認めていない。

しかし，実際には，漢代の礼法結合運動[8]および宋代の郷約定立運動[9]を経て，伝統的中国では慣習法と国家法，合意的秩序形成と強制的秩序形成との間に連続性・統一性が形成し強化されてきたのである。むしろ多くの場合，両者が短絡的に結合されて混在したと言ったほうが真実に近い。人間関係のネットワークにおいては，互恵性の原理が流れ，礼も刑も当事者間交渉の媒介としての機能を果たしてきたがゆえに，紛争解決が結局のところ合意と強制とを異なる比例と構成で組み合わせたさまざまなパターンの選択にほかならない。

要するに，中国法のアイデンティティに関するウェーバーの捉え方とアンガーの捉え方がそれぞれ洞察力ある見解を示したが，不備や偏頗をも抱えており，それらに対して修正や再編成を行なうことが必要であると思う。私の理解では，ウェーバーが提示した神秘的な規範の場は，新しい知識と解釈の観点から描きなおしたら，図1に示された抽象的な構築物を得ることができよう。また，アンガー流の二項対立構図の欠陥を補って，次々と分岐するような媒介項を組み込んだら，第三のカテゴリーを生成する動態を明らかにしうるような分析の道具的枠組みとして，図2を得ることができる。以下は，この二つの概念図を手がかりにしながら，中国法のアイデンティティに関する私見を述べさせていただきたい。

図1では，伝統的中国法のアイデンティティは，裁判に関する制度設計の基底対称性を背景として，合意と強制，徳と刑，儀礼と律令，関係的規範と法律的規範等々の間に複雑な相互作用，相互転換および相互進化が繰り返され，公共秩序の構成原理が周期的反復，極点や適所（ニッチ）間の反転などのダイナミックスによって特徴づけられたことがはっきりしている[10]。この状態は矛盾の制度化と言い換えてもよい。「太極図」（ウルトラサイクル）に似たこのような状況設定において，国家的秩序の妥当性根拠は，外部の超越的なものではなく，内部の循環性に基づく自己超越的な反省メカニズムないし関係者の承認に存する。すなわち，いわゆる「道」が根本規範として位置付けられたが，それは絶対命令たる「自然法」と違って，自然の摂理に従ったり倣ったりする学習過程（「道法自然」）であり，あくまで法と社会の内

図1　中国伝統法秩序の"対極図"構造

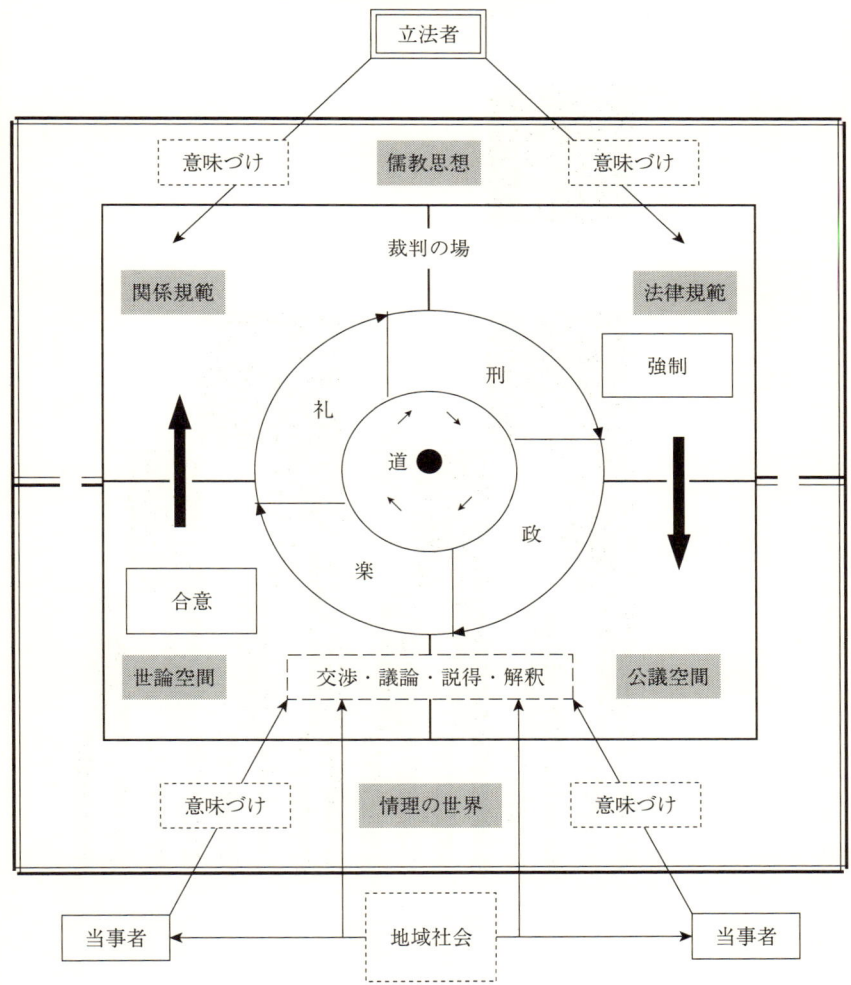

部的なサイクルにおいて事後的に自己塑成するための中核をなすものである。たとえば、『老子』の思想世界では、「道」の働きが無為自然の形をとりながら、適所の反転と反復に現れてくるように考えられてきており、「物事が極点に達すると必ずや逆転する（物極必反）」という発想が根強い。この

図2　法規範の二重性と漸層思想

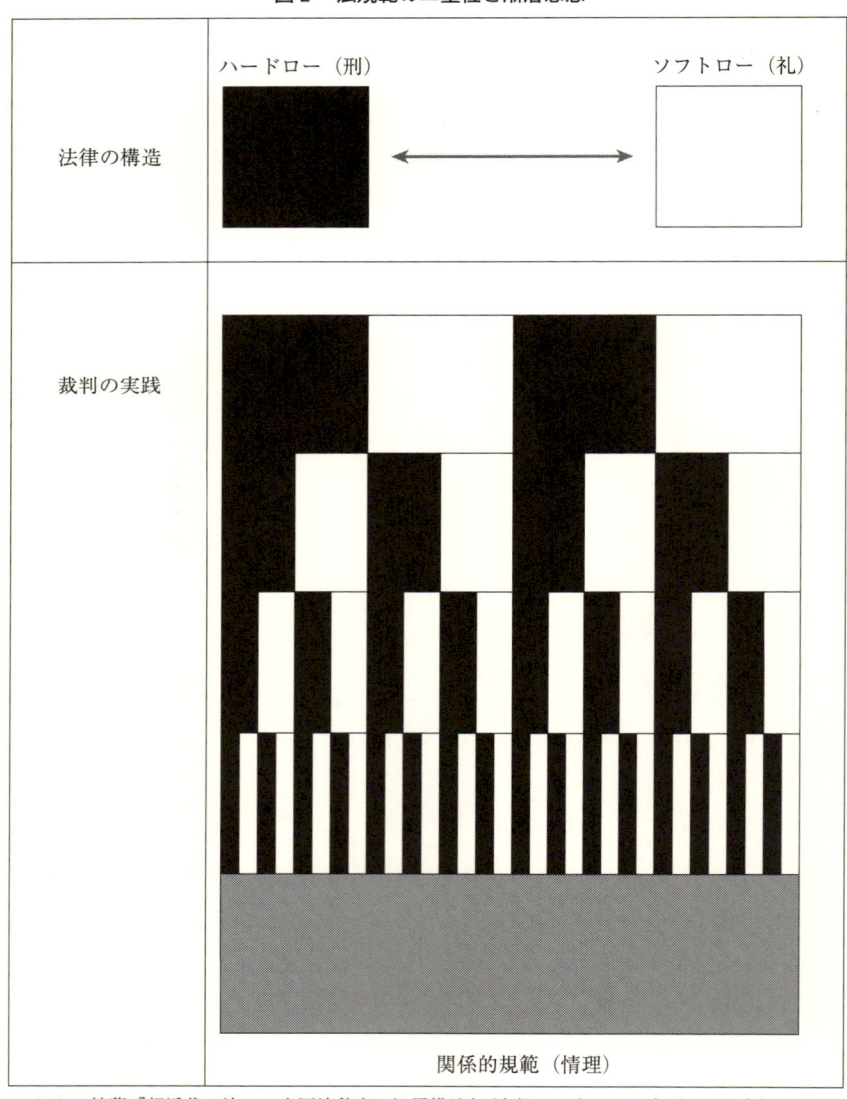

| 法律の構造 | ハードロー（刑）　←→　ソフトロー（礼） |
| --- | --- |
| 裁判の実践 | 関係的規範（情理） |

(10) 拙著『超近代の法——中国法秩序の深層構造』（京都：ミネルヴァ書房，1999年）57頁以下に詳しい。

ような「道」から生成する法規範(「道生法」)は,当然ながら,かかる対立物の相互作用の循環圏に妥当性根拠を求めざるをえない[11]。結局,現実政治の世界では,「道」という根本規範は,民の声を傾聴する姿勢,個別的承認の累積および社会世論ないし公議の沸きあがりや変化と結びつけて捉えなければならない。かかる問題転換の論理および媒介項は,「道に適えば多くの支持が得られ,道に悖れば多くの支持を失う」という古来の有名な定式――正統性期待――によって端的に示されたのである。

　矛盾の制度化は,昔の「礼楽刑政」や,今の「総合的ガバナンス」などの形を取るような規範の多様性均衡体を前提として,相当の程度まで道徳的言説を法と裁判の過程に持ち込んだ。それゆえ,国家的秩序の正統性にかかわる議論および説得が活発化して,法ドグマを超えたところの意味づけの重要性が向上せずにはいられない。したがって,規範の場,裁判の場は,儒教哲学およびその日常的生活倫理の意味体系を基礎としなければならない。実質的な意味づけを行なうこの場は,形式的で非合理的な「呪術の園」として捉えられない。その真相は,立法者,司法官僚,紛争当事者および地域社会の関係者はつねに制度運用の活動に意味づけの工夫を凝らしてきた結果,制度と文化の融合が進んでいるところにある。だからこそ,中国における制度改革や法継受は,絶えざる文化的意味処理の試練に応じる必要がある。

　一方,意味づけの重視を前提として,実定法体系は多様性を許容し増幅する傾向にある。その結果,等級的な整合性を強く求めなかったばかりか,一種の平面的な展開としての「八ヶ岳志向」を見せてきたのである。この点について,20世紀中国の代表的な法学者である王世傑と銭端昇が次のように指摘したことがある。

　　「すべての法律が君主によって制定される以上,すべての法律が同等の効力を持つのは,当然ながら,一種の自然的な帰趨である。したがって,法律の効力について言えば,中国の法律は,従来,等級性があるとは言えない。たとえば唐六典と唐刑律,あるいは明会典と明刑律,あるいは清会典と清刑律は,ともに同じ効力を有して,互いに統轄と隷属の関係を生じ

ない」(12)。

　確かに，律と例（条例）との間には優先順位があった。しかし，それにもかかわらず，上述の論理が働いた結果，規範効力の差が曖昧になり，ひいては上位と下位の逆転現象さえも見られた。なお，法の適用に際して，たとえ官僚制的段階があったところでも，ダイナミックな横の関係が繰り広げられて，その分だけ複雑に錯綜する多元的等級構造における層状自治の可能性が開かれていたのである。結局，法的規範のあり方はリゾーム（根茎）のイメージを持ち，つねに状況に応じて再編成され，一種の流動する秩序となるがゆえに，個人ないし社会にとって交渉と議論の余地や働きかけの機会が比較的大きいように考えられる。

　中国的秩序の多重多様な構成およびその間に繰り返される相互作用と相互進化のフィードバックは，当然ながら，個人的レベルでの交渉と議論および合意を通しての規範創造を促進しがちである。こうしたなか，国家イデオロギーたる儒学および日常生活倫理たる情理が貫通して，制度設営者と当事者との間に相互理解と合意を形成するための媒介となる。したがって，裁判は一つの総合的正義の場であり，事件審理の担当者は紛争解決の交渉を促進するように調節機能を果たす。かかる法の生成メカニズムのなか，行動倫理としての互恵性，制度要件としての当事者承認手続，評価基準としての人民満足度が，異なる次元でそれぞれ中核の機能を果たし，かつ地域的批評空間を末端の司法機関とリンクさせたのである。そこで，中国的裁判は，多かれ少なかれ「公議のフォーラム」，「世論に開かれる空間」というような特徴を示しても怪しむに足りないであろう。

　図2は，裁判の場で，法に意味を付与しながら繰り広げる交渉，議論，合意および妥協の言語行為が，どのように制度化した「矛盾の統一」を前提として，国家的規範の多様性を倍増しながら，それと慣習法との結び付きを実現していくか，という漸層原理および三元的構造を示している。明らかに，中国的司法の思考様式は，対抗を前提にしないばかりか，対抗的要素を絶えず分解したり再編したりしながら，無数の中間項，媒介物ないし連続的関係

を紡ぎ出すことによって特徴づけられたのである。このような分岐と進展の追加過程において，融通の余地または選択空間が拡げられていく。結局，裁判は柔軟性原理を反映して，よりよい解決案，あるいは各方面にとって満足できるような利害関係の均衡点を探り出すための試行錯誤の動態を呈する。

とりわけ以上のような二つの概念図，すなわち図1と図2を重ねてみれば，伝統中国法のアイデンティティは，循環的動態および強い正統性予期によって特徴づけられて，しかも絶えざる分岐，統合および組み合わせを通して構造の均衡化をめざしていることがわかる。かかる均衡点を探り出すための法動態の基本原理は図3によって示されている。ミクロレベルでは，個別的紛争解決における法化契機と非法化契機を前提にしながら，強制の正当性をめぐる合意の均衡点を模索するための試行錯誤が当事者の間に繰り返されている。マクロレベルでは，諸々の角度からみた均等性，あるいは全員一致の同意という完璧な均衡状態をめざして，社会秩序全体の調整が繰り返されている。明らかに，図3に示された均衡点を探り出す法動態は，「呪術の園」でもなければ，二項対立の構図のなかに納めきれるものでもない。整合的システムと異なるような多様性均衡体の背後には，法秩序に関する複雑系のような制度設計が見え隠れしている。そして，かような制度設計は，現在中国において，図4のような新しい姿を見せている。

ここでは，刑と礼に対応して，法律と政策が実定規範の二重構造をなして，その間にハードローとソフトローの一連の変形が紡ぎ出されて，反対補完の関係を構築する。国家的規範と民間の関係的規範の間には，交渉，議論，合意，妥協，均衡化などの複雑な相互作用が繰り返される。裁判の意味づけは，「法制教育」とか，「思想工作」という説得過程において行なわれるが[13]，「民憤」は，当事者や関係者が国家的制度を動員するための梃入れであり，大衆的司法参加の一方式でもあると同時に，裁判機構による説得の理由および法規範の正統性根拠にもなっている。説得も民憤も公論を媒介としてそのインパクトを拡大しようとするから，裁判の場は公論に開かれ，あるいはそれ自体が公論空間を構築しなければならず，人民の満足度を基準として，それに照らしながら当局が均衡化の調整を行なう。現代中国における司

## 図3 交渉的均衡メカニズム

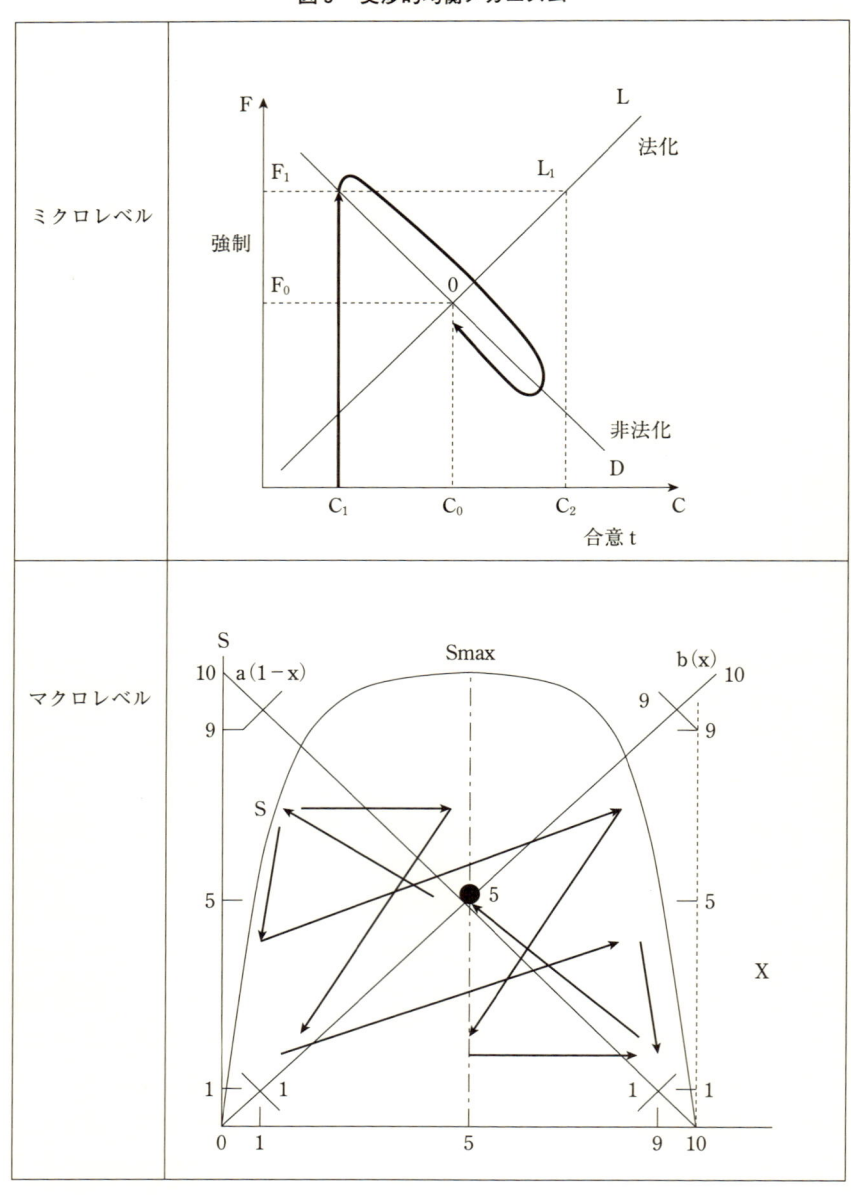

**ミクロレベル**

F軸: 強制 / $F_1$, $F_0$
L: 法化
D: 非法化
C軸: $C_1$, $C_0$, $C_2$
合意 t

**マクロレベル**

S軸: 10, 9, 5, 1
$a(1-x)$
Smax
$b(x)$ : 10, 9, 5, 1
X軸: 0, 1, 5, 9, 10
●5

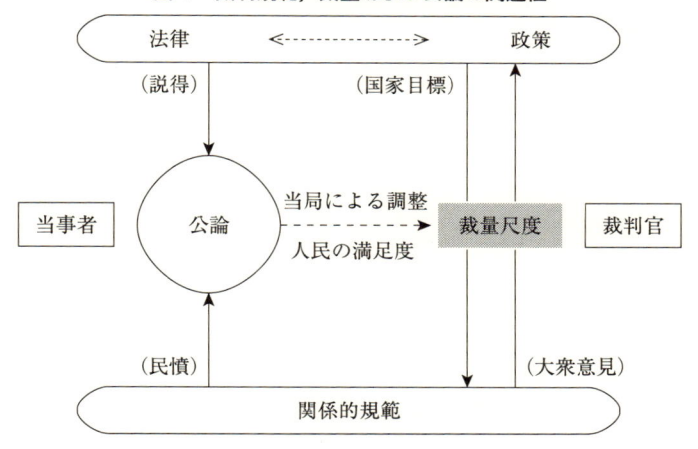

## 図4 裁判規範，裁量および公論の関連性

```
                    法律  ←------→  政策
                  （説得）       （国家目標）
                     ↓              ↓
                          当局による調整
         当事者    公論  ----------→  裁量尺度    裁判官
                          人民の満足度
                     ↑              ↓
                  （民憤）         （大衆意見）
                         関係的規範
```

　法の「群衆路線」はかかる相互作用によりいっそう拍車をかけただけではなく，国家の政策的目標と社会の大衆的意見のフィードバックを繰り返しながら共通了解を探り出してくる。この意味では，状況的思考の尺度は「群衆路線」に存在する。

　言い換えれば，裁判官の基本的な行動様式は，異なる構成部分の間の連結方式を調整し，適当な均衡点を探り出すことによって性格づけられる。そのために，当事者間および当事者と第三者間の交渉や情報フィードバックを促進して，法律と政策の内容を社会のネットワークに浸透させながら，紛争によって破られた人間関係を修復しなければならない。ゆえに，法の認知性を強化し，情報の非対称における裁判官の優勢を確立することも重要視される。そして，訴訟制度が真実主義を掲げて，事後的な不服主張や異議申し立てをも大いに認めるようになる。かかる複雑な相互作用の動態を前提条件として，裁判官の裁量権も肥大化せずにいられない。しかも裁量の恣意を抑制するには，こんど司法の「群衆路線」が必要であり，そして「世論監督」も強調されるようになる。ある意味で，群衆路線は国家の目標と国民の意見との変換関数であり，裁判機構に司法参加の方式および裁量の準拠枠を提供しているといえよう。一方，社会における議論や世論監督を含める公論は，参

加の規模と裁量の尺度を絶えず調整し修正する。したがって，公論は相当の程度まで一種の衡平的基準として理解することができる。

　要するに，現代中国の裁判は，①国家レベルでの法律と政策，②社会レベルでの人間関係および合意的規範生成，③国家と社会という二つのレベルの間における相互作用の繰り返しを通しての一般的規範と個別的主張の組合せ，④交渉や試行錯誤によって達成された均衡状態としての紛争解決を含める総合的正義のメカニズムを意味する。

　このような裁判の場でみられた中国法の一貫したアイデンティティおよび秩序形式の方式は，以下の六つの原理を基礎に据えたといえよう。

　(1)　多元一体の原理——「和して同ぜず」という意味での多様性を残した法の社会的整合。この原理は，儒教イデオロギーの中核的内容であるが，国家的制度設計においては，「法律は統一を無理に求めない」という立法論および「大同を求めて，小異を残す」という紛争解決方式をもって具現している。法文化・法意識の角度からみれば，当事者対抗主義を好まず，調和，連続性および長期関係に基づく信頼を強調する特徴がある。したがって，裁判は社会的ネットワークの尊重，維持および原状回復に重点を置いて，いわば「修復的司法（restorative justice）」の観を呈している。

　(2)　双方有利の原理——「両利の道」という意味での超最適決定（super-optimum decision）[14]。関係本位の社会秩序を法秩序に組み入れた場合には，互恵性が強化される。したがって，裁判およびその他の紛争解決は，ゼロサム・ゲームを排斥しがちであり，可能な限り双方がともに満足できるようなプラスサムの結果を追い求める。少なくとも敗訴者に対する心理的補償（たとえば，最後の承認権）あるいは経済的補償（たとえば，損失分担に関する衡平的調整）を行なう作業が強調される。その延長線上，超当事者主義的現象が現れる。しかし，双方有利，全員一致を目標とした以上，その意思決定は，絶対的均衡あるいは超最適化をめざす難しい道程になるが，決定不能の局面を打開するために，超職権主義（hyper-official principle）や決断力も求められる。この意味では，超当事者主義と超職権主義との短絡的結合こそ，中国的法と裁判のアイデンティティの拠りどころである。

(3) 漸層思考の原理——分岐と連続の結合に基づく漸進主義的柔軟性の思考様式。和の哲学に基づいて均衡化ないし超最適化を図るために，反復的模索，交渉および柔軟な調整が必要になる。このような試行錯誤は，主に「一から二，二から四，四から八，……」という易学的原理による無限の分岐および異質的要素の結合や再編成という弁証法的処理によって特徴づけられる。かかる「分」と「合」の操作の繰り返しによって，対立性論理が連続性論理に転化されながら，多数の中間項または選択肢ないし混沌たる第三空間が作り出される。交渉と議論の背景が絶えず変転できるから，選択は一回きりにすることができない。それゆえ，権利義務関係は安定化できず，法の本質も事実と妥当性の狭間で生成しつつある試行的・暫定的・可変的なものとして捉えられる。

(4) 履歴管理（traceability）の原理——相互作用の動態における追跡的モニタリングの司法戦略。伝統的裁判「循環簿」の発想を継承しながら，近年の司法改革から考案された裁判過程に対する履歴管理制度は，立案，送達，開廷，審決などの異なる段階に対するトラッキング監督を通して，法定審理期間の厳守を確保し，裁判の効率化・公正化・透明化を図ろうとする方法であり，制度でもある。その本質は，裁判権に対する「手続プログラミング制御（程序化控制）」にあると思われる[15]。すなわち，インプットとアウトプットに照準して，裁判過程の各時点を，細則的規程に従う数量的管理の行政的技法で制御しながら，手続的デュー・プロセスを保障する一つの仕組みである。こうした追跡モニタリング・システムの原型は，上古の法律「圜道」観にも遡って求めることができる。

(5) 責任本位の原理——説明義務と底が通じ合う事後的責任追及による規範の実効性の維持。履歴管理を実効性ある制度にするためにも，詳細な指標と明確な罰則で構成される責任体系を樹立しなければならない。とりわけ不確実でリスクの大きい社会状況においては，責任こそ秩序形成の礎石であるとさえ言える。また，責任本位には，規範執行の認知性を強めて，情報の非対称性における優位獲得の努力を促す効果もある。

(6) 公論衡平の原理——儒教的公論政治から人民公論への変遷があったも

のの，社会的正義感覚に基づく裁判の衡平的調整。すなわち，異なる規範や状況的要因の間に調整し取捨選択を行なうための準拠枠，あるいは法的決定の妥当性の判断基準を公共性議論に求めるのである。この原理は，ほとんどの場合には，具体的な問題解決についての当事者の納得と地域社会の評判との反省的均衡状態を意味するが，近年来，裁判に対する「人民の満足度」のほうがとくに強調されている[16]。まさにこの文脈において，裁判傍聴の促進，マスメディアによる裁判の生中継などを含めて，司法への「世論監督」も拍車をかけられてきたのである[17]。

　明らかに，以上に述べた六つの原理がある程度まで西欧型近代法治主義とまったく異なるアイデンティティを示している。このような中国的制度設計のパラダイムは，「二重の不確実」の状態に陥りやすいという問題を抱えている。だから，産業経済発展の需要に応えて法と裁判の改革を行なわなければならない。実際には，WTO加盟を標識として，中国は国際統一のスタンダードに従って大きく変貌し，すでに経済と法のグローバル化という世界史的構造変動の過程に組み込まれつつある。しかし，その一方で，社会に混沌や不安感も拡がっており，行政官僚をはじめとする既得利益階層からの激しい抵抗，さまざまなローカルな問題の提起，文化保守主義に基づく反発，新しい秩序に対する底辺層からの異議や違背も活発化している。まさにかかる緊張関係において，中国法のアイデンティティは揺らぎながら再定位されはじめたが，こうしたなか伝統的制度設計が逆にグローバル化の混沌たる状況において自己組織や責任による秩序形成の本領を発揮しながら，ポストモダンの条件に直結されているのもまた事実である。

　したがって，グローバルな時代に，中国法は，一種の双方向的なパラダイム転換――産業経済発展のニーズに応えての伝統法に対する改革，および，脱国民国家・脱官僚制のニーズに応えての近代法に対する修正の同時進行――を推し進めるよう余儀なくされるとも考えられる。この意味では，中国法の新しいアイデンティティは，近代性と現代性や，グローバル化とローカル化などの異なる要素の組み合わせにおいて確立されていくものである。しかも中国法の固有の多層多様な構成および異質な要素を組み合わせる動態

は，かかる双方向的構造転換を比較的容易にしているとも言えよう。この際には，理性と意味の相互関係をめぐる文明間の対話は重要な意義を有する。

* 本稿の一部は，2004年11月30日に上梓された拙著『中国的裁判の構図』(有斐閣)の関連内容をベースとしている。報告の後，アジア法学会の研究論文集に本稿が採用していただいたから，大幅に書き直したが，その増補バージョンは，2006年6月24日に出版された『アジア法研究の新たな地平』(成文堂)に収められている。

(1) さしあたり，ラインハルト・ベンディクス『マックス・ウェーバー——その学問の包括的一肖像(上・下)』(折原浩訳，三一書房，1988年), David M. Trubek, "Max Weber's Tragic Modernism and the Study of Law and Society", *Law & Society Review* Vol. 20 No.4 (1986), Sally Ewing, "Formal Justice and the Spirit of Capitalism: Max Weber's Sociology of Law", *Law & Society Review* Vol. 21 No.3 (1987) を参照。近代法秩序に関するウェーバー理論については，六本佳平『法社会学』(有斐閣，1986年) 55-82頁に優れた要約がある。なお，中野敏男「法秩序形成の社会学とその批判的潜在力——ウェーバー『法社会学』の問題構成と射程」『思想』No. 767 (1988年) をも参照。
(2) たとえば，ヴィレム・フルッサー『サブジェクトからプロジェクトへ』(村上淳一訳，東京大学出版会，1996年)。
(3) アンソニー・ギデンス『暴走する世界——グローバリゼーションは何をどう変えるのか』(佐和隆光訳，ダイヤモンド社，2001年) 4頁。
(4) M. ウェーバー『儒教と道教』(木全徳雄訳，創文社，1971年) 377頁。
(5) 同上，330頁，377-380頁。
(6) 明らかに，アンガーの著書『近代社会における法』(Roberto M. Unger, *Law in Modern Society: Toward a Criticism of Social Theory*, The Free Press, 1976) は従来の社会理論を批判しながらもウェーバーの影響を受けたところが多い。しかし，その後，彼の理論はよりいっそう過激的ものになっていく。その全体像について，松浦好治「R. M. アンガー——自由主義社会理論の根本的批判」『法学セミナー』No. 381 (1986年)，石田真「自然主義法批判と社会変革——アンガー」『法社会学』第44号 (1992年) を参照。具体的内容は，Roberto M. Unger, The Critical Legal Studies Movement (Harvard University Press, 1986), *What Should Legal Analysis Become* (Verso Books, 1996), *False Necessity : Anti-Necessitarian Social*

*Theory in the Service of Radical Democracy* (New Edition, Verso Books, 2001 [1987]) and "Legal Analysis as Institutional Imagination", in R. Rawlings (ed.) *Law, Society and Economy : Centenary Essays for the London School of Economics and Political Science, 1895-1995* (Oxford University Press, 1997) に詳しい。

(7) See Roberto M. Unger, *Law in Modern Society: Toward a Criticism of Social Theory* (The Free Press, 1976) pp.86ff.

(8) 瞿同祖『中国法律與中国社会』(中華書局, 1981年) 303頁以下, 328頁以下。

(9) 朱熹が『呂氏郷約』を改訂して普及させた史実は広く知られているが, これと関連する研究の成果はまだ少ない。明清の例に関する綿密な分析は, 寺田浩明「明清法秩序における『約』の性格」溝口雄三ほか (編)『アジアから考える [4]——社会と国家』(東京大学出版会, 1994年) によってなされている。歴史的考察および近世氏族規約の資料については, 費成康 (主編)『中国的家法族規』(上海社会科学出版社, 1998年) を参照。

(10) 拙著『超近代の法——中国法秩序の深層構造』(京都：ミネルヴァ書房, 1999年) 57頁以下に詳しい。

(11) 実は,「徳をたっとぶ (上徳)」とか,「環状のダイナミックス (循行)」とか,「非定常的な働き (無常操)」とかいうような意味において,「道」を捉えようとする概念理解は, 道家の専売特許ではなく, 儒家と法家との精神世界にも通用している。したがって,「道」こそが中国の価値体系全体の究極的な根本規範であると言ってもいい。各思想流派の考え方について, 李沢厚『中国古代思想史論』(北京：人民出版社, 1986年) 77-105頁, 龐朴『一分為三——中国伝統思想考釈』(深圳：海天出版社, 1995年) 92-100頁, 140頁以下, 240-269頁を参照。

(12) 王世傑＝銭端昇『比較憲法』(復刻新版, 北京：中国政法大学出版社, 1997年) 3頁。

(13) この特徴は, 高見澤磨教授によって「説理と心服」の構造として定式化されている。詳細は, 氏の論文「罪観念と制裁——中国におけるもめごとと裁きとから」『シリーズ世界史への問い　5——規範と統合』(岩波書店, 1990年) を参照。また, 小口彦太教授は「刑事事件・民事紛争処理の非裁判的性格」をかかる現象から見出したのである。関連する諸見解が氏の論文集『現代中国の裁判と法』(成文堂, 2003年) 63-66頁に述べられている。

(14) Cf. Stuart Nagel : *Super-Optimum Solutions and Win-Win Policy : Basic Concepts and Principles* (Quorum-Greenwood Books, 1997), *Public Policy Evaluation : Making Super-Optimum Decisions* (Ashgate, 1998)。

(15) この表現は, 陳旭「審判管理與司法的現代化」『司法審判動態與研究』第1巻第

1輯（2001年・司法改革専輯）133頁より引用。詳細は，陳旭「認清形勢，明確任務，改進工作方式，提高管理水平」上海市第一中級人民法院弁公室（編）『法院改革的思考與実践』（1999年）8－10頁，同「探索審判管理新模式」『人民司法』2000年第2号，劉嵐「尋找高効弁案的坦途――上海一中院実行案件流程管理述評」『人民法院報』2001年9月2日を参照。

(16) さしあたり，孫同慶「把人民満意作為法院和法官的最高追求」河南省高級人民法院（編）『調査與研究』1999年第14号，最高人民法院政治部（編）『譲人民満意』（北京：人民法院出版社，2002年）を参照。

(17) その標識となったのは，1998年4月15－16日全国法院教育整頓工作座談会における最高人民法院院長蕭揚の講話である。なお，関係する問題状況については，王強華＝魏永征（編）『輿論監督與新聞糾紛』（上海：復旦大学出版社，2000年）をも参照。

〈コメント〉

# 季報告へのコメント

小 口 彦 太

　季教授の本日の報告を聞き，伝統中国法と現代中国法との間の親近性，類似性といったことを前提として考えられているように受け止めた。伝統中国をも視野に入れながら，他方で現代の法動向，法哲学や法社会学，とりわけ西洋諸国における法哲学，法社会学の動向をも視野に入れて，中国法の特色，アイデンティティーを摘示していこうとする姿勢が季教授には濃厚に存するように思われる。別の言い方をすると，法を先ず縦軸において，歴史的に伝統中国を視野に入れ，また横軸において，比較法的に西洋法との比較といった両軸でもって考察していこうとする，そしてそうしたことが出来る数少ない中国法学者であると考える。季教授の問題提起が常に広範な学界員の注目を浴びるのも故無しとしない。

　たしかに，季教授の指摘されるとおり，中国型の法を見ていくと，近代市民法というものが，すべての主体を抽象的な市民，「人」として構成し，その抽象的な市民の権利義務関係の一義的確定といったことを目的とする。その意味で，中国法が明らかに異質であることは，季教授の指摘するとおりである。また，裁判においても，抽象的市民の権利義務関係の一義的な確定を目的とするのが西洋型の裁判である。この点でも中国の裁判は型を異にすると季教授は指摘するが，この点でもまったく同感である。

　なお，本日の報告では触れられなかったが，予め提出された「中国法のパラダイムとグローバルな時代における文明間の対話」という季教授の原稿の中では大変重要な指摘がなされている。それは中国的な法の特色を述べた個所であるが，「実定法体系は多様性を許容し，増幅する傾向にある」として，「その結果，伝統中国法においては等級的な整合性を強く求めてこなかったばかりか，一種の平面的な展開

としての『八ヶ岳志向』を見せてきた」と説いている。この指摘は伝統中国法の特色を鋭く衝いたものと考える。等級的整合性というのは，法のヒエラルヒー的な内的論理一貫性という言葉で置き換えることができるが，いわば法と法の関係を同一のレベルで考察し，両者の法の間に矛盾がないかどうかを一義的に明確にしていこうとする。したがって上位法と下位法とか，旧法と新法といった両者の法の関連を問うていって，そこでの法の優劣を一義的に確定していこうとする。それに対して中国法，特に伝統中国法は様々な法が空間的に並存しあうという独特の構造と観念・思考様式を有している。中国法についての「全ての法は同等の効力を持つ」との季教授の指摘にはまことに鋭いものがある。近代法の思考に慣れた我々の目からすると，一見して矛盾する法が並存しあうというような法のあり方は，容易には理解しがたい。こうした法のあり方は伝統中国法に限られず，現代中国法にも見出すことができる。

　次に，裁判に関しても，現代中国の裁判では「公論」とか「民憤」といった要素によって常に破られ，この点でも裁判の自己完結性を追求する近代市民法型の裁判とは大きく異なると季教授は説くが，傾聴に値する見解である。例えば比較的最近遼寧省で起きた有名な事件に劉涌事件というのがある。この劉涌なる人物は黒社会という暴力組織の指導者で，地方幹部とも癒着しながら数々の悪事を働いてきたが，遂に起訴され，一審（中級法院）では死刑判決が下された。この判決に不服の劉涌側は上訴し，高級法院では一審判決を覆して執行延期つき死刑が下された。執行延期つき死刑の場合，囚人が判決後2年以内に故意犯罪を犯さない限り自動的に無期懲役に減刑されるので，この判決は中国の民衆の大いなる憤りを招いた。ただ，この事件では二審の終審判決に検察側も特に不満の意を表してはいない（もし不満なら別途裁判監督手続にもとづいて抗訴＝再審を求めることが出来る）。

　劉涌側ももちろん不服はない。つまり両者とも二審終審判決に服したわけである。ところが，この判決に対する「民憤」の大きさを見て，いわば当事者の双方ともが訴えてもいないのに，最高人民法院は自ら乗り出し，再審にかけて死刑判決を下しなおした。こういった例からも「民憤」の役割というものが分かるであろう。近代市民法学のもとでの裁判が自己完結的な裁判を理念とするが，そういった裁判像と中国の裁判が明らかに異質であり，季教授の見解に筆者も基本的に同意したい。そのことを踏まえて，あえて本日の季教授の報告について二点コメントしておきたい。

季教授のペーパーは「中国法のパラダイムとグローバルな時代における文明間の対話」となっているが，本日の報告ではその中で「中国法のアイデンティティー」に力点をおいて話をされたと考えるが，近代市民法型と中国法型との「対話」はいかにして可能となるのか，その対話の可能性について立ち入った言及がなかったように思われる。グローバル化していく市場経済のもと，いかに中国型の法とはいえ，市場経済を媒介する近代市民法を取り込むことなしには今後の中国社会の安定と発展はあり得ない。しかし，その近代市民法を移植していくなかでさまざまな軋みが生じるはずであり，その軋みの中でいかに両法の対話をはかっていくのか。これは検討を要する問題である。

　もう一つ，季教授は本日の報告の中で，特にウエーバーの中国論を手がかりに議論されているが，たしかにウエーバーは我々が中国法を考える場合に搏闘すべき非常に勝れた社会科学者であると思う。本日の季教授の報告はこのウエーバーの議論のうち，いわば宗教社会学的系列（例えば「儒教と道教」等）の議論であったように思う。つまり「儒教と道教」に示されている呪術からの解放と世俗内的合理化との関係といった系列での議論をもとにした報告であったと思われる。ところで，周知のように，ウエーバーは，こうした宗教社会学の系列とは別に，「経済と社会」における支配の諸類型といった観点から中国法を分析している。そこでは，例えば伝統社会における支配の類型として，一方で西欧社会に典型的に見られる身分制的封建制（日本の中世社会も基本的に同一の型に属する）と，他方，それとはまったく範疇を異にする家父長的家産官僚制とを設定している。そして，伝統中国社会をウエーバーは明らかにこの家産官僚制の典型として考えている。そして，このタイプの違いは法の面でも顕著な違いをもたらしている。例えば司法と行政の関係についていえば，身分制的封建制のもとでは，すべての行政が司法＝裁判のかたちをとるのに対して，中国ではそれとはまったく逆の関係，すなわちすべての司法が行政に解消される，とウエーバーは説く。あるいは，前者の支配の型においては，法が主観的権利の総和として存在するのに対して，中国型の社会ではすべての法が行政規則の形をとる，と彼は指摘する。こうした彼の支配の諸類型的視点からの中国法の捉え方も，現代中国における人権の問題とか，権力と法との関係を考えていく場合重要ではないだろうか。

〈討　論〉

## セッションⅡ「法のグローバル化とアイデンティティ」討論

司会　石　田　　眞

　**石田**　今の問題は，このシンポジウム全体のテーマそのもので，大変重要な問題だと思います。小口先生から応答したいところがおありになると思いますが，フロアからも，ご質問・ご意見等あると思います。今の問題をそのものとして深めるのは，最後の全体討論のところにゆだねさせていただきまして，早速フロアから，ご質問・ご意見等を受けたいと思います。
　それでは，ご所属とお名前を言っていただいて，ご質問・ご意見をお願いいたします。
　**鮎京**　名古屋大学の鮎京と申します。季衛東先生の中国法のアイデンティティということで，六つの基本原理というお話があったわけですが，端的な私の質問の趣旨は，これはいつからいつまで続いていくものなのか，ということです。
　もう少し質問の意味を説明しますと，私たちはなぜ法のアイデンティティについて語らなければいけないのか。これを語ることで，どういう意味を見いだしていくのかという問題にかかわっています。
　私は，午前中のマルコム・スミス先生の，この問題についての基本的なお話に非常に親近感を持ちました。それはなぜかというと，例えば現代日本法の特徴ということで，10の事柄を現代的な日本法の特徴として析出されましたが，そうした特徴は変わりうるものだということでお話しされたことに非常に親近感を覚えたからです。
　アイデンティティ論については，午前中のディエン先生のときにもちょっと感じたのですが，アイデンティティというのは，これを保持すべきものであるかどうか

は別にして，ある程度変わらないものであるということが前提になって議論がされる。そうなってくると，これも午前中，稲葉先生がご質問されたように，例えばグローバリゼーションの中で，その保持すべきものというのは，本当に保持できるのか，これは打ち壊されていくのではないだろうかという点にも非常に関連するわけです。

　したがって，中国法のアイデンティティ，六つの基本原理は，何のためにこういうことを議論するのか。あるいはこれを指摘することによって，どういう問題が解けるのか。さらには，これがずっと変わらない非常に強いものとして，グローバル化の中でも残っていくのか。さらには，そういった問題の提出のしかたが，現代中国法のグローバル化という問題を解くうえで，どういう意味で有効なのか。このあたりについて，お答えいただければと思います。

　**石田**　大変重要なご指摘だと思います。この点について季先生のほうからお答えをお願いします。

　**季**　まず，伝統というもの，アイデンティティというものは，固定したものではありません。実際には，常に変動するものです。変動する中に一貫して，見られる特徴があって，そのようなものとして抽出して，理念型としてまとめるのがこの六つの基本的な原理です。この中に，私は歴史の経過のことをそれほど強調せずに，むしろ歴史の構造化に重点を置いて，相互作用の繰り返しを強調しました。だから，歴史にさかのぼってみないと分からないことがあります。一断面で理解できないことがあります。そうすると，この歴史の構造化，その中に見られたパターンを見ることが必要です。

　もう一つ，中国の改革は今，中国社会にとって最重要な課題であることは間違いないですが，その中に「経路相関」ということがあります。この言葉は国際社会でもコンセンサスを得ています。どんな社会でも独自の発展経路があって，その経路を無視して，全く新しい空白の状況の中に新しい制度を作ることができるはずがありません。だから，そこでは経路相関という観点から見ても，過去のアイデンティティを理解することが必要ではないかと思います。

　そうすると，恐らく，鮎京先生が警戒しているのは，実際には保守の言説になりかねないかもしれないということだと思います。私自身もそういう警戒心は常に持っているわけです。ただし，グローバリゼーションのとらえ方によって，このアイデンティティの問題は，実際には重要な意味を持ってくるのではないかと思いま

す。

　グローバリゼーションは何を意味するか。それは，例えば新しいローマ帝国の体制を樹立しようとするなら，恐らく多くの人々は反対するだろうと思います。あるいは，すべて共通して，その差異を摩滅していくプロセスとして理解するならば，各地方のローカルな知は，争って自分のアイデンティティを主張するようになるわけです。だから，それは自然的に出てくるわけです。

　そして，たとえ我々はこのような問題を無視して，グローバル化という立場に立って物事を考えるならば，それは少なくとも，二つの側面が重要になってくるのではないかと思います。

　一つは，グローバル化そのもの，もし民主主義や自由主義的な考え方を持って推進していくなら，異質的なものを包摂しなければいけません。この異質的なものを包摂すること自体は，それぞれのアイデンティティを認めて，そして受け入れて，そして新しい組み合わせを創造していくプロセスです。だから，そこでは，例えば我々はグローバル化を推進する立場から見ても，アイデンティティをとらえる必要があります。

　そして，逆にグローバル化のプロセス自体，それぞれの文化，意義を抹殺していくならば，結局マックス・ウェーバーが憂慮した，犠牲のおりが出てしまうのではないか。だから，そこでは各地方から異議申立が出てくるのは当然です。だから，そのように両側面から考えて，グローバル化とアイデンティティ，このバランスが取れた研究は，我々にとって，今こそ重要な課題になっていると理解しています。

　**石田**　どうもありがとうございました。

　それでは，手が挙がった順番から。

　**但見**　早稲田大学の比較法研究所の助手をしています但見（たじみ）と申します。先生，本日はご講演ありがとうございました。

　今回先生にお話しいただいたことで，時間があれば，3点ほどお伺いしたいことがあるのですが，まず一つめは，先生がこの中国法のパラダイムを析出するに当たり，社会主義的なアプローチではなく，伝統法的なアプローチを強調なさっています。特に今回のレジュメでは，社会主義的な要素には，ほとんど触れられていなかったように考えるのです。

　社会主義的な発想からとらえるときに，先生のように伝統法から見る見方を，浅井（敦）先生は，昔「超歴史的観点」とおっしゃっていました。ただ，私たちから

見た場合に、そのどちらの観点からでも、中国に特有の、例えば調停や単位体制などが、伝統法的に見て説明できる、また、社会主義的に見ても説明できるといわれています。先生が今回、社会主義的なアプローチを全く取らないで、伝統法的なアプローチから迫られたのは、どうしてなのだろうか。その辺がまず一つ、お伺いしたいところです。

　もう一つは、先ほど鮎京先生もおっしゃったことですが、やはり先生が挙げられたアイデンティティに対して、私も多少の懐疑というか、このアイデンティティが解体しつつあるものではないのか。また、そのアイデンティティ自体が、中国において現状の各問題の背景にあるものなのではないかと思うことが多くあります。

　特に、先生が中国の社会主義体制を基礎づけていた、特に単位体制、調停を可能としていた背景が、農村人口の移動と職業の自由選択、または生産手段が国家に転移され、市場流通されない。これらの各要素が、中国のこういったファクターを基礎づけていたとおっしゃっていたと思うのですが、こういったものが近時になって、非常に崩れてきていると思うわけです。やはり、その社会背景が崩れてきたところで、このアイデンティティは共に崩壊していくのではないかという感じを受けたのですが、先生のご意見をお伺いしたいと思います。

　もう一つ、対話という意味で、先ほど小口先生もおっしゃったのですが、中国は革命直後のソ連一辺倒、そのあと今、中国の学会では、アメリカの法制度、アメリカの法理論に対する一辺倒が存在するという意見が、中国の学会内にもあります。こういった本当に強い法の継受の欲求というか要求に突きつけられている中国の状態で、このアイデンティティがどのように変質していくのか。先生がこのレジュメの中でも言われた新しいアイデンティティは、どのように形成されていくのか。先生の見通しを伺いたいと思います。よろしくお願いいたします。

**石田**　引き続き大きな問題なのですが、よろしくお願いいたします。

**季**　ありがとうございました。

　まず、確かに社会主義体制は、中国では今でも維持されています。そういう意味では非常に重要な側面です。ただし、中国の社会主義体制は、ある意味では伝統文化の中に、それぞれの要素があったからこそ、現代中国では維持できたという一面を、まず強調しておきたいと思います。それは、例えば家族の同郷共済の制度などが共産主義の基盤であるといわれています。また、マックス・ウェーバーが指摘した中国の福祉国家、分配の正義を強調する側面も、社会主義のイデオロギーとある

程度結びついたわけです。

　そこで，ワルダー（Andrew. G. Walder）さんが，かつて，現代中国の特徴といえば，本当の意味で社会主義ではなく，「ネオ伝統主義」（Neo-Traditionalism）というふうにとらえたことがあります。だから，このことは一側面ですが，もう一つ，確かにソビエト型の社会主義システム，特に国家権力の構造が現代中国で形成されたのです。しかし，これは多分，中国研究者の中に，ある程度コンセンサスがあると思いますが，これは長い中国の歴史の中では，特異な状況です。

　つまり，国家権力をそこまで絶対化し，浸透させたのは，多分，秦の王朝は17年間しかないのではないかと思います。だから，そういう意味では，毛沢東と秦の始皇帝を並べて語ることがあるのです。そこで逆に，中国の長い歴史の中で，この50年間はユニークな存在であると考えてみる必要があります。

　そうすると，中国自身も実際には50年代の後半，すでにソビエト型システムからの脱却を図り始めたのです。そういう意味では，中国の社会主義システムの特徴を考えても，中国の社会主義システムの将来の変化のプロセスを考えても，伝統を理解することが必要であると私は考えています。

　2番目のアイデンティティの解体，これは最初の問題とも関連しているわけですが，確かに国家制度レベルのイデオロギーは，もうだれも信じないようになっていますし，また，今中国のアイデンティティはそれこそ崩壊しつつある。一部では，アノミー現象さえも見られているわけです。こうした中に，伝統的な規範体系を語るのは，どこまで意味があるかを，やはり考えなければいけないのです。ただし，ここで留意すべきなのは，もし先ほど言った国家権力の構造そのものがユニークなものであるならば，その解体するプロセスの中に，逆に伝統の中に，新しい秩序形成のコアを求めるようになるのは当然です。これはまさに90年代，特に94年以降，中国政府の方針からも見られています。

　そして今年，中国は公式に孔子の祭典をやったのです。政府主催の孔子を祭る祭典を行ったのです。だから，そこで明らかに，中国は伝統思想の中に新しい秩序形成のコアを求め始めたのです。今年の8月に北京大学で，北京フォーラムが開かれまして，世界中から300～400人ぐらいの学者が集まったのです。これもまさに，儒教文明の現代的意義を語るような会合になったわけです。

　そしてもう一つは，バラバラの過程の中に，この要素そのものがなくなることはありません。だから，そこで恐らく中国の将来の改革は，既存のさまざまな要素と

新しい要素の組み合わせにあると思います。そのようなことを考えて，だから，アイデンティティの解体そのものはなく，むしろ逆に，そのアジア経済統合の中にもう一度，伝統的なアイデンティティを再解釈し，再確立していくのではないかと私は思います。それが文明間の対話にもつながっていくわけです。

そして，3番目に法継受のことをおっしゃったのですが，これはたしか中国の法律は非合理的な要素がかなりありまして，法改革を行わなければいけないのですが，この中に三つの層があると思います。

一つは今，国家と市場でよくいわれていることですが，政治権力とその利益衡量です。このレベルの話は，中国は明らかに受け入れています。このレベルでは，西洋の法制度をどんどん導入して，WTO加盟に伴って，法技術の面で継受しています。

その他に，二つの層があります。一つは，ローカルな倫理生活，倫理規範で，これはどこの社会でもあります。もう一つは普遍主義的な社会正義で，人権や社会正義というものです。この二つのものをどのように受け入れるかというのは，なかなか微妙なところがあります。そこで，中国の場合には，もし法改革の立場に立って法継受を行うことを考えるならば，この三つの層を同時進行する必要があります。

だから，政治権力と利益衡量のレベルにおける西洋法の技術的な継受，そして中国のローカルな倫理生活体系を新しい形で変えながらも維持していく。そして3番目，新しい普遍主義的な価値観を導入するかどうか。例えば，中国は人権概念をすでに受け入れました。そのような意味で，この三つの層を全部入れて考えなければいけません。そこで重要なのは，手続き，正義に基づいて，この三つの実体的な部分をどういう形で統合的なものとして作り上げていくかというふうに考えています。

**石田** ありがとうございました。

それでは，稲葉先生。大変お待たせいたしました。

**稲葉** 早稲田大学の稲葉です。分析は非常によく分かったのですが，どうも抽象的すぎて具体性に乏しいのではないか，先ほどからの質疑応答も，そういう点でかみ合っていないのではないか，という感じがします。

私は，今まで裁判と立法という仕事をやってきたわけですが，その観点からいうと，実際に，アイデンティティはこういうものだとおっしゃった場合，そうすると，例えば普遍的な日本の法律の概念とはコンフリクトが起こりますね。そのコン

フリクトを一体どのように解決すべきなのかということが，まず一番に聞きたいところです。

そして，スミス先生が午前中おっしゃいましたが，具体的なコンフリクト，例えば日本と中国との間で，民間レベルでもほかのレベルでも，いろいろコンフリクトが起こります。そのコンフリクトを解決するという仕組がどうなっていて，それがうまく機能するような手段が形成されているかどうか。この問題は，歴史が解決するとか，長い間かかれば何とかなるだろうというレベルで考えていていいものなのかどうか。こうしたコンフリクトの解決は，今のような変化のある社会では焦眉の急務なのではないかという感じがするわけですが，その点についてどのようにお考えか，ちょっとお聞かせいただければと思います。

石田　では，よろしくお願いいたします。

季　ありがとうございます。

まず，実際には，例えば先生がおっしゃったように，日本は具体的な問題を解決するために法継受を徹底的に行っていて，これは中国と非常に対照的になっていることは，言われたとおりです。ただし，ここでも午前中スミス先生が指摘したことがありますが，日本法についても，西洋人の目から見れば，一つのシンプルな観点でとらえきれません。複雑になっています。だから，日本でも複雑系のところがあります。その辺はやはり，例えば法律家の中に，どんなにきれいな西洋の法システムを導入されても，このコミュニティの中に問題はありません。そこから一歩出て，社会に入ったら，必ずしも同じようなイメージは出てこないような問題に，どのように立ち向かうか，これは私の課題ですが。

そして，先生がおっしゃった具体的な例で，私はもう少しこの問題を整理してみますと，少し批判になりすぎるかもしれませんが，伝統中国の場合には，先ほどちょっと触れましたが，三権分立，権力による一元化統合というシステムがあります。だから，バラバラの規範が平面にありますが，権力によって統合できて，いろいろな議論をさせて，最後に決める段階では，権力は決断主義的に決めてしまうという形をやります。そして，我々が見たのは決断主義で決めたところ，これは人権違反ということを批判するのは当然です。このさまざまな議論のプロセスが，これまではよく見えてこないのです。

では，中国は今の改革をどのように進めていくか。明らかに中国は政治改革をやらなければいけないですね。そこで，西洋の場合には，それも図式化した表現です

が，三権分立，法律による一元化整合です。ただ，国家権力を分けて，そしてその中は法律で一つのシステムとして整合しないと，非常に難しくなります。

そうすると，ポストモダンはどのようにとらえたらいいか。それこそ権力も分散的，法律も分散的という状況です。そうすると，中国の場合は明らかに，近代化という観点から見るならば，三権分立，権力による一元化から，三権分立，法律による一元化へ進めていくわけです。

そこで，WTO加盟によって，外圧によって，中国の法の統合性は明らかに強化してきたのです。地方法規もその特殊性をなくしていきますし，行政機関の干渉も大幅に減らしていく。その可能性は確かに出てきたのですが，そこで唯一の問題が残っています。つまり，社会が受け入れること，中国伝統法の中で非常に強調する社会的受容可能性です。これをどのように処理するかの問題が残っています。だから，そこでは果たして近代法は中国社会における社会の受け入れ可能性に満足できるかどうか。満足できるならばいいですが，できない場合は，結局やはり伝統の中に組み合わせる可能性を探るほかないのではないかと思います。

だから，ディエン教授は，午前中，繰り返して，価値の部分を強調する。法継受の面では全然反対しませんが，価値のところを強調するのは，それはやはりこの意味づけの部分を，我々は無視することはできないからだと思います。

　**稲葉**　考え方として，日本法でも決して外国法を丸ごと継受しているわけではなく，日本法には日本法のアイデンティティがあるというのが，今度のシンポジウムのモチーフなのです。その場合に，どういう形でそのほかの文明，あるいはほかの法体系と言ってもいいのですが，それらと対話するかというシステムは，一応できていると私は思っているわけです。

それが，中国の場合に一体どうなっているのだろうかということで，たとえその権力における統合とおっしゃると，これはまさしく日本人から見ると非常に違和感があります。裁判の独立などは，我々はもう口を酸っぱくして聞かされているわけで，それがおよそ，ないということになる。

それから，人民裁判というのは，日本では決してあまりいいイメージではないわけで，民衆の意見が影響するとおっしゃいますが，民衆というのは，一体どのレベルの民衆なのか。日本と中国とのコンフリクトになると，それは日本の民衆の意見も聞かなければいけないということに，中国的な枠組みではなりそうに思うのですが，そういうことにはならないわけですね。そこのところが，何かもう少し整理を

して考えてみる必要がありはしないかという感じがします。

**石田** 今のご指摘も大変重要で、グローバリゼーションの中で、国民国家の法ないしは法の文化も含めた法秩序間に緊張や葛藤が発生し、さらにそれが文明間の対話という局面に深化したとき、その緊張や葛藤はさらに増幅されていくという問題がある。その問題を、どのように解決をしていくのかということのご指摘で、恐らくこれは最後のセッションのところで、なお深める必要がある問題だろうと理解しました。

実は、時間を10分延長していただいたのですが、もはやその時間も切れてしまいまして、このあと第Ⅲセッション、総合討論とあり、これ以上時間を延ばすわけにもいきません。なお、ご質問等があるかと思いますけれども、最後の全体討論のところで、このご意見・ご質問等も含めて、開陳いただければと思います。

これで第Ⅱセッションを終わりにしたいと思います。季先生、小口先生、どうもありがとうございました。

## セッションⅢ「知的財産に関する法のグローバル化とアイデンティティ」

〈報　告〉

# 知的財産権法における法のグローバル化とアイデンティティ
# Globalization of Law and Identity of Law in Intellectual Property

Annette Kur

## Ⅰ　Introduction

Picking intellectual property as a topic illustrating the impact of globalization on national law seems to be an excellent choice. In a more accentuated way than many other legal areas, intellectual property has always been on the forefront of internationalization. The following reasons account for this: New thoughts – creations and inventions – tend to travel. Borders do not hold them. And wherever they go, they can easily be misappropriated by those who want to reap where they have not sown. To confine use and protection of new inventions, original creations or distinctive signs to national territories therefore appears as a somewhat unrealistic concept. Nevertheless, this is exactly what the legal nature of such rights implies – they are held to be "territorial", meaning that in principle, protection ends one step behind the national borderlines. This effect as well is closely connected with the topic considered here: It is generally assumed that the principle of territoriality is the best way to secure the sovereign power of national states to regulate on intellectual property in the manner they consider to be most appropriate with a view to their own socio-economic situation. Furthermore, it is in the best interest of the states as well as of their own nationals that only those rights have to be respected that fulfil the requirements for protection posed in their own territory, e.g. by successfully filing an application for registration of patent or trademark rights with the national authorities.

The conflict resulting from the ubiquitous character of intellectual property rights on one hand and the territoriality principle on the other already at a very early stage has created a demand for trans-national protection, based on a system which is sophisticated enough to achieve a sufficient degree of mutual protection, while at the same time paying due respect to the sovereign powers of the foreign state(s) where protection is claimed.

This is why two comprehensive international agreements – the Paris Convention[1] and the Berne Convention[2] – have been concluded at the end of the nineteenth century in the field of industrial property (patents, trademarks, designs, and unfair competition) and copyright respectively. Shortly speaking, they both rely on the principle of national treatment – States must not deny to nationals of other Member States rights which they grant to their own nationals – and on the stipulation of certain essential minimum rights. This system does not entail substantive harmonization in the strict sense, but it certainly has engendered a certain amount of *de facto* approximation of legal standards in the fields concerned.

Apart from the international framework thus established, however, national law still enjoyed considerable freedom in devising its own rules and policies. *Inter alia*, this concerned the questions as to which objects should qualify for patent protection, and which threshold should be required for a work to qualify for protection under copyright. With regard to trademarks, it was for national law to decide which forms of signs could be registered as trademarks, and to which the extent the actual functions performed by a mark should be legally protected. German trademark law for a long time treated both aspects in a rather conservative manner. Registration of trademarks was restricted to twodimensional signs that were visually perceptible, i.e. wordmarks, picture marks, and combinations thereof. With regard to the functions of a mark to be protected, German law endorsed the approach that protection should essentially and exclusively rely on the origin function, meaning that the capacity of certain marks to attract customers irrespective of the message conveyed about commercial origin, and also the fact that marks can become a business asset having its own intrinsic value ("Eigenwert"), should be left out of account[3]. This resulted in the confinement of trademark protection to cases when the use of the mark for the same or similar goods gave rise to a likelihood of confusion[4]. Another consequence derived from the essential character of the origin function under former German law was the dogma of an unalienable link having to be established between the trademark and the enterprise producing or distributing the goods or services for which it is used, meaning, first, that a trademark could not be registered unless it was shown that the person applying for registration was actually doing business in the relevant field[5], and second, that trademarks could only be assigned together with (the part of) the business in which they were used[6].

These principles were valuated so highly in the German doctrine and practice that they were even considered to form part of the public order. Foreign trademarks not complying with these rules were therefore denied registration in spite of the fact that according to the so-called "telle quelle" provision, Art. 6 quinquies A of the Paris Convention, trademarks having been duly registered in the country of origin of the trademark holder must be registered in the same form – "as is" – also in other Member countries. While acknowledging the applicability of that rule as a matter of principle, German registration authorities regularly invoked concerns of public order, which form a legitimate ground for refusal according to Part B of Art. 6 quinquies, in order to justify that foreign threedimensional trademarks were denied registration[7]. Likewise, the German Federal Supreme Court ruled that German public order would be affected by accepting the registration of a foreign mark owned by a holding company, i.e. a company carrying out administrative tasks for a group of formally independent companies, instead of being in charge of manufacturing or distributing the goods for which the mark was intended to be used[8].

## II The Phase of European Harmonization : "Regionalisation" as a Middle Step Between Purely National and Globally Harmonized Law

### 1 The Process of Harmonization and the Role of the MPI

Under contemporary conditions, the restrictive approach endorsed for such a long time and quite obstinately under former German trademark law would clash with the standards imposed under international law, in particular Art. 15 and 16 of the WTO/TRIPS agreement[9]. German law therefore had to give up some of its formerly cherished principles. However, this was not primarily due to internationalisation, but rather to the preceding phase of European harmonization.

It was indeed already at a very early stage, shortly after the foundation of the European Economic Communities, that the need for legal initiatives with regard to intellectual property rights was recognized by political and academic circles. Again, the territoriality principle played a role in the matter. The fact that intellectual property rights are confined to national territories implies the possibility for a right holder to oppose the circulation of goods to which the right pertains, unless they have been released on the market in the relevant territory by himself or with his consent. This is the general rule applying - subject to certain reservations with respect to trademark law[10] - in all former and present Community Member Countries. Quite obviously, when this rule is invoked in order to block the unauthorized importation of goods from one Member State to another, this entails a severe impediment for the free circulation of goods within the Common market.

Intellectual property rights have indeed made their first prominent appearance on the European scene in the context of what is usually referred to as the parallel import cases[11]. Trademark or other intellectual property right holders tried to enjoin independent traders from buying goods, at a low price, in one Member State in order to market them in another State where the price level maintained by the proprietor of the right and the dealers authorized by him was much higher. The European Court of Justice (ECJ) has reacted to these practices by pointing out that the possibilities granted under national law to impede the free movement of goods in this manner had to be regarded as "measures having equivalent effect" in the meaning of Art. 28 of the EC Treaty, and that they could not be justified under Art. 30 as being necessary in order to protect the specific subject matter of the respective property rights[12].

This does not mean, however, that the principle of territoriality, and the exclusive protection granted to IP rights within their national territories, were completely set by the ECJ aside in favour of free movement of goods. As a matter of principle, national rights remained to be intact, meaning in particular that if the right to a trademark, patent or copyright belongs to different persons in different Member States, each proprietor is fully entitled to oppose the distribution of protected items in the country where he or she is in the position to claim a better right.

While this result is uncontested[13], it entails the consequence that national IP rights, apart from the parallel import cases mentioned above, can and often will result in a barrier against the shipping of goods from one Member Country to another. From the perspective of the Common market, this result appears as undesirable in the long run. It was not least this aspect which has given rise to the vision that the territorial confinements of intellectual property rights should ultimately be overcome by the creation of unitary rights, which could be acquired through one single act taken out vis-à-vis one single authority, and having legal effect throughout the whole Community. In addition, the individual systems for IP protection existing on the national level should be harmonized so that a right holder should find equal conditions for the acquisition and protection of such rights in all Member States.

The call for unification and harmonization posed an enormous challenge, which was met with a positive response from practice as well as from academia. The Max-Planck-Institute for Foreign and International Patent, Copyright and Competition Law in Munich (MPI)[14] was foremost among those who were particularly active in contributing to the endeavour of establishing a unified or at least harmonized system of intellectual property rights in Europe. The comparative study on unfair competition law[15] conducted in the MPI under the guidance of its founding director, Eugen Ulmer, is still a standard-setting example for a thorough legal survey, although its ultimate aim, the harmonization of legal rules concerning all sorts of unfair marketing practices, has not been achieved as yet. By contrast, the efforts to arrive at a Community trademark system[16] co-existing with harmonized national systems in the Member States[17], has been successfully concluded in the mid-1990ies after more than two decades[18] of planning and negotiating. The Memorandum on the EEC Trademark[19], summarizing the results of a working group consisting of representatives of the Commission, practice, and academia, was one of the early documents showing the outlines of the envisaged system. As academic members of that working group, Friedrich-Karl Beier, the successor of Eugen Ulmer as the MPI's director, and his collaborator Alexander von Muhlendahl, who later became responsible for trade mark law harmonization in the German Ministry of Justice and has served the Community Trademark Office (OHIM)[20] as Vice President since its inauguration in 1996, have been highly influential from the very beginning in deliberating and developing the rules on which the European trademark system was finally built.

In patent law, the course of events has not been equally straight, with the long-awaited Community patent system not yet being in place[21]. Nevertheless, also there – in addition to the most valuable contributions by Kurt Haertel, the former president of the German Patent Office, and others – the input from the MPI, most notably from Friedrich-Karl Beier and the present director of the MPI, Joseph Straus, has been essential in many ways for the establishment and functioning of the European Patent Convention[22]. Also in copyright, where harmonization until now has taken the form of step-by-step regulation of specific issues deemed as particularly important for the functioning of the Common market[23], the MPI has been involved, in the person of Gerhard Schricker, who for many years has led the Institute together with Friedrich-Karl Beier, and also through the personal engagement of highly motivated scientific staff such as Adolf Dietz, Thomas Dreier and Silke v. Lewinski. Finally, it can be mentioned that in industrial design law, where unification and harmonization were achieved only recently[24], the Commission had based its own draft on a proposal[25] developed by an MPI working group[26].

It has been a decisive factor in these efforts that due to the unique nature of research institutions such as the MPI[27], it has always been not only possible, but even mandatory to engage in thorough comparative studies of relevant aspects of foreign and international law, thus providing for a broader picture, and for a solid background for new ideas to be developed, and for proposals to be promulgated.

But of course, there are many other persons and institutions that have made substantial contributions to European harmonization in the field of intellectual property, too many indeed to be mentioned here expressly. In Germany in particular, the interested circles represented by the national association for intellectual property and copyright (GRUR) and others have taken a very strong and active position in the endeavour. As Germany is one of the founding members of the European Economic Community, it was possible for German interested circles to follow and influence the harmonization efforts from the very beginning[28], which gave them a certain advantage over those who have joined the Union at a later stage and who, before joining, had to accept the "aquis communautaire" already achieved by that time.

## 2  From Law in the Books to Harmonized Practice

By and large, from the point of view of German national law, European harmonization in the field of intellectual property has entailed positive results so far. Although the legal provisions imposed by a European directive sometimes deviate from previous rules, they were in most cases accepted or even welcomed by a sound majority. A clear example for such a situation can be found in trademark law : Before the obstacle against registration of threedimensional shapes and other unusual forms of signs was deleted in the course of implementation of the trademark directive, and before an end was put to the absolute dominance of the origin function, interested circles in Germany had already argued for a long time that the old, rigid schemes were obsolete for many reasons[29].

In spite of the generally positive reception of harmonized legislation in Germany as well as in other European countries, however, it has turned out that the route from harmonized law in the books to a truly harmonized practice is more difficult than anticipated. Again, trademark law offers the best example. It became obvious quite soon that the texts of the trademark directive as well as of its counterpart on the Community level, the Community trademark regulation (CTMR), give rise to a number of open questions relating to various central aspects of trademark protection. National courts were therefore forced quite frequently to refer these questions to the European Court of Justice (ECJ) for a preliminary ruling[30]. One might be tempted to ask whether this unforeseen flow of cases to the ECJ is due to the low quality of drafting – a suggestion most would be inclined to deny – or whether it rather results from the fact that in spite of the efforts vested in the harmonization project during the long years of negotiation, it has not been possible to overcome the fundamental differences in the previous national attitudes towards the underlying objectives of trademark protection[31]. If the latter assumption were true, it would mean that the wording of the CTMR and the trademark directive serves, to some extent, only as camouflage below which the original diversities linger on.

Whatever the reasons may be – the fact that in many crucial questions of trademark law, the ultimate authority for giving a definite answer now lies with the European Court of Justice, has created a novel situation for the legal community, and especially for legal scholars in a country like Germany, which has always boasted of a very complex and refined legal doctrine in the field, supported by a large body of case law and bookshelves full of specialised literature. It is difficult and maybe even painful to realise that the thousands of pages which have been written in German, from a German legal perspective, on specific trademark law problems have no more – and sometimes definitely less – impact on the ECJ, and thereby on the mandatory interpretation of trademark law, than a single, well-written decision by the British High Court. This shows that the strength principally inherent in a thoroughly developed, systematic approach can turn out to be a disadvantage, because and in so far as it is understood merely by specialists and cannot be communicated in simple words and comprehensible terms to judges who are not experts in the field.

Lamenting these developments would certainly not be a recommendable way to react. Rather, the consequence should be drawn from these considerations that in present times, it is often better to attempt reducing than further enhancing the complexity and refinement of national legal doctrines, and to try conveying one's own ideas in a manner which can easily be grasped by persons not having grown up in one's own system, instead of using language which is hardly apt for communication outside an exclusive circle of fellow disciples.

## III  German (and European) IP Law in the Age of Globalization

### 1  General Remarks

Whereas European harmonization in its initial stages proceeded rather slowly, the emerging age of globalization has considerably enhanced the pace of progress made in terms of imposing common IP standards, and also of the political pressure exerted with regard to the adoption of, and the compliance with, internationally agreed rules. The TRIPS agreement concluded in 1994[32] is a result of, and a witness to, the accelerated pace of international standard-setting as well as of the new political framework in which these developments occur. For most European countries including Germany, the dramatic changes this has implied for other parts of the world were not so obvious at first. At the time when the TRIPS agreement was concluded, the rules imposed therein with regard to IP protection cum grano salis seemed to reflect the standard recently achieved in their own region[33]. That this might not be entirely true became however obvious quite soon with regard to patent law, when the prohibition in Art. 53 EPC against patenting of computer programs "as such"[34] was challenged by many as clashing with the principle embedded in Art. 27 TRIPS that patents should be granted "in all fields of technology". In Europe, and consequently also in Germany, we are still grappling with the political repercussions caused by attempts to amend possible legal deficits in that regard by the as yet ill-fated efforts to enact a directive on the protection of computer-related inventions[35].

In the area of copyright, a need to adapt to novel international standards was not caused by TRIPS, but by the subsequent WIPO Treaties concluded in 1996[36]. As is well known, Germany did not implement those treaties on its own behalf, but the process once again was steered and filtered by European harmonization procedures, through the so-called Directive on Copyright and Related Rights in the Information Society (Infosoc directive)[37]. To analyze in detail the process of promulgation of that directive, and also considering the ensuing efforts of implementation, which until now in many member states have not come to an end, can indeed provide for many telling examples of how the transformation of sweeping rules accepted with a grand gesture on the international level may create difficulties and frictions in national and regional law. Suffice it here to point out that the efforts of member states, including Germany, to preserve the integrity of their own laws is mainly reflected in the lengthy catalogue of limitations contained in Art. 5, $3^{rd}$ paragraph of the Infosoc directive[38]. As it had been the ambition, in accordance with continental copyright tradition, to make the list of limitations contained therein conclusive instead of providing for an open "fair use" clause, every state and interest group struggled to get their own particular concerns expressly addressed and regulated, lest it should be completely banned from further consideration once implementation has been completed. It is hardly exaggerating to say that it mattered little in the process how well-founded and substantial these concerns were – the important thing was whether the state or party articulating them had sufficient impact to make an impression on the Commission and/or the other legislative bodies involved.

## 2 In Particular : the Enforcement Directive

Instead of going into more detail with regard to copyright and the Infosoc directive, it is proposed to consider a more recent example of how international norms, and European law acting as a transmitter, have an impact on, and pose challenges for, the integrity of national law. The example concerns the field of enforcement, which is highly topical nowadays in all fora discussing the present state and possible future of IP law. The background is as follows: It has turned out that the problems incurred by IP right holders with regard to piracy and counterfeiting were hardly, if at all, mitigated by the implementation of substantive TRIPS standards in all or most WTO Member States. The source of discontentment is generally located in the sphere of enforcement, be it that Members are considered as not having duly implemented the provisions in the enforcement part of TRIPS, or that they are blamed as not being willing and/or capable of spending the necessary resources on the pursuit of infringements. Furthermore, growing irritation from the side of right holders and some WTO Member States has resulted in the widely endorsed opinion that TRIPS was not sufficient to achieve its aim with regard to an efficient combat of piracy and counterfeiting, but that a "TRIPS-Plus" approach should be adopted with regard to enforcement issues.

This attitude is reflected in an initiative taken by the European Commission after a series of consultations with interested parties to enact a directive on measures and procedures to ensure the enforcement of intellectual property rights[39]. In an effort not only to ensure compliance of member states with the TRIPS requirements (there having been no claims or evidence that member states did not comply), but also to achieve a harmonized level of enforcement surpassing the mandatory requirements of TRIPS, the Commission has used a kind of patchwork approach, stitching together elements of civil procedure and civil and administrative sanctions[40] from different Member States, based upon a choice of those legal rules that are the most far-reaching and severe. It is obvious that such an approach risks to set off the system of internal checks and balances developed in each Member State's complex legal traditions in the field of legal procedures and sanctions[41].

The many concerns to which the proposal gave rise have resulted in heated debates in the European Parliament[42]. For some time, it seemed as if nothing would ensue from the Commission's initiative. However, in an impressive demonstration of political will to get the legislation in place before the date of EU accession by the ten new Member States on 1$^{st}$ May 2004, the directive was passed and enacted before the end of April 2004, with the deadline for implementation being set for 29 April 2006.

In its scope and contents, the directive underwent considerable changes during the legislative process. Attempts undertaken in the European Parliament's Legal Committee to install a definition limiting the scope of the proposed directive to piracy and counterfeiting in a narrow sense have failed. Instead, the opposite route was taken by openly confirming that the directive was intended to cover all kinds of IP infringement, and ensuring, as a corollary, that national authorities are granted sufficient freedom and flexibility to apply the rules in accordance with the proportionality principle, taking the seriousness of the infringement into account.

As preferable as this may be to the robust approach pursued in the first proposal of the directive, the vague wording and lack of concrete requirements in the final text make it difficult for legislatures to decide whether and how national law must be changed in order to implement the provisions. Furthermore, it is easy to predict that to an even larger extent than has happened in trademark law, the ECJ will be loaded in the future with requests for preliminary decisions about the numerous elements in the directive that are unclear or contentious.

Where now is the connection of all this with the topic of globalization and integrity of domestic law that we are considering here? One connecting factor was already mentioned in the beginning : The directive has its roots in the growing impatience among powerful associations of right holders as well as certain WTO Member States with the – as they see it – weak level of enforcement of TRIPS obligations, resulting in a call for stricter monitoring of efforts presently undertaken, as well as for the imposition of a TRIPS-Plus-approach in the future. It is interesting and symptomatic in this context that the Commission has launched in June 2004, at the occasion of a conference celebrating the 10th anniversary of TRIPS, an initiative on "Enforcement of Intellectual Property Rights in Third Countries"[43], with the aim to put more emphasis on the topic in negotiations with trading partners. In the explanation, prominent reference is made to the recently enacted enforcement directive, and it is declared that trading partners as well should *at least* comply with TRIPS standards.

The globalization aspect in this matter further seems to be reflected in the fact that some of the elements inherent in the enforcement directive are hardly compatible with (continental) European legal thinking, but rather appear to be inspired by practices used on the other side of the Atlantic[44]. This applies to the procurement of evidence which, if applied very strictly, would entail a certain approximation of the previously rather restrictive rules set out in the German Code of Civil Procedure (ZPO) to discovery proceedings under US law[45]. It also applies to the rule previously prevailing in German law with regard to damages, namely that they should be confined to recovery of the actual damage, and should not involve punitive elements[46]. Although the directive as well only imposes an obligation to grant recovery of the actual prejudice suffered[47], and, according to its preamble, does not "introduce an obligation to provide for punitive damages"[48], the fact that its aim clearly is to strengthen the position of rightholders, and that it expressly allows for national rules that are more favourable to the rightholder than those contained in the directive, it is generally understood as encouraging national legislatures and courts to introduce sanctions of a non-compensatory character, like double or even triple license fees, etc.

In the IP community, these developments are widely greeted as providing for a more efficient deterrent, and for a better basis to recover losses caused by infringement. Warning voices were however raised from the academic side that harmonization in this very sensitive and complex field should not be rushed, but "done with calm deliberation, involving not just IP specialists, but also those concerned for the integrity of national legal systems generally"[49]. It is indeed problematic that interested circles and scholars dealing with procedural law and tort law on a more general scale have not been involved in the debates preceding the directive, and even now do not seem to be aware of the pending implementation process and the repercussions it may have for the system as a whole. It is however only a question of time before the need will arise for the lawmaker to explain to the general public why special rules with regard to e.g. procurement of evidence and computation of damages have been introduced in the area of IP law only, and why it should be justified to limit the application of the novel provisions to that field. If it should turn out that no convincing reasons exist for a discrimination from other legal fields, the constitutional rule of equal treatment ("Gleichheitsgebot") existing in Germany as well as in many other states may compel the extension of those rules to other areas, such as physical tort, or even contractual obligations. Then, at the latest, the challenge of preserving the integrity of national law in the age of globalization will have to be recognized and tackled to its full extent – without there being any possibility at the moment to predict the outcome.

## Ⅳ  Conclusions

From the example given in the last section, the conclusion could be drawn that the risks for integrity of national law are many, and they are sometimes only recognized when it is too late. Nevertheless, this paper shall end on a more optimistic note. The following advice is given as a resume of previous German experience.

– *Be alert and monitor*

It is necessary to observe the international scene and to find out about pending new initiatives for legal harmonization, or other kinds of developments possibly impacting one's own domestic law at a very early stage. Only then is it possible to implement step number two:

– *Be active and constructive*

Just watching new initiatives grow into mature harmonization schemes will seldom help to gain influence on their contents. As was pointed out in connection with the German experience with European trademark law, being an active and constructive participant in the negotiations is more likely to produce a positive result. It should be added here that one's own impact can be increased considerably by forming alliances with others pursuing the same or similar aims. This strategy appears particularly important in a situation when one party is so powerful that it might easily dominate over others, as long as they let themselves be fragmented by slightly differing interests and positions.

*- Be ready to accept compromises*

Notwithstanding the high value to be attributed to the integrity of one's national legal system, to preserve it in its present form should not become an aim in itself. It is clear that compromises must be accepted, and that certain rules or principles will have to be sacrificed in order to be better adapted to the challenges of globalization. Only if this is acknowledged by all those taking part in the process, will it be possible to arrive at results that are acceptable or at least tolerable for everyone. It is neither possible nor desirable that one country, or one specific legal system, has a sole or major impact on international standard-setting. This means that the elaboration of new and harmonized provisions on intellectual property should be the result of an exchange of ideas and concepts rather than of a one-sided imposition of rules.

*- Communicate in a manner that is comprehensible
also to "outsiders"*

The point was emphasized before that in order to secure some influence on the legal development that may occur even after harmonization as such has been completed, it may be crucial that those competent to interpret the law in an authoritative manner are given as much opportunity as possible to learn about the understanding developed on the basis of diverse national systems. In that situation, it can be disadvantageous if the easiness of communication is impeded because the language spoken in the relevant country, or (and even more so), the language used among scholars within the legal discipline concerned, is hardly comprehensible to an outsider. Of course, the same applies to the pre-harmonization phase : Communicating with others, and informing them about the special features of domestic in a manner that is understandable to them, can greatly help to further the respect for, and acceptance of, one's national system.

( 1 ) Paris Convention for the Protection of Industrial Property, of 20 March 1883, last revised at Stockholm, 14 July 1967. See WIPO website, http://www.wipo.int/treaties/en/ip/paris/index.html.
( 2 ) Berne Convention for the Protection of Literary and Artistic Works of September 9, 1886, last revised at Stockholm, 14 July 1967 and at Paris, July 24, 1971. See WIPO website, http://www.wipo.int/treaties/en/ip/berne/index.html.
( 3 ) See F.-K. *Beier* & U. *Krieger*, Wirtschaftliche Bedeutung, Funktion und Zweck der Marke, 1976 GRUR Int., 125-128.
( 4 ) The legal confinement of trademark to the origin function was also the legal ground for developing the doctrine of international exhaustion, which has been dominating in German trademark law since the 1960ies See in particular F.-K. *Beier*, Territorialitat des Markenrechts und internationaler Wirtschaftsverkehr, 1968 GRUR Int., 8-17; decisions of the German Federal Supreme Court of 22 January 1964 - Maja, 1964 GRUR, 372 and of 2 February 1973 - Cinzano, 1973 GRUR, 468.
( 5 ) Sec. 1 paragraph 1 in connection with Sec. 8 paragraph 1 of the former German trademark act (Warenzeichengesetz, WZG).
( 6 ) Sec. 8 paragraph 1 WZG.
( 7 ) See decision by the German Patent Office, 1938 Mitt., 349 - Faltschachtelpackung; decision by the Federal Patent Court, 1965 GRUR Int., 508. In other countries, registration of foreign 3D marks was more readily accepted on the basis of Art. $6^{quinquies}$ Paris Convention, see in particular the decision by the Austrian Administrative Court, 1928 Prop. ind., 32- Benedictine bottle; for Italy, see L.T. Piver Co. v. Aspid Co., Civil Tribunal of Turin, Nov. 16, 1927, Prop. Ind. (1928), p. 188; see also Court of Appeals Genoa, concerning a French bottle trademark. Application of the telle quelle principle embedded in Art. $6^{quinquies}$ was however denied by the Hungarian Administrative Tribunal, 1932 R.I.P.I.A. 126, decision of October 17, 1932.
( 8 ) German Federal Supreme Court, decision of 5 February 1987, 1987 GRUR 525 - LITAFLEX. This decision has met with much criticism, as it was handed down

at a time when corresponding rules had been abolished in most other European countries as being out of touch with economic reality, and when even German interested circles regarded the rule as practically obsolete. See F.-K. *Beier*, Unterscheidungskraft und Freihaltebedürfnis - zur Markenschutzfahigkeit individueller Herkunftsangaben nach § 4 WZG und Art. 6$^{quinquies}$ PVÜ, 1992 GRUR Int., 243, 244 footnote14.

(9) Art. 15 TRIPS contains a definition of signs that shall be eligible for trademark registration. Although 3D shapes are not expressly mentioned in the exemplary catalogue of protectable forms of signs, it must be assumed that they are comprised by the definition, which refers in a general manner to the capacity of a sign to distinguish the goods or services of one undertaking from those of another undertaking. In Art. 16 TRIPS, the provision regulating the scope of protection, it is set out that under certain circumstances, protection must also be granted against the use of a trademark for dissimilar goods or services. Finally, also Art. 21 TRIPS must be taken into account, where it is declared to be understood that a trademark may be assigned without the business accompanying it.

(10) Some countries - among them Germany - had adopted the principle of global exhaustion in trademark law as a consequence of the origin function ; see supra (footnote 4).

(11) See in particular ECJ decisions C-56/64 & 58/64, Etablissements Consten Sarl and Grundig VerkaufsGmbH/Commission, 1968 ECR 299 ; C-24/67 Parke Davis/Centrafarm, 1968 ECR 55 ; C-40/70 Sirena/Eda, 1971 ECR 69 ; C-78/70, Deutsche Grammophon Ges./Metro, 1971 ECR 487 ; C-15/74 Centrafarm B.V./ Sterling Drug, 1974 ECR 1147 ; C-16/74 Centrafarm/Winthrop, 1974 ECR 1183 ; C-51/75 EMI Record/CBS, 1976 ECR 1183.

(12) In the first decisions mentioned in the previous footnote (up to "Deutsche Grammophon"), the ECJ decisions on parallel imports have mostly relied on the provisions concerning competition law, i.e. ex-Arts. 85, 86 EC-Treaty (Arts. 81, 82 of the present text). Since then however, the focus was shifted towards the provisions on free movement of goods, as is set out in the text above.

(13) This remark must be qualified with respect to trademark rights, which in the beginning have been treated slightly differently from the other I.P. rights. Thus, the ECJ pointed out in the Hag I case (C-192/73, ECR 731) that trademark rights could not be invoked *vis-à-vis* the marketing of a product stemming from a

different right holder, if the two marks, although having separate owners at present, were of the same origin. The case concerned the trademark "Hag" for coffee, which had been transferred, subsequent to an expropriation in Belgium after the war, to the Belgian firm Van Zuylen Frères, whereas it still belonged to its original owners in Germany. In consequence of the ECJ's ruling, Van Zuylen Frères could not oppose the importation of German "Hag" coffee to Belgium. Fifteen years later, in the second Hag decision concerning the opposite situation, the Court ruled however differently and reversed its first ruling : It was now acknowledged that irrespective of "common origin", the specific subject matter of the trademark right would be encroached upon if the legitimate owner in Germany would have to tolerate importation of products bearing the same mark, but stemming from the Belgian firm (C-10/89, ECR I-3711). In another, subsequent ruling, the Court further declared that the same would apply even in case when the transfer of the mark to a different owner did not occur in consequence of an expropriation, but was effected by a voluntary act carried out by the owner himself (C-9/93, ECR I-2789 - Ideal Standard).

(14) The name of the Institute was recently changed into Max-Planck-Institute for Intellectual Property, Competition and Tax Law.

(15) E. *Ulmer*, Der Unlautere Wettbewerb in den Mitgliedsstaaten der EWG, Vol. I-VII.

(16) Based on the Community Trademark Regulation (CTMR), No. 40/94/EC of 20 December 1993, O.J. EC L 11/1 10.01.1994. The CTM system has become operative in 1996.

(17) Harmonisation of trademark law has been achieved on the basis of the First Council Directive 89/104/EEC of 21 December 1988 to approximate the laws of the Member States relating to trade marks, O. J. EC L 159/60 , 10.06.1989. In took until 1996 before the directive was implemented in all Member States.

(18) Early considerations within the Commission took already place in 1959. On the historical development of European trademark law see F.-K. *Beier*, Von der EWG-Marke zur Gemeinschaftsmarke, in Beier & Schricker (eds.), Die Neuordnung des Markenrechts in Europa, 1997, pp. 59-80.

(19) Denkschrift über die Schaffung einer EWG-Marke, Beil. 8/76, Bull. European Communities, 1976.

(20) OHIM is an acronym for "Office for Harmonisation in the Internal Market (Trade Marks and Industrial Designs)".

(21) The original intention had been to found the Community patent system on an international agreement, the Luxembourg or Community Patent Convention (CPC), which was concluded in 1975, but never entered into force. The proposal presently pending foresees the enactment of a Regulation on the matter, see Proposal for a Council Regulation on the Community Patent, Doc. 500 PC 0412.

(22) European Patent Convention (EPC), adopted at Munich, October 5, 1973, last revised at Munich, 29 November 2000. On the basis of the EPC, the European Patent Office (EPO) in Munich accepts applications for European patents which are subjected to a centralized examination procedure. After the grant, the patents enter into the "national phase" which may comprise all or only a limited number of Member States, depending on the decision made by the rightowner. Thereafter, the patents continue to lead their own independent lives on the national level. This phenomenon is generally referred to as "bundle patents".

(23) Until now, harmonization in the field of copyright has been advanced by seven harmonization directives : Council Directive 91/250/EEC of 14 May 1991on the legal protection of computer programs, O.J. 1991 L 122/42, 17.05.1991 ; Council Directive 92/100/EEC of 19 November 1992 on rental right and lending right and on certain rights related to copyright in the field of intellectual property, O.J. 1992 L 346/61, 27.11.1992 ; Council Directive 93/83/EEC of 27 September 1993 on the coordination of certain rules concerning copyright and rights related to copyright applicable to satellite broadcasting and cable retransmission, O.J. L 248/15, 6.10.1993 ; Council Directive 93/98/EEC of 29 October 1993 harmonizing the term of protection of copyright and certain related rights, O.J. 1993 L 290/9, 24.11.1993 ; Directive 96/9/EC of the European Parliament and of the Council of 11 March 1996 on the legal protection of databases, O. J. L 077/20 , 27.03.1996 ; Directive 2001/29/EC of the European Parliament and of the Council of 22 May 2001 on the harmonisation of certain aspects of copyright and related rights in the information society, O. J. L 167/10 , 22.06.2001 and finally, Directive 2001/84/EC of the European Parliament and of the Council of 27 September 2001 on the resale right for the benefit of the author of an original work of art, O.J. L 272/32 , 13.10.2001.

(24) Like in trademark law, a Community right system was established by a regulation, while national laws were harmonized on the basis of a directive. See Council Regulation (EC) No 6/2002 of 12 December 2001 on Community designs, O.J. L 03/1,05.01.2002 (Community Design Regulation, CDR), and Directive 98/

71/EC of the European Parliament and of the Council of 13 October 1998 on the legal protection of designs, O.J. L 289/28, 28.10.1998.

(25) Auf dem Weg zu einem Europaischen Musterrecht (Diskussionsentwurf), 1990 GRUR Int., 565-586.

(26) The group consisted of F.-K. *Beier*, K. *Haertel*, M. *Levin*, and myself.

(27) The MPI is one among approx. hundred research institutes under the administration of the Max Planck Society, one of Germany's largest research organizations. The research institutes of the Max Planck Society perform basic research in the interest of the general public in the natural sciences, life sciences, social sciences, and the humanities. In particular, the Max Planck Society takes up new and innovative research areas that German universities are not in a position to accommodate or deal with adequately. For more information on the Max Planck Society see www.mpg.de, and for the MPI, see www.ip.mpg.de.

(28) Although the ensuing harmonization directive differed quite considerably from previous national law in some parts, it therefore nevertheless to some extent reflects German, or German-influenced, legal thinking.

(29) See also above, sub I. A change from previous law which, at least from the point of view of German academic circles was not positive at all was the adoption of the principle of regional instead of global exhaustion in trademark law, which was confirmed by the European Court of Justice (ECJ) in the decision C-355/96 Silhouette International/Hartlauer Handelsgesellschaft, 1998 ECR I-4799.

(30) On the basis of Art. 234 of the EC Treaty.

(31) This concerns in particular the fundamental question whether trademarks enjoy full protection as a "normal" property right against any use which is has not been authorized by the owner, or whether protection should be restricted in principle, i.e. unless extended protection is expressly granted, to the capacity of the mark to furnish a correct indication of the commercial origin of the merchandise to which it is applied.

(32) Agreement on Trade Related Aspects of Intellectual Property Rights, concluded as an annex to the WTO agreement. The text is available on the WTO website, at http://www.wto.org/english/docs_e/legal_e/final_e.htm.

(33) It must be noted here that TRIPS did go beyond the standards imposed by the trademark harmonization directive inter alia by imposing as a general rule that trademarks should be assigned freely, i.e. without the business accompanying it, whereas the directive had been silent on that point. For Greece, this meant that

trademark law had to be amended again, i.e. after the directive had already been implemented, as Greek law had maintained the rule that trademarks could only be transferred together with the relevant business.

(34) In its relevant parts, the provision reads as follows: (1) European patents shall be granted for any inventions which are susceptible of industrial application, which are new and which involve an inventive step. (2) The following in particular shall not be regarded as inventions within the meaning of paragraph 1 : ... (c) schemes, rules and methods for performing mental acts, playing games or doing business, *and programs for computers* ; ... (3) The provisions of paragraph 2 shall exclude patentability of the subject-matter or activities referred to in that provision only to the extent to which a European patent application or European patent *relates to such subject-matter or activities as such.* (Emphasis added).

(35) Proposal for a Directive of the European Parliament and Council on the patentability of computer implemented inventions, COM (2002) 92 final, 20.02.2002. A Common position was reached in May 2004 on the contested proposal, but it was rejected by the European Parliament.

(36) WIPO Copyright Treaty (WCT), text at WIPO website, at http://www.wipo.int/treaties/ip/wct/index.html and WIPO Performances and Phonograms Treaty (WPPT), at http://www.wipo.int/treaties/ip/wppt/index.html.

(37) Directive 2001/29/EC of the European Parliament and of the Council of 22 May 2001 on the harmonisation of certain aspects of copyright and related rights in the information society, O. J. L 167/10 , 22.06.2001.

(38) The limitations listed in Art. 5 3$^{rd}$ paragraph of the Infosoc directive run from a) to o). They are all optional, meaning that no true harmonization will be achieved by the directive in this respect.

(39) Directive 2004/48/EC of the European Parliament and of the Council of 29 April on the Enforcement of Intellectual Property Rights, O.J. EC L 157/45, 30.04.2004 ; corrected version in O.J. EC L 195/16, 2.6.2004.

(40) In the first proposal published in January 2003, the directive even comprised criminal sanctions. That part was however deleted when massive doubts were raised in the Parliamentary debates as to the Commission's competence to legislate in that field. After clarification of the competence issue in C-176/03 (ECJ decision of 13 Sept. 2005), a new, separate proposal for harmonisation of criminal remedies has been launched by the Commission, see COM 168/2006.

(41) See the concerns voiced by W. *Cornish*, J. *Drexl*, R. *Hilty* & A. *Kur*, Proce-

dures and Remedies for Enforcing IPRs: the European Commission's Proposed Directive, [2003] E.I.P.R. 447-449, supported by 31 law professors from 11 EU and EEA member states. See also J. *Drexl*,R. *Hilty* & A. *Kur*, Proposal for a Directive on Measures and Procedures to Ensure the Enforcement of Intellectual Property Rights - A First Statement, 34 IIC 530-535 (2003).

(42) For a brief account of the legal history of the enforcement directive see A. *Kur*, The Enforcement Directive - Rough Start, Happy Landing? 35 IIC 821-830 (2004).

(43) European Commission, Directorate General for Trade: Strategy for Enforcement of Intellectual Property Rights in Third Countries, Brussels, 23 June 2004.

(44) Seen from a European perspective; from a Japanese point of view, it would rather be the other side of the Pacific.

(45) This applies in spite of the fact that the possibilities for ordering production of evidence by the opposing party have been considerable enhanced in a law reform enacted in 2000; see §§ 142, 144 and 422, 423 ZPO.

(46) See decision by the German Federal Supreme Court, 1992 NJW, 3096, 3104, where this principle was declared to form part of the public order.

(47) See Art. 13 of the enforcement directive: Damages must be appropriate to "the actual prejudice suffered by the right holder as a result of the infringement".

(48) Recital No. 26, which continues "...but to allow for compensation based on an objective criterion while taking account of the expenses incurred by the right holder, such as the costs of identification and research."

(49) W. *Cornish*, J. *Drexl*, R. *Hilty* & A. *Kur* (*supra* footnote 41), 2003 E.I.P.R., 447 at 449.

〈コメント〉

# クァ報告へのコメント

木 棚 照 一

　Kur 先生，知的財産に関するグローバルな法と法のアイデンティティに関する簡にして要を得たご報告ありがとうございました。先生のご報告は，明快で分かりやすいと存じますが，知的財産法というやや特殊な分野の問題ですので，まず，少しだけまとめさせていただきます。
　知的財産権の客体は，その無体性からその内容を知れば誰でも，いつでも，どこでも利用することができる性質を持ちます。それだけに，国内的保護だけでは不十分であり，国境を越えた国際的保護が必要になります。その必要性のゆえに19世紀末に締結されたパリ条約とベルヌ条約の国際的保護制度は，実質法上の統一法としては緩やかなものであり，各国の産業政策，文化政策等を考慮してどのような発明や標章などをどのような要件でどの程度保護するかについては，各国にかなりの自由が認められていました。Kur 先生は，ドイツの商標保護につき営業とともにしなければ譲渡することができないとし，それを公序の一部とみた伝統的な立場を例として挙げられ，これがヨーロッパにおける法の調和の過程で見直され，TRIPs21条によって変えられたことを指摘されました。コンピュータ関連発明の保護に関して TRIPs27条 1 項に「特許は，新規性，進歩性および産業上の利用可能性のあるすべての技術分野の発明について与えられる」こととの関連で EC 指令の制定の努力が続けられていることを述べられました。また，権利行使の領域におけるより最新の法の調和の試みの例として，とりわけ，TRIPs の権利行使要件を満たすための調整についての2003年に公表された EC 指令案を挙げて説明されました。この指令案のアプローチや文言，具体的要件の欠如を問題点とされながらも，EC 裁判所が将来漠然として不明確な多くの要素を含むこの指令案に関する EC 条

約234条に基づく先行判決を求められるという負担を負うであろうと予測されました。さらに，その指令に反映されているグローバリゼイションによる基準が大陸ヨーロッパの法的思考と相容れない要素があるという事実を指摘されました。たとえば，これが米国のデスカバリー手続に対するドイツ民事訴訟法上定められていた以前の制限的規定への若干の接近を伴うこと，また，現実に生じた損害の賠償という従来の考え方に対して，損害賠償に関する懲罰的賠償を取り入れたわけではないけれど，指令案で定めているよりは権利者に有利に国内法に定めることを許していることを挙げられ，これが国内の立法者や裁判所を促して二倍ないし三倍の実施料のような，補償にとどまらない賠償を導入させるものと一般的に理解されているとされました。知的財産の世界ではこのような展開を効果的に侵害を抑止し，損害の補塡によりよい根拠を与えるものとして歓迎する向きがありますが，学界の側からは繊細で複雑なこの分野における調和は，急がれるべきではないという声が上がっていることを指摘されました。そして，知財の専門家だけではなく，より広い関連団体や民事訴訟法や不法行為法等の研究者が議論に加わって行われなければならないことを主張されました。最後に，これまでのドイツの経験からより楽観的にみて，4つの教訓を提示して締めくくられました。ドイツおよびヨーロッパにおける知的財産法の調和に関し Kur 教授が挙げられた例は，いわば創造的比較という方法を使い，より良い法へ統合してゆく過程の中で位置づけられるものであります。これ等は，単なる過去の歴史的問題ではなく，今後東アジアにおける知的財産法の調整と調和をはかる際にわたくしたちが参考とすべき点を多く含みます。

　日本の知的財産法の母法ともいうべきドイツのグローバリゼイションに伴う法の調和の問題を私自身をはじめ多くの日本の知的財産権法学者が若い時代に留学し研究を進めたマックス・プランク研究所からご報告を承り，まず，深く感謝したいと思います。ドイツとEC/EUの知的財産に関する法のグローバリゼイションと自国法のアイデンティティの現状につき新しい情報を得ることができました。第三国における知的財産のエンフォースメントに関する新しい戦略に関する本年6月のTRIPs10周年記念の会議の際のEC委員会の積極的な働きかけについてお話いただきました。また，日本法の観点から知的財産法のグローバリゼーションとアイデンティティを考える場合にも，どのような姿勢，態度で臨むべきかにつき大変示唆的なお話であったと考えます。日本の知的財産法を研究している者の側から若干の意見と説明を述べておきたいと存じます。

アジアにおきましては，EC/EUとの異なる情況があることは否定できません。アジアという視点から見ると，共通言語の不存在，宗教的共通性・類似性の不存在，社会主義国と資本主義国，裁判制度とその運用に関する均質性の不存在が指摘できます。EC/EUのような経済的，政治的統合体はアジアにおいては存在しません。それどころか，たとえば，1968年のヨーロッパ評議会（Council of Europe）の「外国法についての情報に関するヨーロッパ協定」のような各国の法情報の交流制度自体が全く存在いたしません。将来的には，アジアにおいてもFTA（自由貿易協定），EPA（経済連携協定）などの締結を通じて共同化が実現する可能性が現実化することを期待しています。そのために望ましい方向でアジアにおける共同化を進めるために現在の情況でアジアの諸国におけるグローバリゼイションに伴う法の調和のあり方をどのように進めるべきでしょうか。

東アジアの中国，韓国，日本の三国と一地域としての台湾からはじめる可能性，東アジア法系の成立の可能性を法制度的側面（ヨーロッパ大陸法の継受と近時のアメリカ法の影響）と法文化的側面（地理的要素と稲作農業圏，儒教文化圏，漢字文化圏）の両面から主張しようとする見解があります（五十嵐清「法系論における東アジア法の位置づけ」札幌法学10巻1＝2合併号（1999年）1頁以下等参照）。これについては，大東亜共栄圏の再来ではないかという批判もあり得ます。確かに，そのような批判があてはまらないように，慎重に注意する必要性があるように思います。しかし，将来のアジアの安定の観点から見てもまず比較的にみれば，地理的，文化的，法的に近い要素を持つ東アジアの諸国からできるところから共同協力し，Kur教授の指摘された諸点を踏まえながら，調整，調和を図って，グローバリゼイションに対応していく必要があると思います。

知的財産に関する法は，その性質上普遍性，国際性を持つと同時に，各国の産業政策や文化政策と密接に関連し，保護の対象，範囲，要件，効力等につきそれぞれに国の利益と関連する側面があります。特にアジアの諸国を見ますと，この点についてかなり大きな相違があるように思います。また，社会経済体制が異なり，知的財産の概念が導入されてから未だ日が浅く，社会に充分定着しておらない国も見られます。TRIPs/WTOの一応の枠組みがあり，その点についての法規定が整備されていたとしましても，それを運用する行政制度や司法制度が充分整備されておらず，実効性に疑問のある場合もあります。そのような中で知的財産に関する実質法の調和と調整を試みる場合にも，おのずから抑制的とならざるを得ず，限界がある

ことは否定できません。それぞれの国であまりに急激な実質法の調整や調和を試みることは，知的財産保護に関する反感や反対の議論を強め，これまでに積み上げられてきた成果を台無しにすることにもなりかねません。このような現状を踏まえながら，どのような問題について実質法の調整や調和が可能か，また，妥当かを慎重に見極めながら進めていく必要があります。

同時に，実質法の調整や調和だけではなく，抵触法の統一によるエンフォースメントの確保の可能性を追求することも重要になります。この点に関しましては，1999年10月のハーグ国際私法会議特別委員会の「民事および商事に関する裁判管轄および外国判決に関する条約」（Convention on Jurisdiction and Foreign Judgements in Civil and Commercial Matters)」予備草案があり，この予備草案中の専属管轄に関する規定が知的財産権の有効性や侵害との関係で議論されました。現在では，この条約案は，合意管轄という狭い範囲に限ったものになっていますが，特にそこにおける知的財産権をめぐる国際裁判管轄権，外国判決の承認やそれ等に密接に関連する準拠法に関する問題などは，その後アメリカ法律協会（The American Law Institute, ALI）が2004年1月に公表しました「知的財産：国境を越える紛争における国際裁判管轄，法選択および判決に適用される原則（Intellectual Property : Principles Governing Jurisdition, Choice of Law, and Judgments in Transnational Disputes)」があり，また，Kur教授が責任者のおひとりとなって作成されましたマックス・プランク提案が公表されています。これについては，早稲田大学21世紀COE《企業法制と法創造》総合研究所主催の昨日の「知的財産に関する国際私法原則の国際的調整」と題するシンポジュームにおいてKur先生にも参加して頂き，興味ある討論が行われたところでもあります。

最後に，知的財産法の専門家でない方々にKur教授が挙げられた例についての日本法からの若干の説明を付け加えさせていただきます。日本におきましても，商標を営業とともにのみ他人に譲渡することができ（12条1項)，商標権者が営業を廃止した場合には商標権は消滅する（13条）とする旧商標法（大正10年法，1935年法）の規定をドイツ法から継受していました。しかし，この規定は，昭和34年商標法（1959年法）で改正され，原則として商標の自由譲渡が認められるようになりました（24条)。わが国の現行法は，営業とともにしない商標の譲渡が必ずしも公衆の欺瞞を生じるものではないことを前提としています。

Kur先生が挙げられたコンピュータ関連発明の保護については，ヨーロッパ特

許庁やマックス・プランク知的財産研究所の意見もソフトウェアーやビジネス方法自体を特許対象とすることに慎重，ないし，消極的な立場が採られてきました。この点については，日本はビジネス方法特許につき積極的なアメリカの立場を取り入れてきました。日本の特許庁は，従来運用指針や審査基準の改定でインターネットの爆発的な普及により生じるネットワークを介してダウンロードされたプログラムのパソコン上の利用に対処してきましたが，2000年12月の審査基準の改定でプログラム・クレームを認め，ビジネス特許関連発明を含むソフトウェアー関連発明の保護を明確にしてきました。とりわけ，平成14年（2002年）の特許法改正で，ネットワーク社会に対応するために，発明の実施の定義を規定した特許法2条3項1号の「物」にプログラムを含むことを「譲渡，貸渡し」に電気通信回路を通じた提供を含むこととともに括弧書きで明らかにしました。また，間接侵害つまり侵害とみなす行為に関する特許法101条に新たに2号と4号を設け，発明の対象となる物や方法であって「その発明による課題の解決に不可欠なもの」を発明の実施であること，その発明の実施に用いられることを知りながら生産，譲渡等をする場合にも侵害とみなす規定を定めています。

　いずれにしましても，今後わたくしたちが，中国・台湾，韓国，日本などの諸国や地域で研究者間の交流をより一層活発にし，これ等の諸国や地域での知的財産法の調整と調和を図る場合に心懸けるべき重要な諸点につき，ドイツの経験をお話し頂き，多大な示唆を受けることができました。この点につき Kur 教授に重ねて御礼を申し述べさせて頂き，私のコメントを終らせて頂きます。ありがとうございました。

〈報　告〉

中国における知的財産法の新たな展開

# The Establishment and Development of the Intellectual Property System in China

## Li Mingde

### I  Traditional Attitudes toward the Results of Intellectual Creations

Although ancient Chinese made many famous inventions, such as papermaking, printing, gunpowder, and compass, there was no intellectual property system in ancient China. The traditional attitudes toward the results of intellectual creations were reflected well by the two following sayings.

The first saying is "to steal a book is not a steal" or "to steal a book is an elegant offence". This referred to literary works, means that if one stole a book to read, it was not a steal. If we infer a little bit further, not only to steal a book (tangible property) to read was not a steal, but also to steal a work (intangible property) to pirate was not a steal.

The second saying is "to pass an invention or know-how to one's daughter-in-law but daughter". In a given society, if there is a patent system, an inventor can apply for a patent and enjoy an exclusive right in a certain period. If there is no patent system, however, the inventor must take some confidential measures to keep the invention as secret. Otherwise, once the invention disclosed, other people would be freely to take use of the invention and the inventor's interests would be damaged. Because there was no patent system in ancient China, if one passed an invention or know-how to one's daughter-in-law, the invention or know-how would be kept as secret in one's family. If one passed an invention or know-how to one's daughter, the invention or know-how would be disclosed to another family after the daughter married to a man in another family. Therefore, this saying means that there was no respect to other's invention.

The traditional attitudes toward the results of intellectual creation were based on the traditional economic structure and the related social structure. It must be noticed that these three elements, the traditional attitudes and the related economic and social structures, are the starting points for China to import the intellectual property system that originated from western world. And even in today, if one is going to consider the intellectual property system or the protection of intellectual property rights in China, one must bear in mind the traditional attitudes and the related social and economic structures. In fact, the traditional attitudes toward the results of intellectual creations still have some kind of influence today.

## II  The intellectual property system before 1980's

At the end of Qing Dynasty, China enacted some regulations and laws concerning the protection of intellectual property rights, such as the Regulations on the Reward of Technical Inventions, Copyright Law, and Provisional Regulations on the Registration of Trademark. Those regulations and laws were enacted against the background that China was trying to establish a modern legal system, and most laws in that time were imported from Japan. Because of the quick collapse of the Qing Dynasty and the social and economic situations in that time, however, the regulations and laws were never implemented.

During the period of Republic of China (1911-1949), both Beijing Government and Nanking Government enacted some laws concerning copyright, trademark, and patent. For example, Nanking Government enacted Copyright Law in 1928, Trademark Law in 1930, and Patent Law in 1944. After the enactments of the laws above, it seemed that China had established its intellectual property system. However, those laws were almost in papers. Because of the social and economic situations in that period, especially the political turbulence and the wars in that period, the copyright law and the trademark law only played a very limited role in some municipal areas, and the patent law was not implemented at all.

After the establishment of People's Republic of China in 1949, China promulgated several regulations concerning intellectual property rights, such as Provisional Regulation on the Protection of the Rights of Invention and Patent (1950), Resolution on the Improvement and Development of Publishing Works (1950), Provisional Regulations on the Registration of Trademark (1950), and Regulations on the Reward of Invention (1963), and Regulations on the Administration of Trademark (1963).

Under the special political, economic, and social situations after 1949, the regulations above did not reach the goal to promote technology inventions and prosperity of literary and artistic works. In fact, an intellectual property system was not necessary at all for the so called "planning economy". Under this economic system, any technical invention belonged to the state, and the inventors were encouraged by some limited awards from the state. Under this economic system, the trademark registration was a method to manage the planned economy. In the period of "Culture Revolution", even those limited laws and regulations were nothing left.

## III  The Establishment of the Modern Intellectual Property System

China began to carry out its policy of reform and opening to the outside world in 1978. In order to meet the needs of the reform and opening to the outside world, China started to establish its modern intellectual property system.

In August 1982, China passed its trademark law, which went into effect in March 1983. In March 1984, the patent law was passed and went into effect in April 1985. In September 1990, China passed its copyright law, which went into effect in June 1991. And again in September 1993 the unfair competition law was passed and went into effect in December 1993. In addition to the laws above, China adhered to Paris Convention for the Protection of Industrial Property in 1985, Berne Convention for the Protection of Literary and Artistic Works in 1992, Geneva Convention for the Protection of the Producers of Phonograms against Unauthorized Duplication of their Phonograms in 1993, and again TRIPS Agreement in 2001.

In a period of less than 20 years, China enacted the laws concerning with trademark, patent, copyright, trade secret, and unfair competition, and adhered to the primary international conventions in intellectual property rights administered by WIPO and WTO, such as Paris Convention, Berne Convention, and TRIPS Agreement. It is a unique achievement in the world that China has established a modern intellectual property system in such a short period of time.

In fact, China has tremendously enhanced its level of intellectual property protection in recent ten years. This is demonstrated by the two rounds of the legislatures after 1992. While the first round of the legislatures took place under the background that China and the United States disputed on the protection of intellectual property, the second round of the legislatures took place under the background that China made its efforts to become a member of WTO.

In January 1992, China and the Untied States signed their first Memorandum on the protection of intellectual property rights. In this memorandum, China promised to amend its patent law, to provide protection to trade secret, and to adhere to Bern Convention and Geneva Convention. In light of the memorandum, China amended its patent law in 1992, expanded the protection to chemical products, prolonged the patent term to 20 years, and provided the patentee a new right to control the import of the patented invention. In 1993, China enacted its Unfair Competition Law, which provides the protection of trade secret and prohibits some other unfair competition practices. Although China did not amend its copyright law this time, it adhered to Berne Convention in 1992 and Geneva Convention in 1993, and thereof greatly enhanced the level of copyright protection.

Since 1986 China had made its efforts to become a member of GATT. After the conclusion of Uruguay round negotiation of GATT and the establishment of Word Trade Organization in 1995, China made its efforts in turn to become a member of WTO. In order to adhere to WTO, China must amend its related laws in accordance with the agreements of WTO. Under this background, the intellectual property laws, such as patent law, copyright law, and trademark law, must be amended in light of the Agreement on Trade Related Aspects of Intellectual Property

Rights (TRIPS agreement).

In August 2000, China amended its patent law. In October 2001, China amended its copyright law and trademark law. In addition to these amendments, China promulgated the Regulation on the Protection of New Plant Varieties in March 1997, and the Regulation on the Protection of the Layout of Integrated Circuits in 2001. With these legislatures and the legislatures before, China fulfilled its obligation under TRIPS Agreement and established a new and advanced intellectual property system, which followed the principles, standards, and basic requirements set up by TRIPS Agreement, Paris Convention, and Berne Convention.

## IV The gap between the legal system and the social reality

Now two issues have been touched in this paper. On the one hand, the traditional attitudes toward the results of intellectual creations are discussed, such as "to steal a book is not a steal", "to pass an invention or know-how to one's daughter-in-law but daughter". On the other hand, China imported intellectual property system in 20$^{th}$ century and established a new and advance intellectual property system at the beginning of this century that followed the international principles, standards, and basic requirements. So what is the relationship between these two issues? Is the new and advanced system implemented well in China?

It is apparent that the intellectual property system is neither rooted in the traditional economic and social structures, nor rooted in the traditional ideology. In some extent, this system is alien to the traditional ideology and the related economic and social structures. Therefore, how this system is going to operate and what a role this system is going to play, are totally dependent on the current social and economic situations in China, and dependent on the current ideology of intellectual property rights in China.

Since 1980, because of the carrying out of the policy of reform and opening to the outside world, the social and economic situations in China have changed fundamentally. Many new social and economic entities have emerged, personnel and financial management have been changed greatly, many municipal cities have been highly industrialized, and a lot of new industrialized cities have been established. Under this background, traditional agricultural economy has been disappearing, the traditional social structure has changed tremendously, the awareness of personal rights is greatly enhanced, and the attitudes toward the results of intellectual creations are greatly changed. It seems that the imported intellectual property system has taken a root in the new social and economic situations, and the new ideology of intellectual property rights has taken its shape.

In addition to the social and economic changes, the political system has changed as well and contributed a great deal to the implementation of the intellectual property system. In the executive level, China has established Trademark Office, Copyright Office, Patent Office, and State Intellectual Property Office. These offices are in charge of different administrative affairs concerning trademark, copyright, patent, and have played an important role to promote the protection of intellectual property in China. In the judicial level, China established special trial courts of intellectual property in Supreme Court, provincial High Courts, some Intermediate Courts, and the ordinary courts in big municipal cities. Most of the judges in those special trail courts are experts in intellectual property law, having studied intellectual property law in western countries, such as the United States, United Kingdom, Australia, Germany, and Japan. Up to now, they have decided many cases and protected the interests of many owners of copyright, patent, trade secret, and trademark.

Thanks to the efforts made by the legislative, executive, and judicial systems, China has established a good framework to protect the intellectual property rights, and created a good environment for the foreign investments. And this framework has encouraged technology inventions, promoted cultural prosperity, and regulated market economy. According to State Intellectual Property Office, the patent applications accumulated to 1 million in 2000, and reached 2 million in 2004. According to the Trademark Office, trademark applications in resent years are about 200 thousand every year, reflecting the prosperity and development of industry and commerce. It is apparent that the intellectual property system in China has played an important role, and has been implemented to a certain degree.

On the other hand, however, there are still many problems in the protection of intellectual property in China. For example, piracy, patent infringement, passing off, and unfair competition do exist and disturb the economic and social orders. Sometimes the infringement activities are so serious and the government agencies have to take actions to curb the serious piracy and passing off. It seems that some people have no awareness to respect other's intellectual property rights. It is under this kind of situations that many foreign and domestic enterprises are complaining that their intellectual property rights are not protected well.

Actually, only after the enactment of the trademark law, patent law, copyright law, and unfair competition law, the enforcement became a big problem in China. In this respect, China and the United States disputed again in 1995 and 1996, and signed their second and third memorandums on the protection of intellectual property rights, especially on the enforcement of the laws. After China amended its intellectual property law in accordance with TRIPS agreement and became a member of WTO, both foreign and domestic right owners are still concerned to the enforcement.

If the new and advanced intellectual property system and the related rights can not be enforced, the system and the rights would be meaningless.

Therefore, while China has established an advanced intellectual property system, there still exits a big gap between the legal system and the social and economic reality. This is well demonstrated by the problems such as the enforcement of the intellectual property laws, and the weak awareness of intellectual property rights. If China is going to implement the legal system well, there are still a lot of works to be done.

## V  Conclusion

To establish and enforce an intellectual property system in a given society, the key elements are the economic and social structures, and the related ideology of intellectual property rights. Although China tried to establish its intellectual property at the end of Qing Dynasty, in the period of Republic of China, and in the period between 1950 and 1980, the intellectual property laws and regulations in those three periods were almost in papers and not implemented. The reason is that before 1980's, the basic economic structure and social structure in China, and the related attitudes toward the results of intellectual creations, only changed a little bit, or even did not change at all. Thus, the imported intellectual property system did not take a root in the society, or only played a limited role in some limited areas.

Since 1980, in order to meet the needs of reform and opening to the outside world, China has made great efforts again to establish its intellectual property system. In the meanwhile, the basic social and economic structures in China have changed fundamentally, new social and economic entities emerged, new political and legal systems were erected, and right awareness strengthened. It is under this background that the imported intellectual property system has been rooted in the social and economic life, and the traditional attitudes toward the results of intellectual creations have changed fundamentally.

Although there is still a big gap between the imported intellectual property system and the social and economic reality, although there are many problems in the protection of intellectual property rights here and there, the basic framework for the protection of intellectual property rights has been erected, and the basic social and economic picture has changed. Under these situations, more and more people are honoring other's intellectual property rights, more and more right owners are vigorously enforcing their rights. Therefore, the problems related can be resolved in this framework, and the gap between the intellectual property system and the economic and social realty will be reduced gradually and eliminated finally.

Now China is developing and improving its new social and economic systems. It is no doubt that these new social and economic systems are contributing to the implement of the new and advanced intellectual property system, and in turn the intellectual property system is contributing to the development of the new social and economic systems in China. Thus the imported intellectual property system shall be rooted more and more hardly in China and play a more and more important role in the society.

〈コメント〉

# 李報告へのコメント

渡 辺 宏 之

## はじめに

　李先生，本日は貴重なご報告を頂きましてありがとうございました。中国における知的財産に対する伝統的な立場から説き起こして頂き，最近の知的財産法制度の急速な確立や発展とそれに伴う問題について，含蓄のあるエピソードや分析を織り交ぜながらお話頂きまして大変有益でありました。

　私は，本学で「企業社会の変容と法システムの創造」という，法分野横断的な研究プロジェクトに携わっておりますが，その立場からも李先生のお話を始めとする本日のシンポジウムの内容は意義深いものと感じております。自らの研究分野と致しましては，商法・金融法に軸足を置いて，知的財産権を対象とした資金調達や，信託を用いた知的財産権の管理，等の「知的財産権の資産的活用」の問題について研究してきたにすぎず，そういった意味ではコメンテーターとしての資格があるかどうか疑わしいところでございますが，フロアからの代表質問のような感じでコメントさせて頂きたいと思います。

　一方で，中国の知財関係者とは不思議とご縁がございます。本学に勤務前の約一年半，私はわが国の特許庁の研究部門を担当する財団法人知的財産研究所におりましたが，そこで，中国最高人民法院民事裁判第三法廷の羅東川判事や日中で大変ご活躍の劉新宇弁理士と共に，研究活動を行っておりました。本日もそのような関係でご縁を感じております。

　李先生のいらっしゃる社会科学院は，中国の知財関係者にとりまして大変な憧れの場所であるようでして，この度その社会科学院から李先生にお越し頂き，光栄に思っております。

### 中国の知財法に関する二つの側面

中国は、皆様ご存知のように近年急速に経済発展を遂げておりまして、現在の中国は、その市場規模や高度な技術力から、わが国の産業界・政府にとって最大の関心国であるといっても過言ではありません。知財の領域においても中国ブームとなっております。本を出しても非常に売れる、シンポジウムをやっても中国の知財関係のものは人が非常に集まるといった次第です。

そして、ただいま李先生からご説明頂きましたように、中国における知財法の整備は驚くべきスピードであります。1982年から1993年にかけて、商標法、特許法、著作権法、不正競争防止法が次々に成立・施行され、その後もWTO加盟に向けて（2001年12月加盟）、中国政府は知財に関する法令を急速に整備しました。中国におけるこうした急速な法整備は知財の領域に限らず、会社法・証券取引法や信託法についても同様でありまして、このことは驚嘆すべきことであります。

一方で、李先生が指摘された「法システムと社会的現実のギャップ」の問題についても、コメントすることが必要かと思います。中国における知財侵害は、わが国にとって重大な懸念であり、大きな国際問題にもなっています。商標権に集中していた侵害が最近は意匠権や特許権等へ及び、侵害の巧緻化、複雑化が進んでいるようです。特に最近問題となっているのは、模倣品・海賊版の製造・流通、および、特許権や営業秘密などの技術侵害であるようでして、これらにどう対処していくかが、目下の大問題となっているわけであります。

### 法システムと社会的現実のギャップ

ここで法的ルールの遵守の条件に立ち戻って考えたいと思います。この問題については、法社会学等の分野で相当な議論がなされておりますので、私があれこれ申し上げる立場にはございませんが、まずルール遵守へのインセンティブ、あるいは守りたい法的ルールが存在することが、法的ルールが遵守されるために必要であることは間違いないと言えましょう。

もう少し具体的に申し上げますならば、当該法的ルールが社会規範と適合的であることや、エンフォースメントが実効的であることなどが、その法的ルールが遵守されるための基本的な条件といえましょう。

法的ルールと社会規範、李先生のお言葉を用いれば「法システムと社会的現実」のギャップでありますが、例えばわが国の会社法についても大きく存在するように

思われます。

　わが国における会社法は，法律としては立派に整備されており，頻繁に改正が行われているものの，少なくともこれまでのところは，中小会社ではほとんど意識されてこなかったようであります。証券取引所に上場している大規模会社でさえも，会社法・証券取引法の遵守に対する意識は高いとは言えないわけではありまして，最近問題になった西武鉄道で長年にわたる虚偽開示が放置され上場廃止となった問題などその典型的なケースであります。

　この点，アメリカにおける連邦証券取引法の適用会社は，強大な権限を有するSECによる摘発をおそれています。違法行為の程度によっては会社がつぶされてしまうこともあるわけで，アメリカとでは大分状況が異なっているわけです。

### 中国の知財制度における"ギャップ"とその背景

　少々話が脱線しましたが，中国の知財制度の話に戻りまして，「法システムと社会的現実の"ギャップ"とその背景」について申し上げたいと思います。ここで，前提として，中国における知財関連の法制度自体は短期間に国際的なレベルに達し，これは驚嘆すべきであることは，再度十分に強調しておきたと思います。

　一方，法制度と現実の乖離の背景としては，李先生が指摘されましたような，社会規範との乖離や法制度の執行（エンフォースメント）の問題があるのではないかと思われます。

　まず，中国では，一般の民衆の間に知的財産権概念に対する認識が浸透していないということが，侵害への対応を困難なものにしている重要な原因と考えられます。李先生が中国の諺を引いてお話されましたけれど，民衆の間に古くからの規範として根付いているといわれる「情報の利用・模倣は自由である」という発想は，知財法の存立基盤を再考させられる問題であります。このような考え方は，知財法の制度目的を考えるうえで，常に出てくる根本的な疑問につながるものであります。

　そのことに関連して申し上げますと，中国での模倣企業の多くは確信犯であると聞いております。そして自ら冒認（なりすまし）の権利を有す場合が多く，他人になりすまして権利を取得してしまうということでありますと，侵害対応の法的手続きに多くの費用と時間を要することになってしまいます。

　また，エンフォースメントの問題に関しては，①損害賠償額の認定の低さ，②行

政の取り締まりや刑事訴追体制にかかる問題，③地方における知財関連の訴訟制度や裁判所の体制の未整備の問題，などが関係者から指摘されています。

さらに，具体的な法規定の未整備の問題に関しても，一点申し上げたいと思います。中国においても最近，不正競争防止法が制定されましたが，同法の規定の部分的未整備のため，問題が生じている部分もあります。例えば，わが国をはじめ多くの法域では，意匠権消滅後も，有名な商品であれば不正競争防止法によって外観模倣を排除できますが，中国法においてはこれを排除する規定が存在しません。

なお，良くも悪くも中国企業の研究熱心さを表すものとして，他国ですでに確立された技術や情報をベースにした特許権出願などが頻発していることが挙げられます。インターネットによる他国の特許情報の公開も，こうした出願の重要資料となっています。日本企業が大量に出願する技術の多くは，製品技術・生産技術に関する改良技術であり，年間総出願件数のうちの大半は，出願後審査請求を行わなかったり日本のみで権利化する技術であると言われています。それゆえ，中国企業によるそのような出願は，わが国の特許出願パターンの盲点を突く行動であり，わが国企業の特許出願のあり方をも見直す契機となる問題であります。

以上，甚だ舌足らずのコメントでございましたが，法システムと社会的現実のギャップは不可避的に存在するものと考えます。この事自体は良し悪しの問題ではないと私は考えております。そして中国の知財制度と現実にギャップがあるとするならばいかなる理由に基づくのかということについて，若干の問題提起をさせて頂きました。李先生をはじめとする諸先生方からご教示頂きますとともに，素晴らしい中国の知財法制がさらに発展・確立していくことを願いまして，コメントの終わりとさせて頂きます。

〈討　論〉

# セッションⅢ「知的財産に関する法のグローバル化とアイデンティティ」討論

司会　須　網　隆　夫

　**須網**　それでは，時間が押していますが，30分を予定しております討論の時間に入っていきたいと思います。
　最初に，先ほどのクァ先生の報告について，木棚先生からコメントを頂いたわけですが，木棚先生のコメントに対して，クァ先生のほうで何かおっしゃりたいことがあれば，そこから討論を始めたいと思います。クァ先生，いかがでしょうか。
　**クァ**　非常に複雑な話なのですが，いわば法体系，法権あるいは地理的に定めた法体系を作り，共通の解決策を見いだすことができるかどうか。それにより，国際的な協議の場でもいい立場を持つことができるかどうか，その戦略は私も支持するものです。
　一方で，欧州におけるハーモナイゼーションについて，アジアの今の状況は同じように比較することはできないと思います。欧州（EEC）に関しては，固有の歴史的な状況から生まれたものです。その当時の原因は，まず政治で，そのあと経済的にも理由があり，統一市場が求められた背景がありました。ですから，かなり複数の動機があり，ヨーロッパはこういうことになりました。
　一方で，この束ね方の中の重要な一つとしては，法的なものもありましたので，先生がおっしゃったように，一つの法体系を地理的に作ることは意味があると思います。
　**須網**　木棚先生，今のご発言に対してコメントはございますか。
　**木棚**　私自身，マックスプランクで勉強した者ですし，そこからたくさんの示唆を受けたのですが，なかなかいわゆる現在のヨーロッパ（EC・EU）における知財

の動きと，それから我々アジアにいる者としてこの問題を考える場合，なかなか難しい。どうつながったらいいのだろうか，どう考えたらいいのだろうか。特にヨーロッパのほうのマックスプランクにおられるクァ先生などは，その点をどう見ておられるのかということを，少し今，示唆を受けられればと，一つは思っています。

**クァ**　もう一度，最後のところを繰り返していただけますか。

**木棚**　いわゆるハーモナイゼーション，グローバリゼーションに対応するハーモナイゼーションについて，アジアの今の状況はまさに違うことはそのとおりなので，やはりそれを認識しながらやらざるをえないし，また，やっていかなければいけないのです。今後のアジアにおける安定や，あるいは経済の成長を見た場合に，単にアメリカからグローバリゼーションを求められて，それを一方的に各国がバラバラに対応したということでは，アジアの中での法的な状況は，非常によくなくなるのではないかと我々は恐れている部分があるわけです。これはあくまで学問的な場ですので，そうしたものをやはり学問的な，アカデミックな観点から話し合い，そういうことを，いわゆるソフトローという形で学問的に何か構築し，議論していきたい。そのように，私などは考えています。

そういう場合に，いわゆるマックスプランクにおられる先生のほうから，特に初期のマックスプランクの研究等を見ますと，我々アジアにいる者にも，非常に示唆的な理論がたくさん見られますし，現在でももちろんあります。そういう観点から，少し先生のこの点についての，ご意見なりご示唆をいただければと私は思っています。

**クァ**　学会・研究会にいて，マックスプランクのようなところにいるということは，もちろん厳しいことでもあり，意味がある重要な作業を課されることになります。マックスプランクにいる我々としては，この経験ができたことを感謝しているところです。一部のイニシアティブは，少なくとも始めは，このように熱心に政治的な雰囲気やプロセスで行われていたわけではなく，あくまでも学術的な動きでしかありませんでした。ですから，比較研究が行われたわけです。先生も詳しくご存じのように，ウルマー（Christian Wolmar）先生が，不公正競争に関する研究をしたような例です。それ以外にも，プロジェクトがマックスプランクで立ち上げられていました。そのときはまだ落ち着いた雰囲気で，あくまでも学術研究でしたが，それでもある程度の影響力を，そのときの法制度に及ぼすことができました。

一つ，違う例をご紹介します。エンフォースメントの事例です。これもいわば比

較研究から生まれたと言うことができます。この研究は，もう少し政治的な側面で行われました。各国EU域内での国内法をチェックして，どれがいちばん厳しいか，ある側面でどれがいちばん厳格であるかを調べたわけです。例えば賠償や，あるいは証拠聴取などに関して，各国のものを調べて，パッチワークのように，いちばん厳しいものだけをつなぎ合わせたことがあり，それが結末となったものがありました。このような動きでやっていくと，これは本当の比較研究ではありません。ただ単に，たった一つの対策を，ある法律体系から引っ張ってくる。それを継ぎはぎにしたのであれば，体系としてはうまくいかない。こういう現実が，エンフォースメントの事例でも見られています。

マックスプランクで行っていたこと，我々が試みていたこと，それがより強力な基盤として研究活動に使われていけばと思っています。それをアジアでも行うことができれば，多分，最良のものではないかと思います。ご質問ありがとうございました。

**須網** それでは，李先生，渡辺先生のコメントをお聞きになって，何か付け加えたいことがございますでしょうか。

**李** ありがとうございます。渡辺先生のコメントの中で，法制度と，つまり知財制度と社会的現実のギャップについて触れられました。これは社会経済的な構造とのギャップも含まれるわけです。私のコメントの中で申し上げたいのは，外国の人が今日の中国の知財制度を考察するうえでは，伝統的な，もしくはその歴史を忘れてはならないということです。そこが出発点であると思います。我々はそこから出発している。

そして，この知財制度を輸入したわけです。この知財制度は，ほかの文明で生まれた制度で，今日のこのグローバル化の世界の中，我々中国では，このグローバル化を受容しているわけです。これはやはり経済発展・社会発展のため，そして外国からの投資を誘致をするためにも，このグローバル化を受け入れているわけです。

こういった話を私がする中で，もう一つのことを申し上げたいと思います。農村部において，もっとより伝統的な中国の社会です。今日，中国は非常に大きくなっていますので，それぞれ発展レベルも，地方によって違うわけです。ですから，我々にとって，知財権の保護を高めるためには，まだまだ仕事がたくさん積み残されている，まだ道のりは長いということです。

近年，日本も含めて中国の知財制度に非常に関心を持っています。そして，中国

の知財制度の執行を，より強くするように求めているわけです。これは，すべての社会で務めなければならないことだと思っています。

　**須網**　ご質問をいただきたいと思います。前のセッションと同じように，どうぞ質問のあるかたは挙手を願います。ご質問の前に，お名前とご所属を明らかにしていただきたいと思います。

　それでは，どうぞ，どなたからでもけっこうですので，質問のあるかたはお手をお挙げください。

　**兪風雷**　早稲田大学博士課程の兪風雷と申します。今日は，クァ先生と李先生のご講演ありがとうございました。

　まず，李先生の講演について，数点の質問をさせてください。李先生の講演の中でも，古代の中国人の知的財産権に対する認識を紹介されましたが，そのご紹介のように，知的財産権がだれか一人のものではなく，全人類の財産ではないかという考え方は，中国においてけっこう根強く存在すると思います。これは中国法のアイデンティティ，あるいは現代知的財産法のグローバル調和性とのギャップがあるかどうかの問題に生じていますので，大変面白い話をお聞かせていただいて，本当にありがとうございました。

　具体的に二つの質問をさせていただきたいと思います。一つは，皆さんご存じのように，最近中国の民法典編纂をめぐり，知的財産法をどのように位置づけるかの論争を引き起こしました。これについて，最終的には伝統的知識と生物資源を保護客体として反映しており，これも発展途上国の知的財産戦略の特徴といわれています。

　そして，これらと関連する法整備，あるいは法制度はどのように行われてきているでしょうか，いわゆるその法の統合についてお聞きしたいと思います。

　二点目ですが，先ほど李先生がおっしゃられたように，中国の国内の知的財産権保護に対する社会的認識と，法制度のギャップがありますので，特に最近「知的財産権濫用」という言葉もよく耳にすると思いますが，この議論が，来年の不当競争防止法の改正，あるいは独占禁止法の制定に対する影響が出るのかどうか，大変関心を持っております。ご存じであれば，ぜひご紹介いただきたいと思います。

　もう一点，もしお時間があれば，今日のテーマとはあまり関係ありませんが，ちょっと興味を持っていることについてです。昨年，中国最高人民法院が，特許権紛争案件に関する規定という司法解釈草案を提出していますが，すでに1年ぐらいた

ったのですが，最近の具体的な進み具合をお聞きしたいと思います。以上です。ありがとうございます。

**須網** ありがとうございました。

李先生，よろしくお願いいたします。

**李** 三つご質問をいただきました。一つめが基本的な理論です。現在の制度のもとでは，知財権というのは私権です。これは国に属するものでもなく，また，民族や部族，もしくは地域社会に帰属するものでもないということです。先進国および後進国，特にアメリカなどの先進国においては，これに関してかなりの議論が進められていますが，もし，例えば遺伝資源やフォークロアや伝統的知識，地理的表示などを保護していくというのであれば，この基本的な理論の問題を解決させていかなければなりません。

中国の学者の中では，例えばその権利は国に帰属すべきである，もしくは部族，もしくは地域社会に帰属させるべきであると提案している人もいます。ということは，外部の人，例えばアメリカもしくは欧州の諸国からの人たちが，この国に来て，この地域社会に来て，もしくはこの部族のところに来て，そこでのものを活用した場合，何か利用した場合に，対価を払うべきであるという考え方ですが，これはまだディスカッション・ベースの話です。まだ，今の段階でどのように解決をもたらすかについては，決まっていません。

次の質問は民法に関してでした。私のドラフトの中に書いていますけれども，中国の政府としては，知財制度をこの民法の中に含むことは，あきらめています。この民法は，財産法，契約法，そのほか幾つかの部分に分かれています。私のディレクターである鄭先生は，この民法の知財部分のドラフトをしたとき，フォークロア，伝統的知識，遺伝資源，もしくは生物的な発明などを含もうとしました。

もう一つの質問ですが，これは立法措置に関してのものでした。中国が不正競争防止法を改正するかどうかについては，私は分かっておりません。93年にこちらが制定されていますが，その背景としては，アメリカと中国が，メモランダムに調印をしたわけです。しかし，ここで留意しなければいけないのは，このメモランダムというのは，ドラフトに基づいているわけです。TRIPS協定のドラフトに基づいたメモランダムに調印をしているわけです。例えば企業秘密の保護などは，もうすでに不正競争防止法の中に含まれていました。

もう一つ重要な立法措置ですが，議会の通過のために説得工作をしているのは，

独占禁止法です。これは重要なものですが、中国では多くの学者たちが知財権を守りすぎていると考えています。権利保有者が、その権利の乱用をしているのではないかといわれています。これをどうやって取り扱うか、これは独禁法によって取り扱われるべきであるということで、これは来年もしくは2年後ぐらいに対処されることではないかと思います。これでお答えになっていると、よろしいのですが。

**須網** もう1名ぐらいであれば、ご質問いただけますので。では、どうぞ、小口先生。

**小口** 李先生に一つだけ質問をしたいのですが、たまたま最近新聞を読んでいましたら、そこで模造品、パテントの侵害で、ある企業が模造品を生産・販売していて、それについて、その地方政府がそれを保護していると。なぜ保護するかというと、それによって雇用が拡大し、税収が増えるということで、その地方政府とそういった模造品を製作・販売する企業とが、一体となって知的財産権の侵害が行われている。このような記事を読みましたが、こういった現象は局部的なのか、かなり中国で構造的に見られるのか、ちょっとお聞きしたいと思います。

**須網** 李先生、お願い致します。

**李** ご質問ありがとうございます。非常に興味深い点です。私の知るところでは、10年前、あるいは5年前も、地方政府は地方を守ろうとし、例えば海賊行為や特許侵害、そして模造品なども隠匿しようとすることも見られていましたが、最近ではそうではなくなっていると思います。

というのも、WTOに加盟をしましたので、中国は知的財産権を執行するというコミットメントを示しているわけです。少なくとも、司法府においては、裁判官が判決を下す際には、法律にのみ基づいて判決を下します。例えば特許の場合もそうです。侵害は侵害であるということです。ある工場や企業が、その判決のために破産・倒産をしても、しかたがないということです。

また、私が知る限りでは、多くの人が知的財産権に関心を持つようになっており、新聞でも、常に何らかの話が出ています。正しいように見えるけれども、間違っていることもあります。テレビで、たまにゲストとして招かれてコメントをすることがありますが、インターネット・サービス・プロバイダーが、自由にほかの人の著作物を使うことができないのであれば、その事業が成り立たない、破産するという質問を受けました。しかし、そうではないのだと答えました。そうであってもかまわないのだと答えました。

インターネット・サービス・プロバイダー，コンテンツ・プロバイダーとして，まず他者の権利を尊重しなければならないと答えたわけです。そして，財務状況をかんがみて，例えば手数料を徴求することも考えるべきであるという答えをしました。

**須網**　クァ先生，どうぞご発言下さい。

**クァ**　ありがとうございます。李先生が何度もおっしゃっていますが，もし義務があるのであれば，それは履行しなければなりません。中国はWTOに加盟したわけですし，法制度があるわけですから，エンフォースしなければなりません。一方で，エンフォースメントに不足があることは分かっていることであり，対策は取れていくと思います。

ただ，私自身の観点から一つだけ申し上げます。あまりにもエンフォースばかり主張し，あまりにもこのマイナスの模造品の問題，海賊版の悪い点だけを強調しすぎると，均衡を失うリスクがあります。

正直申しますと，例えばだれかが知的財産権で違反を起こした，それはもちろん法律違反であり，これは本来保護によって得られたものを害することになります。一方で，あまりにも権利を過剰に主張する人，あまりにも過剰に権利を行使する者は，ありとあらゆるところにウォーニング・データを送り，「私の権利だ，使うな」「私の技術だ，私のトレードマークだ，使うな」と。あちこちにウォーニング・データをばらまき，しかも侵害をしていない人にまで送ることがあります。送られた場合には，従わざるをえません。なぜかといえば，法律を知っているべきであるという立場ですし，あるいは万が一訴えられた場合にはということで，やめます。このような権利乱用者も，同じように有害な存在です。

一方で，有害な人は，両サイドにいることを忘れてはいけません。ですから，李先生がおっしゃったように，知的財産権に関する法制度は重要ではあるけれども，十分にバランスが必要であり，健全で効率的な制度で，競争を促すような，競争を守るような，つまり独禁法，こちらもバランスの対抗として必要なわけです。両方が必要です。この点を忘れてはいけません。

もう一つ，先生がおっしゃった伝統的知識（TK）に関して，それから固有の資源，あるいは遺伝的な資源ですが，確かにこういう機能は重要だと思います。なぜ知的財産権がそもそもWTOのTRIPSという扱いになってきたのか。それは，何か富のもとは，例えば脱工業化の国で生まれているかもしれない。ところが，それ

が他国で乱用され，一部の人たちは，対価も払わずにもうけを享受しているという感情が広くあったため，こういうことになりました。そこで，何らかの是正が必要であるということで，ウルグアイラウンドで取り上げられました。

　一方で，遺伝的資源といった場合には，同じことが当てはまります。富がある国で発生するのですが，その遺伝的資源がある国で生まれ，それが他国で利用され，その場合に対価は支払われていません。そこで，ここで共通点があるわけです。もちろん，これは知的財産権そのものに該当する内容ではありませんが，そこに挑戦課題が残っています。知的財産権は，固有の知識であると言うかもしれませんが，先生もおっしゃったように，集団としての知的財産権は，例えば地理的表示という形であると思うのです。あれは集団的な権利です。ですから，そういうモデルは存在しています。

　かつ，容易に乗り越えることができる側面もあります。例えば，特許法のもとでの義務があります。もし発明を持っており，それが遺伝的な資源に基づいたものであれば，その出所も述べなければなりません。ですから，何らかの方法を活用することにより，均衡の取れた保護も持つことができます。必ずしも理想的ではありませんし，さらにディベートは必要ですし，何らかの sui generis（独自）な制度ができるかどうか分かりませんが，努力は可能だと思います。

　このフォーラムからの発信も必要だと思うのですが，バランスを訴える必要があります。保護はいいことです。けれども，もっと保護，もっと保護，保護と。それはベター，ベター，ベターかというと，もう一つの側面を忘れてしまう。これは間違いだと思います。

　**須網**　ありがとうございました。今のご発言で，また一気に質問が増えるのではないかと思うのですが，非常に残念ながら，時間がありませんので，いろいろご質問はあろうと思いますが，これは最後の全体討論の際に扱うということにして，第Ⅲセッションを終わらせたいと思います。ご報告いただきました報告者のかたがたに対して，どうぞ最後に拍手をお願いいたします（拍手）。

# 全体討論

## 司会 戒能通厚

**戒能** それでは，総合討論のセッションに入りますが，あらかじめ申し上げておきますと，実は5時25分までしか時間がありません。ただし，質問が非常にたくさん出ていますので，質問されるかたはまことに申し訳ないのですが，できるだけ短くご質問いただければ幸いです。

順序として，最初のマルコム・スミス先生のご報告から，スミス先生については質問がたくさん出ていますので，あらかじめ質問者のかたからご意見をいただいたうえで，それについて，まとめてスミス先生からお答えいただくという形でお願いしたいと思います。

最初に星野先生から，かなり包括的なご質問が出ていますので，星野英一先生から最初に口火を切っていただきたいと思います。よろしくお願いします。

**星野** 星野英一です。

スミス先生は，日本法のアイデンティティについて10項目挙げていらっしゃいますが，これについては，細かいことは別として，全体としてもっともだと思います。ただ，一つだけ申し上げたいのは，私が最近強く感じていること，これは放送大学で教えて以来，また最近中国へよく行きますが，そこで日本法について話して質問を受けていつも感じていることです。

日本では，日本の法学，特に民法学が，あまりにもドイツ法学的なドグマーティクに傾いているのではないか，そのために，法学者の頭も一般的に固く，そういう教育を受けた元法学部学生の頭も固い。そのため，世の中の一般の人々に対して法律は何か自分たちからは遠いところにあるものだという印象を与えていると感じます。

一般の人々が法律を固く，自分らから遠いものだと感じている理由については，

明治期に輸入された法律が，ヨーロッパの近代法で，日本人の意識に合っていないところがあるからだと今まではいわれることが多かったのです。その点についても反対の考え方はありますが，私は基本的にはそのとおりと考えています。しかし今日はその問題を別にして，どうも日本の法学，つまり悪い意味でドイツ法学的ドグマーティクに傾いた法学が，一般の人に法律を嫌いにさせるようになったのではないか。この点，つまり日本の法学の一つの特色とそれに起因する日本人の法律嫌いが日本法のアイデンティティの一つではないか。あまり嬉しいことではないのですが，私はそう思っています。スミス先生は日本に随分長くいらっしゃって，そういうことをお感じになったことはないでしょうか。

　戒能　ありがとうございます。

　それでは，続きまして，まとめて答えていただくということで，早川先生からのご質問を簡単にお願いいたします。

　早川　大変興味深いお話を伺ったのですが，二つ質問をさせてください。

　第一は，スミス先生は，日本法が現在，依然として進化を続けているというお話でした。現在，第3の変化の時代に入っているのではないかと。それは当然，グローバリゼーションという大きなエレメントがここにかぶさっているということですが，例えば，ベトナムや中国の場合には，極めて外在的な契機，外在的な要因，外からの圧力というように見えます。日本の場合も，当然そうした外在的な要因があると同時に，内在的な，内からの契機・要請があるように思います。そこで，スミス先生は，先ほど第3の変革の時代といわれた事柄について，どのように認識なさっているのか伺いたい。

　もう1点は，第3の変化の時代というからには第2がありますが，これは第二次大戦後の日本の社会システムの大きな変動，そしてまた法システムの変動であったと思います。これについて，先生がどのようにご理解されているのか。つまり，日本法が，例えば民法が100年間ほとんど変わっていないという文脈と同時に，日本法が非常にドラスティックな変化を，今から50年前に遂げているわけです。ここのところをどのようにお考えなのか，ぜひ伺いたいと思います。

　戒能　ありがとうございます。

　それでは，浦田先生からもご質問がありますので，できるだけ簡潔にお願いいたします。

　浦田　早稲田大学の浦田賢治です。今日は国際会議ですから，自分の意見を出さ

なければならないのですが，時間の制約があるために，ペーパーを読んでいただく。こういう謙譲の態度を示すということで，第1問，二つ出してありますから，二つめを読んでいただければ当面十分です。ありがとうございました。

**戒能** 二つめについても直接お願いします。

**浦田** スミス先生がご指摘になった日本法のアイデンティティを検討する際の10の要素が挙げられていまして，そのいちばん最後に，法の支配ということが述べられています。この内容を見ますと，立憲君主制から始まって，日本の官僚制が弱まっていることになっています。

私が指摘したいのは，日本法のアイデンティティをとらえるためには，一つは制度としての法をとらえなければならない。それは，例えば古代天皇制や律令制から，中世における武士の法，そして明治以降の天皇制，憲法の体制であるし，第4番めに日本国憲法の体制です。こういう法体制を歴史的に，かつ比較法的にとらえなければならないのではないかという思いを持って，日本法のアイデンティティという場合に，今のようなことについて，どのようにお考えであるかということをお聞きした次第です。

**戒能** どうもありがとうございました。

では，スミス先生，お答えください。

**スミス** いずれも素晴らしいコメント・ご質問をお三方からありがとうございました。

私の10の特徴で，それですべてだというつもりはありませんでした。もちろん，ほかにも特徴があり，皆さんがお気づきの特徴もあると思います。星野先生がおっしゃった一つの特徴，これはよく皆様からお聞きしているところです。残念ながら，私自身ドイツでの研究をしたことはありません。ポツダムに半年いたことはあるのですが，あまり法学部とつきあいはありませんでした。ですから，ドグマティックだといわれても，詳しくは分かりません。ただ，私の印象としては，これは法律専門家に共通ではないでしょうか。

法律の専門家は，えてして自分たちの知識を，ほかの人が分からないようにして独占する傾向がありませんか。私の恩師ではなく同僚で，私が仕事を始めたメルボルン大学の法学部で，「いちばん簡単な命題もできるだけ難しくすることが私の仕事だ」と言い切っていた同僚がいました。私は反対したので，私の論文ではできるだけ簡単にするものとしての立場を打ち出したつもりです。

印象としては，日本では法律に関する報道や話題は広くあると思います。日々のニュースでよく聞きます。例えば渋谷区役所に，外国人登録手続きなどに行きますと，渋谷区役所のほかの部門では，法律をきちんと説明するシステムができています。30年間，日本を研究してきましたが，何というか，このように法律が大衆化されている，法知識が一般の人に広められているという動きは，高まっていると思います。

　あと，ロースクールも導入されていて，お声もかけていただいているのです。今，日本の研究界では，法科大学院（ロースクール）は，これまでの欧州のドクトリン・アプローチから離れて，もっと北米的なアプローチを取るべきではないかという意見もあるようで，豪州の私を呼んだというのは，そこでちょっと間違っているかもしれません。

　次に，早川先生からいただいたコメント，今もやはり進化・変革が続いているのかどうか，外在的な契機の話がありました。一つ日本に関しての印象があります。これは，一枚岩ではないということです。神話と言ってもいいでしょうか。日本人に関する，その昔いわれていたことがあります。1960年代，70年代，急成長を遂げていたとき，法律の専門家といえば，みんな同じであると，ライシャワー先生がハーバードで講演をしたことを記憶しています。日本人イコール魚の大群，魚の群れのようであると。一匹の魚がピッと方向を変えると，ほかの魚はみんなついていく。あの魚の群れと日本人は同じであるとおっしゃっていました。そのように魚群と同じだと先生はおっしゃっていたのですが，私の印象は違うのです。私が見た日本人は違う。とても皆さん，違う意見をお持ちです。私の理解では，日本における外圧，これは日本で特定の派閥を使って，改革を推進しようとしているように見られます。

　80年，外国貿易，外国為替法が改正されましたが，あれはとても重要な転機だったと思います。あのとき，あのルールに関して，アメリカの人たちは，アメリカが投資ができるように法改正が行われたと解釈しました。ところが，私のあの法改正の解釈は，それよりも大事な点があると思います。日本の証券会社ならびに銀行が，世界に出ていくことができるようにしたというのが私の解釈です。世界に出ていくことが許されて，銀行，証券，両方とも変換を経験したのです。国内ではできない変換を外で経験し，その20年後，彼ら自身が日本政府にプレッシャーをかけて，金融業界全体の改革を求めたわけです。ですから，本当はあれは決して，外圧

などではなかったのです。銀行，証券に関する法改正をもたらしたのは，本当は外圧ではなく，強い圧力が国内の各業界からあったものだと私は見ています。

それから，変革について，明らかに日本の主要な法律の領域では，例えばアメリカの占領があったがために起こったという点は，間違いありません。民主制度あるいは民主化にかかわる分では，米国による占領が，法制度に影響を及ぼしたことは間違いありません。私自身の研究の一部も，商法をカバーしています。

契約法自体は，一見変わったようには見えなかったかもしれませんが，会社法は大きく変わりました。ミラー先生の4類型をご紹介しました。4タイプの移植がある。私のコメントは，この四つのタイプのすべての例をとどめているが，ただ，第2のタイプは外から押しつけられるものである。ですから，アメリカの占領経験がそこに該当します。日本は一部の法の領域では，確かに外的な圧力を受けて変わった側面はあります。

浦田先生の，法の支配ならびに官僚制の影響力が低下しているという話，もし私が質問をきちんと理解していればですが，アメリカ人が日本と他国は違うというときに重要なポイントは，行政ならびに行政法の視点です。特に，アメリカの人たちは，行政指導が何ぞやと思っているようです。アメリカ側のjawboningも，腕力を使って圧力をかけ，それによって政府の政策に無理やり従わせる。これがアメリカにあるわけですが，それとは違うようです。

私自身も，豪州から来た者として，意見を提示する立場にあると思います。つまり，オーストラリアとイギリス，それから日本，アメリカの行政法を見てみまして，日本をここ，アメリカをここに置いてみると，イギリスならびにオーストラリアは，アメリカよりは日本に近いのです。日本スタイルのエリート官僚制もありましたし，そういうキャリアが力を持っている一方で，アメリカでは上の部分を政治化してしまいました。興味深いことに，豪州ならびにイギリスにおいては，トップの官僚部門を政治化していまして，政治任命になっているので，簡単に上の者を首にして，ほかの人と入れ替えることが政権交代のときに起こっています。

しかし，日本における興味深い展開が一つあります。行政自体も変わりつつあります。また，政権（政治的な権力）に関する解釈も変わっていまして，90年代，官僚は多くの力を失いました。そういう意味では，大きな変革が日本の制度にも起こっていると思います。これで部分的にでもお答えになっているでしょうか。

**戒能** 続きまして，ディエン教授に対して，またこれも星野先生のから，特に内

田先生の提起された法の継受に関しての三つの論点に関して，ちょっと補足的というか，ご質問というか，ご意見があるということですので，よろしくお願いいたします。

**星野** 私はディエン先生に対しては特に質問することがなかったのですが，内田さんが非常にいいコメントをされたものですから，それに全く賛成だということを申し上げたうえで改めて伺いたくなりました。自分の国にassimilate（同化）するために三つの要素をお挙げになりました。一つは慣習を十分に理解すること，もう一つは正確には聞きそこねたのですが，輸入された法律を理解することでしたか，第3が，人が大事であるということをおっしゃったと思います。それについて，全くそのとおりだと考えていると申し上げて，それに附け加えて，ディエン先生にお聞きしたいと考えました。つまり，それらの点がベトナムでどうなっているかということです。日本では，率直に言ってまだ日本のことすらよく分かっていない有様です。例えば私どもは，日本の慣習がどうなっているかも十分知っていません。明治時代に民法を作るときにかなり調べたけれども，不十分であるうえに，民法典の立法にはそう役立っていません。現在でもあまり分かっていません。率直に言うと，最近の法社会学者も，日本の慣習を調べることにあまり関心がないようです。

現に民法典そのものについても，フランスや中国で非常に苦労することは，日本の民法典そのものについて，きちんと説明できないことがあるのです。制度や規定がこうなっているということや，その従来の教科書的な説明ならできます。しかしどういう理由でそれらの制度が作られたのか，どこからそれを持ってきたのかといったことが分からないことがあります。また，それらが日本の社会で実際どのような作用を営んでいるかも十分には分からない。そんな状態で，「日本民法はこうなっています」と言うと，何故そうなっているのですか，と聞かれ，困ってしまうことがあります。フランスなどでは，それならフランス民法やドイツ民法と同じではないかということで終ってしまうこともあります。そういう規定が日本で採用されるに際しての理由，何故そうなっているのか，どういういきさつでそれらがあるのか，といったことを聞かれます。いろいろな歴史があるということを説明できないとつまらないのです。

実は，最近中国に招待されて，シンポジウムに出席することが多いのですが，そこでいろいろな鋭い質問を受けます。ある意味では非常にシンプルな質問の場合がありますが，それにきちんと答えられないことがしばしばあります。もっとその制

度や規定の存在理由や，その採用のいきさつをまず自分たちが知ることが大事です。

　人の問題も，やはりそういう意味で学者も相当勉強しなければいけないということを，外国に行くたびに強く感じて帰ってきます。以上質問というより感想です。

　**戒能**　ありがとうございます。ディエン先生，ベトナムでいろいろ法整備が行われていることに関して，いかなる法を導入しようとしておられるかということについて，自国法についてどのくらい調査をされたうえでそれをなさっておられるのであろうか。あるいはそういう研究をされておられるか。そのあたりについての状況を，お話しいただければと思うのですが，お願いします。

　**ディエン**　ご質問を，どうもありがとうございました。私も，ベトナムにおける法整備と慣習が果たす役割についてお話をしたいと思います。1945年8月の革命の前，慣習法が非常に重要な役割を果たしていました。ベトナムの法制度の形成に，非常に大きな役割を果たしていました。古代の時代においては，この慣習こそが，主たるベトナム法制度の源であったわけです。ベトナムの古代法典，今朝もお話をしましたが15世紀のホンドック（洪徳法典）そして19世紀のジャロン民法などは，非常に似たものがあります。こういったものを，基本的な原則として取り入れていくようになり，ベトナムの法制度の原則的な要素となったわけです。

　こういった原則を実践に移す中で，やはり慣習法に依存しなければなりませんでした。ですから，慣習法においては，ある意味ではこの古代の慣習法が補完的な役割を果たしていた。つまり，人々がこういった基本的な原則を解釈し，それが制定された法典の中に取り込まれていたわけです。

　1945年の革命の中で，ベトナムの立法者たちが，ソ連の法文化で生まれた法制度を採用することになり，それは少なくとも理念の基盤として取り入れられていったわけで，それがベトナムの法制度の基盤を長い間占めるようになりました。つまり，ソ連の法源を受け入れたわけで，成文法のみがいちばん重要な法源とされたわけです。

　つまり，ほかの慣習などの西洋の法理が，排除されたわけです。ですから，長い間，つまり1945年から開放経済政策の導入まで，この期間，ベトナムの法律専門家たちは，成文法だけをユニークな法源として受け入れたわけです。しかし，そのシステムはうまく機能しませんでした。そのために，ベトナムの社会が発達をすることができず，かなり長い間発達を阻害されていました。それによって，最終的に開

放経済政策の採用となりました。

　そして，この開放経済政策が取り入れられるようになってすぐ，ベトナムの法律家たちはこのように感じるようになったわけです。成文法を唯一の法源にすることはできないと。なぜなら，成文法は完璧ではないわけですし，成文法の中で，実践に移されるべき法規則を全部，包含することができるわけではないと考えるようになりました。

　1990年以降，大きな傾向として，慣習を法源の一部として，もう一度位置づけようという考えが高まりました。そして，ベトナムの民法が1995年に制定されましたが，ベトナムの立法者たちが，15条の中で正式に認めています。慣習が補完的な法源となることを認めています。少なくとも，民法に関してはそうであると言っています。このような解決策が商法でも繰り返されていますし，また労働法でも同じことが確認をされています。

　95年でしたので，それ以来，慣習がベトナムの中でもう一度位置づけられるようになりました。将来，この慣習の位置づけが確固たるものになっていくでしょう。なぜならば，法源の概念が，ベトナムの法的思考の中で，このような形で正規化されてきたわけです。

　これでお答えになっているとよろしいのですが。

　**戒能**　どうもありがとうございました。

　時間がもうほとんどなくなってしまって，季先生への質問は，やはり星野先生なのですが，こちらで話してよろしいですね。一つは，鮎京さんのアイデンティティを設定するかということの意味についての鮎京意見には基本的に賛成である。それについて，さらに季先生からお答えいただければありがたいということと，もう一つは，季先生は長く日本におられるわけですが，中国の法のアイデンティティについて日本との共通性をお感じかどうかというあたりを，話していただければということです。いかがでしょう。

　**季**　ご質問ありがとうございました。まず，アイデンティティについては，先ほど鮎京先生のコメントとの関連で，ある程度の説明をしましたが，今は，この場でもう少し具体的な話を申し上げます。

　先ほど，李先生とクァ先生のお話を聞きながら，一つの問題に気づいたのです。例えば，知的財産権の保護は，中国にとっての法的義務として，当然ながら履行すべきだ，と私は思います。しかしその一方で，李先生が強調した文化アイデンティ

ティに関わる部分，中国伝統的な発想による部分，そして後でクァ先生がおっしゃった知財政策のバランスを取るべきところ，こうした側面もやはりある程度，確かに考える必要があります。

例えば今，国際競争，グローバル・レベルで行われる競争が非常に激しくなっているなか，途上国は，一方では先進国から技術移転を受けて，そのために高い対価を払わなければいけません。他方では，安い労働力で製造した製品をアメリカに輸出した場合は，アンチ・ダンピングでやられてしまいます。そうすれば，途上国の人々には，あまりにも，我々は生きる道を狭められてしまうではないかという不満が生じやすいでしょう。

もちろん，科学技術発展のインセンティブを強化するために，知的財産権保護の制度はどうしても必要です。確かに中国伝統的な発想には非合理的なところもあります。しかし，科学技術の発展は人類の公共財である一面を持つのも事実です。したがって，一企業の私益のために，せっかく発明した技術を普及させないようなことは，やはり正当化できない。こうした発想は李先生が紹介した中国的知財意識の背後にあると思います。

そこでは，途上国が力関係のアンバランスによる不利益を縮減するためにも，時々アイデンティティというところを強調するようになるのです。国家利益，法規範および文化的アイデンティティの複雑な対立をどのように処理するかは非常に難しい課題ですが，我々はアイデンティティの多様な意味を冷静に考えなければいけないと思います。

次に，中国法と日本法との異同については，現段階の制度条件に限ってお答えさせていただきます。私は日本に長い間お世話になっており，そのお蔭で，日本の法制度はよく整備されており，また，日本の法律家はたいへん優れた業績を残していることを，十二分に承知しています。もし，その延長線上，中国法との関連の問題で，その類似性あるいは法継受の面から見た経験と教訓といえば，中国にとって日本法の経験は，西洋の諸制度を継受して，定着させていくうえ，いろいろなノウハウを蓄積したという点でとくに重大な意義があります。これは中国のこれからの法発展にとっても，非常に大切なものです。したがって，法制整備支援といえば，多分そちらのほうがもっと中国の研究者の関心を引くものがあります。今までは，例えば欧米の制度はこうなっている，日本の制度はこうなっているというような原理的な紹介はよくなされてきましたが，同様の制度が異質の風土でどのように確立で

きるかというノウハウの部分はあまり語られてきませんでした。かかる制度運用のノウハウを教えていただければありがたいです。それこそが日本法のアイデンティティを支えるものです。

　もう一つは，先ほど星野先生が指摘された，法律家の考え方などが固くなりやすいということです。これは確かに一般的な傾向として言えることがありますが，日本法に関しては，法制度の継受，その忠実性を強調するあまりに，純粋培養の形で法の移植を行い，日本が理念型のままの制度設営をやっているところもあります。実際には，アメリカの制度は，アメリカ人でもそれを実用主義的に，柔軟に運用してきたのです。ドイツ人でも，ドイツの法を柔軟に運用してきました。しかし，日本では，外国法の継受を通して確立した制度は，それこそドクマとして大事にされています。これに対して，中国法の場合にはあまりにも柔軟的で，流動的になりすぎました。規範を固く捉えるか，それとも柔らかく捉えるか，このあたりに中国と日本のアイデンティティを探ってみれば面白いと思います。

　**戒能**　ありがとうございました。

　それでは，機械的に処理しているようで申し訳ないのですが，時間の都合で，次にクァー先生にご質問ということで，中山さんからご質問があります。これは非常に長そうな質問なのですが，できるだけ簡潔にお願いできますか。中山さん，いらっしゃいませんか。

　**中山**　知的財産研究所で特別研究員をしています早稲田大学法研博士後期課程の中山です。クァー先生にお伺いしたいと思います。国際的，また欧州における知財の調和と統一の観点で，欧州における法の統一という，ヨーロッパリゼーションの問題と，世界的な知財の調和ということで，グローバリゼーションの問題における，その背景の相違などについて踏まえて話され，大変分かりやすくお伺いいたしました。

　ただ，欧州における法の統一・調和について，先生がおっしゃったように，最近の傾向を見ても，共同体における商標や意匠についてのEC規則の制定や，特許においても，共同体特許の制定が間近という段階で，かなり法の調和が進んでいると思われるのですが，今なおEC域内においても，著作権についてはコモン・ロー諸国と大陸法における国の対立があります。経済や取引に非常にかかわる分野については，比較的統一が進んでいる一方で，文化や芸術の保護については，基本的な理念や著作者人格権の保護など大陸法とコモン・ローの相違などの影響で，まだEC

指令の段階で保護している状況です。EC規則にまで保護の段階を進めるのは，かなり困難であるとも聞いています。

また，執行の問題についても，先生が紹介されましたように，EC指令の中に損害賠償の算定，証拠収集についても，各国の司法の伝統的な概念と相容れない。そういうことで，マックス・プランク知的財産法・競争法・税法研究所の中においても，まだこのような問題についての法の調和は時期尚早であるということで，先生も反対されているとお伺いしています。このように欧州における知財の調和，統一の問題について，欧州においても，その限界，制限があるのではないかという考えを持っています。この点について，先生のお考えをお伺いしたいと思います。

また，中国の方からもお話がありましたように，伝統知識や遺伝資源といった従来の知財の考えの中には，枠組みにははまりこまないような問題も生じています。知財においては，従来経済の市場化，また市場の自由化の一環から，WIPOやTRIPSにおける知財のグローバル化が進められてきました。しかしながら，近年では公衆衛生や人権・環境などの保護の観点から，公益性に配慮した知財の保護なども主張されているわけです。

このような動きについては，欧州の学者からもグローバル化の過度の行きすぎに対する反発，またグローバル化を修正しようとする動きの一環として捉える学者もいるのです。クァー先生としては，このような問題について，グローバル化の時代において，どのような現象として捉えられているのか。また，今後，知財について根本的な枠組みとしては，どのように考えていかれるのかという問題をお聞きしたいと思います。よろしくお願いします。

**戒能** それでは，クァー先生，お願いします。

**クァー** おっしゃるとおりで，ヨーロッパでの調和は，分野によって調和の進み方が違っており，商標・意匠では完全に調和が進んでいます。それから指令として，共同体指令で，法律を統一する指令もあります。また，特許の状況は少し違いますが，特許については立ち入らないことにします。

著作権については，七つのハーモナイゼーション指令があります。したがって，著作権においてもハーモナイゼーションは進んでいます。ただし，包括的な指令はありません。今おっしゃったような著作者人格権や，著作物の概念を包括するような包括的な指令はないことは，確かにおっしゃったとおりです。

また，スミス先生が午前中おっしゃいましたが，コモン・ロー制度と大陸法制度

の違いがありますが，その違いはそれほど大きくはないということで，最近は収斂が見られていることも指摘したいと思います。ですから，コモン・ロー，大陸法ということで，その違いが現在，完全なるハーモナイゼーションを阻害しているとはいえないと思います。かなり両者は近づいてきているからです。

政治的には，おおむね感触として，ハーモナイゼーションがかなり進んでいるという感触はあります。間もなく，情報社会における著作物の指令は，私がプレゼンテーションの中でも触れたものですが，この指令も，間もなく発令されることになります。これによりさらに一歩，ハーモナイゼーションを，著作権について進めることになります。もっとも，これについては，政治的にはまだ実現可能ではないということで，反対の意見もあります。それもおっしゃったとおりだと思います。

執行についての指令ですが，お話ししましたように，私も懐疑的な立場を採っていますし，ほかの学会の人たちの意見も懐疑的だということです。それから，懲罰的な賠償については，それが採択されないことを私としては願っています。

それから，昨日のシンポジウムでの議論にもありましたように，知財権，それから司法・国際法について，欧州では第2ローマ条約で，非契約的な義務についての素案ができています。

それから，一つ条項が提案されていまして，法律を No Compensatory Damages については適用しないという条項のドラフトができています。懲罰的な制裁を禁止する（No Compensatory）というものです。

もう一つ，ヨーロッパの法的手段として，懲罰的賠償に道を開くようなものも検討されており，この対立するような，矛盾するような動きがありますので，これが解決されることを願っています。この賠償については，現実賠償であって，それ以上のものであってはならない，実際の賠償に対するものでなければいけないという見解を，私は採っています。

また，先ほどもかなり詳しくお話ししましたので，最後の点については，よろしければ割愛させていただきたいと思います。

**戒能**　ありがとうございました。

それでは，報告者のかたへのご質問ということで続けさせていただきますが，最後に李先生へのご質問がお二人のかたから出ています。これは，続けてお話しいただいて，李先生からまとめてお答えいただきたいと思います。最初に，夏雨さん，いらっしゃいますか。

**夏** 早稲田大学院生の夏と申します。李先生に1点お伺いします。中国における知的財産権の保護基準および並行輸入について，どのようにお考えですか。また，その理由をお聞かせください。

**戒能** ありがとうございます。

もう一人のかた，袁藝さん，いらっしゃいますか。

**袁** 同じく早稲田大学法研博士課程の袁です。李先生に，先ほど木棚先生のコメントの中に，知財におけるグローバル化に先立って，東アジア諸国，韓国，中国，それから日本がまずハーモナイゼーションを図ることの必要性を示唆されました。李先生は，この点については何かご見解がございましたら，教えていただきたいのです。

それから，中国の学会においては，こういう議論はされているのかどうかということです。以上です。よろしくお願いします。

**戒能** それでは，李先生からお答えをいただければと思いますが，いかがでしょうか。

**李** ありがとうございます。並行輸入について，例えば特許法では，権利者は，例えば製造権利，販売ならびに輸入，そして実施する権利を持っています。中国では多くの事案があり，侵害した者いわく，「他者から購入したものであるので，私の責任ではない。造った人の責任である」ということがあるわけです。その場合には，特許権者は，その権利の主張を，例えば製造業者あるいは販売業者，あるいは実施をした者に対して請求することができます。

次に，並行輸入は，特許法とは違う問題だと思います。特許権者は，特許対象品の輸入に対するコントロールはあるわけです。著作権法の著作物に関する懸念も広くあると思いますが，あと商標でも同様だと思います。この国では，ライセンシーが物を生産し，別の国では合法的なライセンシーがいるところで，人件費などで違いがあり，ほかの国で合法的に輸入を行った商品が，損害を受けることもあります。

私が知る限り，中国では並行輸入で，商標権を取得している者に対する規制はないと思います。中国はまだ人件費が低いので，我々は並行輸入はしていません。輸出をしているだけです。つまり，原価計算をすれば，一般的に人件費の安いところで製造したものを輸出するわけであって，輸入業者として，より高いものを，わざわざ外国から持ち込むことはしません。何年かたち，人件費が上がった場合は，こ

れは問題になるかもしれません。

　二つめに，日中韓で始めることについては，この参加国に関しては，日中韓の協力関係が商標でもありますし，知的財産当局との間でも日中韓三局の協力が行われており，協議をしたり，この東アジアという意味でのローカルな問題に関して，気にかかることを協議する場は存在しています。

　聞いたところによると，何ラウンドか，このような枠組みでの協議は行われたけれども，特に具体的な結果は出ていないということです。私の知財センターにおきましても，日本の知財の専門家ならびに韓国の専門家の方と交流をしています。場合によっては，研究グループを，この東アジア3か国で立ち上げることができるかもしれません。共通課題，共通関心事項で，研究を始めることができるかもしれません。ありがとうございました。

　**戒能**　共同の可能性，特に共同の研究について，星野先生から何かございますか。よろしいですか。

　**星野**　私ばかりしゃべって恐縮ですが，ちょっとご報告したいと思います。

　実は今のハーモナイゼーションの問題については，つい最近，11月19から23日まで青島で開催された，中日民商法研究会のシンポジウムに出席しました。テーマは，「中韓日民法の統一への道」といったものでした。

　ここで一言中日民商法研究会について説明させてください。会長は社会科学院の梁慧星先生，秘書長つまり事務局長が渠涛さんで，2002年に設立された，日本に留学した中国の民商法学者を中心とする学会で，毎年開催され，日本や時に韓国の学者も招待されます。今回は，早稲田大学の田山輝明・近江幸治両教授が行かれました。

　今回は韓国からも学者が招待されました。今回話が進んだことをご報告したいと思います。私は，大ぶろしきを広げているのではないかと思っていたのですが，そうではなく，動産売買法などの統一をまじめに考えたらいいのではないかという意見がかなりありました。この問題の検討は前から，近江先生が中心になって去年韓国でシンポジウムをやっているのです。今回は第2回のようで，次のシンポジウムを来年，韓国でやろうということになっているようです。

　ハーモナイゼーションについてもう一つは，季先生のほうがよく知っておられますが，神戸大学の「市場化社会の法動態学」と題するCOEプログラムの研究で，第2回国際シンポジウムが昨年開催されました。そこでは，アジアにおける競争秩

序の「多様性に向けて」と題するものでしたが，やはり中韓日，あるいはもう少し広げた国々で競争法の統一をしたらどうかという意見が出てきました。このときは，中国からは社会科学院の王暁曄先生という女性の，英語やドイツ語が非常にうまい有能な先生が，韓国からはこれもその方面で有名なソウル大学の権五乗先生が来られましたが，二人とも競争法の統一の必要性を説かれました。そして，実現はずっと先だろうけれども，競争法の統一について今から検討を始めたいという発言までありました。

　競争法は市場経済における1つの大わくを決めるもので，民法と共に重要な役割を持つものですから，その統一の話もあるということにはじめは驚きもしましたが，もっともだと思いました。以上のことを，ご報告させていただきたいと思いました。

　**戒能**　ありがとうございました。

　質問票が出ているのは以上ですが，フロアから何も聞かないとフラストレーションがたまると思います。もし，よろしければ，お一人ぐらいは可能ですが，いかがでしょう。できたら，ご意見というよりもご感想というか，ご支援のご意見をいただいたらありがたいのですが，いかがでしょうか。よろしいですか。

　それでは，最後に私のまとめというか，総括をしなければいけませんので，多少お時間をいただければと思います。

# ま　と　め

戒　能　通　厚

　それでは最後に私のまとめというか総括をしなければいけませんので，多少お時間をいただければと思います。

　「法のグローバル化と日本法のアイデンティティー」というテーマで3年間，科学研究費で研究を続けてまいりました。本日は特に日本法のアイデンティティーということ自体についてマルコム・スミス先生が非常にみごとに整理されましたが，共同研究者の中からは直接的には出なかったのですが，日本はご存じのとおり，言うまでもないことですが，明治時代に非常に大きな法の継受をし，かつ第二次大戦後にアメリカ法を中心としたコモンロー圏の法律を継受した。そういう意味で，大陸法とコモンローというものを両方併せ持つ，世界に非常にユニークな国である。これは特に千葉正士先生などが大変強調されることですが，日本はもっと自分のアイデンティティーについて関心を持つべきで，そういう特性を生かして日本の法学者は比較法の世界で問題を提起すべきではないかと千葉先生はおっしゃるわけです。

　その中で日本法をどうとらえるかということをめぐって，比較法の理論の中では，まず模範解答がいまだにないという状況です。特にディエン先生からルネ・ダビット等々のご紹介がありましたが，1900年に比較法国際会議というのが開かれて，そのときにはフランス，イギリスの学者が中心になって，初めて比較法という学問を世界的にデビューさせた。そこでの比較法の使命というのは，法の統一ということであり，そしてその法の統一の背後には，フランスにおける理性法，人間的理性を中心とした普遍的な原理の追究ということがあったのではないかと思います。

それから日本における法の継受が進行する中で，日本においては穂積陳重等々を中心とした法の進化論ということで，日本法についての一定の展望がそこでは示された。しかし，これはその当時の比較法の理論を駆使したものですが，日本法それ自体のアイデンティティーというのは必ずしも穂積理論においても示されていなかったのではないか。

　つまり私が言いたいのは，日本法のアイデンティティーということを研究することの意義は，これはすでに藤倉皓一郎先生がおっしゃったことですが，私たちが他とのかかわりを持っていく際に，特にわれわれはプロフェッショナルとして，法学者として他とのかかわりを持っていく際に，アイデンティティーを自己認識することは，われわれの使命ではないかと思うのです。

　ただし，アイデンティティーという言葉自体が持つ意味，このある意味の危険性ということもあるわけで，これはすでに鮎京さんがみごとに指摘されましたが，アイデンティティーを固守するために他を排撃する，あるいは排他的に自己のアイデンティティーを強調することによって，いわばグローバリゼーションという流れに刃向かう。そうなるとグローバリゼーションとはいったい何かということが問題になってくるわけで，その中ですでに「守るべきアイデンティティー」という考え方が出てきていると思いますが，それは何かということも非常に重要な問題ではないか。

　「守るべきアイデンティティー」とは何か。これはおそらく今日ほとんど解明されなかったグローバリゼーションとは何かということに非常にかかわるわけです。

　どなたかがすでに報告の中でおっしゃいましたが，グローバリゼーションによってすべてが貨幣に換算される，そういう世界になっていいのかということからいうと，たしかに法というのは市場化を促進する役割を持っているし，少なくとも市場レベルの法の共通化ということはいろんな意味で可能であり，そしてその市場における商品化の意味における法の必要性ということで言えば，今日扱われた知的財産法という世界が，もっとも先端的な役割を果たすべきことになる。しかしながら，知的財産という観念が商品化のレベ

ルで一元化されることについては，例えば中国にはそういうものはなかったということですが，それにもかかわらずそういうものが必要とされてくることを意味している。これも知的財産というものが市場経済化の論理によってのみ規定されないということの象徴的な表現ではないかと思います。しかし，中国はだからといって知的財産法というものを排撃することはしていない。中国に存在しなかった概念をどうやって取り入れるかという努力をしておられる。日本でもそうであったようにここでは，法の位相は内的に同化する関係にあるのでなく，いわば外的に同化をしている。内的な要素が外的な法にどのように融合していくかを展望するには，法の全体のアイデンティティを認識する作業が自覚的になされなければならないことになる。

考えてみますと，今日外国からたくさんの方に来ていただいたわけですが，ある意味では非常に平和的な関係，協調的な関係の中で論議できる今日のシンポジウムではなかったかと思いますが，今日決定的に欠落しているのはイスラム圏の問題とか，文化的に共通性があるのかどうかという点について論じるべき問題はなにかという視点です。人によれば，まったく宗教的バックグラウンドを異にする法同士の移植はありえないということも議論されますし，スコットランドの学者であるアラン・ワトソンの問題提起に発して，法の移植（トランスポーテーション）というのは一定の文化的な背景，共通性を分析しながらやらなければ可能ではないという議論があります。

したがって，私たちにとってグローバリゼーションとアイデンティティーという問題は実に奥が深い。そのアイデンティティーを確かめる方法的な模索，それが新しい比較法学の課題を開く一つの道ではないか。

それは千葉先生のおっしゃるような日本法のアイデンティティーの独自性をもっと売り出すということと同じかどうか，私は必ずしもこれに賛成ではありませんが，千葉先生のおっしゃった日本法から発する比較法学の課題は法の多元化の構造を把握するべきとされる点で重要な問題的であると考えております。このことについても，特に今日マルコム・スミス先生が，私の言葉で言えば，アイデンティティーにも二つの側面がある，エクスターナル・アイデンティティーとインターナル・アイデンティティー，外から見た日本

法のアイデンティティー，そして内から見た日本法のアイデンティティーというこの観点，マルコム・スミス先生は日本法というのはきわめて流動的であるとおっしゃいまして，決して固定的に考えるなと私たちにサジェスチョンを与えてくださったと思います。この視点はアイデンティティーを考えるうえに非常に重要な問題ではないでしょうか。

　アイデンティティーというのはともすれば歴史貫通的なものとして，宿命論的にアイデンティティーを語る傾向があるわけで，私たちはそういう意味のアイデンティティーを追求しているわけではない。しかし，アイデンティティーという言葉の中には歴史貫通的なものを含意する傾向があることは否めないわけです。したがって，アイデンティティーという概念を使ったことがいいかどうか，これこそまさにコントラバーシャルであるということを最後に申し上げて，私のまとめとさせていただきます。

　本日は長時間私たちのシンポジウムにご参加いただき，しかも非常に密度の高いご議論をいただき，そして大変遠方からわれわれのシンポジウムのために来てくださった先生方に心から感謝申し上げて，終会といたしたいと思います。本日はどうもありがとうございました。

# 閉会の辞

尾 崎 安 央

　どうもありがとうございました。
　それではプログラムの最後にあります「閉会の辞」に移ることとさせていただきます。
　私が述べることとなっておりますので，改めて自己紹介からさせていただきます。
　私は比較法研究所の幹事の尾崎でございます。本日は，マルコム・スミス先生，グェン・ゴック・ディエン先生，季衛東先生，アンネテ・クァ先生，そして李明徳先生。みなさま，お忙しいなかを，私どものシンポジウムのためにおいでくださり，誠にありがとうございました。また，フロアのみなさま方も，早朝からご参加下さいまして，心よりお礼を申し上げます。
　本日のシンポジウムは大変実りの多いものであったと感じております。このシンポジウムは私どもの共同研究の一環としてなされたものですが，その共同研究の成果は，本日のシンポジウムの開会時に所長や戒能先生からご紹介がありましたように，この共同研究と密接に関係しております「比較法研究所プロジェクト連続講演会」をベースとしました各論説ともども，『比較法研究所　叢書』などの出版物を通じて公表される予定になっております。公刊された際には，こちらの方もどうぞよろしくお願いいたします。
　私ども早稲田大学比較法研究所は，早稲田大学の法学系専任教員全員を兼任研究員とし，また学外の研究者も共同研究との関係で特別研究員となっていただき，積極的な活動を行っている研究機関でございます。直近の公開講演会に関しましては，外に緑のチラシが置いてありますので，これをご覧頂

き，またインターネットでもご案内を差し上げておりますので，こちらのほうもご覧いただき，私どもの日常的な活動にも積極的にご参加頂ければ幸いに存じます。これからも皆様方のご協力・ご支援をお願いしたいと存じます。

　それでは，これをもちまして，早稲田大学比較法研究所主催国際シンポジウム「法のグローバル化と日本法のアイデンティティ」を終了いたします。本日はどうもありがとうございました。

資　料

# 国際シンポジウム「法のグローバル化と日本法の
アイデンティティ」趣意書

　早稲田大学比較法研究所は，独自のテーマで比較法研究の現段階を解明すべく研究を進めてまいりました。研究員10名からなる共同研究組織を形成し，2002年科学研究費補助金(基盤研究(B)(2))を受けて，「日本法のアイデンティティに関する総合的・比較法的研究—源流の法とグローバル化の法」というテーマで，3年間様々な共同研究を行ってまいりました。2004年は科研費補助最終年度に当たりますので，これまでの共同研究のまとめとして，今日の，とりわけ経済活動のボーダーレス化あるいはグローバル化のもと外国の法制度の導入等を契機とした自国の法・経済・社会などの様々な分野における日本法の固有性＝アイデンティティについて国際シンポジウムを企画致しました。このグローバル化のなかの各国法のアイデンティティの問題は，ひとり日本だけでなく，拡大EUとなったヨーロッパをはじめ，今日経済発展が著しいアジアでも生じていると思われます。

　わが国においては，ほぼ140年前の明治期や第二次世界大戦直後の法の大きな改革や継受につぐグローバル化の法の流れに伴う法の変動に直面し，ロースクールの導入はじめ司法改革の展開がみられるところであり，同時に東アジア，東南アジア，中央アジア諸国への法整備支援事業への積極的取組も行われております。

　そこで，この企画は，ヨーロッパにおける法のハーモナイゼーションなど，その歴史的社会的文脈を異にしつつも，等しく直面している法のグローバル化と固有の法の対抗など，比較法的課題としては共通に解明されるべき問題点の所在を確認し合い，それぞれの国において法のグローバル化と自国の法文化のアイデンティティとの調和をどのように図ろうとしているのかを比較法の観点から検討しようとするものですが，このシンポジウムにおいては，とりわけ日本法に焦点をあててその経験の普遍性と固有性を検討することを課題としたいと考えております。

　そのような趣旨において，海外の研究者として，外国法制度の導入を経験または現実に行っている国の方またはそのような視点で研究をされている方をお招きしました。その方々からは，ローマ法＝ヨーロッパ大陸法とコモン・ローという異なっ

た法系をハイブリッドなかたちで法継受した経験をもち，現在も同様の作業を模索している日本法に対して，有益な示唆を頂戴できるものと思います。

　今回のシンポジウムにおいて，グローバル化の法というコンテクストにおける自国の法制度のアイデンティティという課題が共通に扱われ，それぞれの国のグローバルな問題に対する自国での経験が論議され，日本法の変容に関する私たち日本の研究者の認識を批判的に高めることができればと思います。そのため，各報告に対する比較法研究所研究員からなるコメンテータのコメントを経て，ディスカッションを行うという進行を予定しております。このシンポジウムを通じて，法のグローバル化と自国の法のアイデンティティという問題に対する新たなアプローチや知見等が得られることを期待します。

# International Symposium
## "Globalization of Law and Identity of Japanese Law"
Date : Sunday, November 28th, 2004,
Place : 1st Conference Room at Waseda University
International Conference Hall
Language : Japanese and English with simultaneous interpretation

**Prospectus :**

Under its mission to explore contemporary issues in comparative law, Waseda University Institute of Comparative Law has been fostering various original research projects. Since 2002, leading by the joint research group of ten members, we have been pursuing the project entitled *"Japanese Law in an International Context: Law in its Origin and Law in its Global Context"* which is funded by the Grant-in-Aid in Scientific Research from the Ministry of Education, Culture, Sports, and Technology of Japan. Approaching to closing of this project in 2004, we are planning to organize International Symposium exploring identity / originality of Japanese Law as seen in law, economy, and society in the context of introduction of foreign legal system. As borderless or globalized economy proceeds in these days, this issue seems not only important in Japan, but also imperative in Europe as extended EU, and Asia in remarkable economic growth.

In Japan, we are facing the change in law by its globalization as seen in introduction of law school system and other judicial reforms. Also, Legal Technical Assistance project in East Asia, South East Asia, and Central Asia is enthusiastically undertaken. The current reform in Japanese Law is next largest to the one in Meiji-era almost 140 years ago, and the post World War II reform.

Despite differences in historical and social background such as harmonization of law in Europe, in our symposium, we would like to clarify universal issues in comparative law, the conflict between globalized law and original domestic law. We then would like to discuss how each country attempts to harmonize globalization of law and preservation of identity in own legal culture from the comparative law perspective with particular focus on Japanese Law. In this symposium, accordingly, we would like to explore universality and originality of experiences in Japanese Law in the context of globalization.

For the purpose of the symposium, we proposed to invite foreign speakers from those countries with experiences of introduction of foreign legal system, and/or those who have focused on the issue from scholarly point of view. Additionally, speakers are expected to provide suggestive comments from external perspective on Japanese Law in its development of hybrid character by reception of different foreign legal systems, i.e., Roman Law / European Civil Law and Common Law.

By focusing on universal issues on identity of domestic law in the context of globalization of law, and discussing experiences of each country regarding globalization, in this symposium, we intend to critically promote understanding of change in Japanese Law among Japanese academia. For this purpose, we plan to organize the symposium by keynote speeches, comments on each speech by commentators selected from members of the Institute of Comparative Law, and general discussion. .

We are hoping that the symposium will contribute toward inventing new approaches and promoting knowledge in the issues on globalization of law and identity of domestic law.

早稲田大学比較法研究所主催　国際シンポジウム
《法のグローバル化と日本法のアイデンティティ》

日　　時：2004年11月28日（日）10：00～17：30
会　　場：早稲田大学国際会議場３階第１会議室

－・－・－・－・－・－・－・－・－・－・－・－・－・－・－

プログラム

　　　　　　　　　総合司会：野村　稔 研究員（早稲田大学法学学術院教授）
　　　　　　　　　　　　　　戒能通厚 研究員（早稲田大学大学院法務研究科教授）

10：00 - 10：20　開会
　開会の辞：木棚照一　比較法研究所長（早稲田大学法学学術院教授）
　シンポジウムの趣旨説明　戒能通厚 研究員（早稲田大学大学院法務研究科教授）
　祝辞：田山輝明　早稲田大学副総長（早稲田大学大学院法務研究科教授）

10：20 - 10：50　基調講演　「日本法のアイデンティティ」
　報　　告：マルコム・スミス 中央大学大学院法務研究科教授

10：50 - 12：00　セッションⅠ　「法の継受と移植－ベトナムの経験」
　報　　告：グエン・ゴック・ディエン カントー大学法学部長・教授
　　　　　　「外国法の継受と移植－ベトナムにおける法整備支援プロジェクト」
　コメント：内田勝一 研究員（早稲田大学国際教養学術院教授）
　討　　論：司会　鎌田薫 研究員（早稲田大学法学学術院教授）

13：30 - 14：40　セッションⅡ　「法のグローバル化とアイデンティティ」
　報　　告：季 衛 東 神戸大学大学院法学研究科教授
　　　　　　「中国法のパラダイムとグローバルな時代における文明間の対話」
　コメント：小口彦太 研究員（早稲田大学法学学術院教授）
　討　　論：司会　石田眞 研究員（早稲田大学大学院法務研究科教授）

15：10 - 16：40　セッションⅢ　「知的財産に関する法のグローバル化と
　　　　　　　　　アイデンティティ」
　報　　告：アネット・クァ マックスプランク知的財産・競争・租税法研究所教
　　　　　　授
　　　　　　「知的財産権法における法のグローバル化とアイデンティティ」
　コメント：木棚照一 研究員（早稲田大学法学学術院教授）

報　　告：李 明 徳　中国社会科学院法学研究所教授・知的財産権研究センター
　　　　　　　副所長
　　　　　　「中国における知的財産法の新たな展開」
　コメント：渡辺宏之　早稲田大学法学学術院助教授
　討　　論：司会　須網隆夫　研究員（早稲田大学大学院法務研究科教授）
16：40 - 17：30　**全体討論**
　　司　　会：戒能通厚　研究員（早稲田大学大学院法務研究科教授）
　　ま と め：戒能通厚　研究員（早稲田大学大学院法務研究科教授）
　　閉会の辞：尾崎安央　比較法研究所幹事（早稲田大学法学学術院教授）

········································································

〔経費補助〕
　平成16年度日本学術振興会科学研究費補助金　基盤研究 B
　（財）学術振興野村基金2004年度（下期）国際交流助成

# Waseda University Institute of Comparative Law
# International Symposium
## "Globalization of Law and Identity of Japanese Law"

Date : Sunday, November 28th, 2004
Place : 1st Conference Room at Waseda University
International Conference Hall

Chair : Minoru Nomura, Professor, Waseda University
Michiatsu Kaino, Professor, Waseda University

**10 : 00-10 : 20 Opening**

Opening Remarks by Shoichi Kidana, Director of Institute of Comparative Law, Waseda University

Introduction by Michiatsu Kaino, Professor, Waseda University

Congratulatory Address by Teruaki Tayama, Vice President, Waseda University

**10 : 20-10 : 50 Keynote Speech by "Identity of Japanese Law"**

Lecture by Malcolm Smith, Professor, Chuo University

**10 : 50-12 : 00 Session I "Transplanation and Reception of Foreign Laws: Vietnamese Experience"**

Lecture by Nguyen Ngoc Dien, Professor, Cantho University

"Introduction and reception of foreign laws: Legal technical assistance projects in Viet Nam"

Comment by Katsuichi Uchida, Professor, Waseda University

Discussion: Chair: Kaoru Kamata, Professor, Waseda University

**13 : 30-14 : 40 Session II "Globalization of Law and Identity of Law"**

Lecture by Weidong Ji, Professor, Kobe University

"The Paradigm of Chinese Law and Civilizations Dialogue in the Global Age"

Comment by Hikota Koguchi, Professor, Waseda University

Discussion: Chair: Makoto Ishida, Professor, Waseda University

**15:10-16:40 Session Ⅲ "Globalization of Law and Identity of Law in Intellectual Property"**

Lecture by Annette Kur, Professor, Max Planck Institute for Intellectual Property, Competition, and Tax Law

"Globalization of Law and Identity of Law in Intellectual Property"

Comment by Shoichi Kidana, Professor, Waseda University

Lecture by Mingde Li, Professor, Chinese Academy of Social Sciences

"The Development of the Intellectual Property System in China"

Comment by Hiroyuki Watanabe, Associate Professor, Waseda University

Discussion: Chair: Takao Suami, Professor, Waseda University

**16:40-17:30 General Discussion:**

Chair: Michiatsu Kaino, Professor, Waseda University

Round up by Michiatsu Kaino, Professor, Waseda University

Closing Remarks by Yasuhiro Osaki, Vice Director of Institute of Comparative Law, Waseda University

# "Japanese Law in an International Context: Law in its Origin and Law in its Global Context"

## Waseda University Comparative Law Study Series 33

### Part I

1 On the Legislative Process on Desertion ············**Minoru NOMURA**
2 The Inclinations for American Law and the Gaps in the Business Insolvency Law in JAPAN ············**Tetsuo KATO**
3 Transplantation of Law in the context of enlargement of the European Union
   —Response of New Member States to the Enlargement
   ··················································**Takao SUAMI**
4 The Function of the "Minute Justice" Doctrine in Japanese Criminal Justice ···············**Morikazu TAGUCHI**
5 A Study of the Enactment of the Antimonopoly Act in Japan: Focus on Unfair Methods of Competition
   ··················································**Kazuhiro TSUCHIDA**
6 A Study of the History of Hungarian Parliamentarism: Toward the Reconstruction of Parliamentary Democracy
   ··················································**Hiromichi HAYAKAWA**

### Part II  International Symposium

## 《Globalization of Law and Identity of Japanese Law》

Keynote Speech by "Identity of Japanese Law"
   ··················································**Lecture by Malcolm Smith**

Session I "Transplanation and Reception of Foreign Laws:
              Vietnamese Experience"
  "Introduction and reception of foreign laws: Legal technical
    assistance projects in Viet Nam"
                      ............................................**Lecture by Nguyen Ngoc Dien**
    Comment ················································**by Katsuichi Uchida**
    Discussion ················································**Chair: Kaoru Kamata**
Session II "Globalization of Law and Identity of Law"
  "The Paradigm of Chinese Law and Civilizations
      Dialogue in the Global Age"··················**Lecture by Weidong Ji**
    Comment ················································**by Hikota Koguchi**
    Discussion················································**Chair: Makoto Ishida**
Session III "Globalization of Law and Identity of Law
              in Intellectual Property"
  "Globalization of Law and Identity of Law in
      Intellectual Property"························**Lecture by Annette Kur**
    Comment ················································**by Shoichi Kidana**
  "The Development of the Intellectual Property
      System in China" ································**Lecture by Mingde Li**
    Comment················································**by Hiroyuki Watanabe**
    Discussion················································**Chair: Takao Suami**
General Discussion:
    Chair················································**Michiatsu Kaino**

## 執筆者紹介 （掲載順）

| | |
|---|---|
| 木棚　照一 | 早稲田大学法学学術院・大学院法務研究科教授，比較法研究所所長 |
| 野村　　稔 | 早稲田大学法学学術院・大学院法務研究科教授，比較法研究所研究員 |
| 尾崎　安央 | 早稲田大学法学学術院・大学院法務研究科教授，比較法研究所幹事 |
| 加藤　哲夫 | 早稲田大学法学学術院・大学院法務研究科教授，比較法研究所研究員 |
| 須網　隆夫 | 早稲田大学大学院法務研究科教授，比較法研究所研究員 |
| 田口　守一 | 早稲田大学法学学術院・大学院法務研究科教授，比較法研究所研究員 |
| 土田　和博 | 早稲田大学法学学術院教授，比較法研究所研究員 |
| 早川　弘道 | 早稲田大学法学学術院教授，比較法研究所研究員 |
| 戒能　通厚 | 早稲田大学大学院法務研究科教授，比較法研究所研究員 |
| Malcolm Smith（マルコム スミス） | 中央大学大学院法務研究科教授* |
| Nguyen Ngoc Dien（グエン ゴックデイエン） | カントー大学法学部長・教授* |
| 内田　勝一 | 早稲田大学国際教養学術院教授，比較法研究所研究員 |
| 鎌田　　薫 | 早稲田大学大学院法務研究科教授，比較法研究所研究員 |
| 季　　衛東 | 神戸大学大学院法学研究科教授* |
| 小口　彦太 | 早稲田大学法学学術院・大学院法務研究科教授，比較法研究所研究員 |
| 石田　　眞 | 早稲田大学大学院法務研究科教授，比較法研究所研究員 |
| Annette Kur（アネット クア） | マックスプランク知的財産・競争・租税法研究所教授* |
| 李　　明徳 | 中国社会科学院法学研究所教授・知的財産権研究センター副所長* |
| 渡辺　宏之 | 早稲田大学法学学術院助教授，比較法研究所研究員 |

（*国際シンポジウム講演者は講演時）

早稲田大学比較法研究所
叢書33号

日本法のアイデンティティに関する
総合的・比較法的研究
――源流の法とグローバル化の法――

2006年3月31日　初版第1刷発行　　定価2,800円（税込）

編集者　早稲田大学比較法研究所

発行者　早稲田大学比較法研究所
　　　　　所長　木　棚　照　一

発行所　早稲田大学比較法研究所
　　　　〒169-8050　東京都新宿区西早稲田1-6-1
　　　　　　電話　03（3208）8610

印刷所
発売所　株式会社　成　文　堂
　　　　〒162-0041　新宿区早稲田鶴巻町514
　　　　電話 03-3203-9201（代表）　Fax 03-3203-9206

©2006
ISBN978-4-7923-3233-4 C3032

## 早稲田大学比較法研究所叢書　既刊ご案内

| 巻数 | 書名 | 著者・訳者 | 発行年 | |
|---|---|---|---|---|
| 1 | 比較法　ガッタリッジ 著 | 水田義雄 監訳 | 1964年 | 1,200円 |
| 2 | イギリス船舶保険契約論 | 葛城照三 著 | 1962年 | 1,500円＊ |
| 3 | 二条陣屋の研究・公事宿の研究 | 滝川政次郎 著 | 1962年 | 600円＊ |
| 4 | 法治国における統治行為　ルンプ 著 | 有倉・竹内 共訳 | 1964年 | 1,000円 |
| 5 | イギリス行政訴訟法の研究 | 佐藤立夫 著 | 1968年 | 1,500円 |
| 6 | 小野梓稿『國憲論網　羅瑪律要』 | 福島正夫他 編 | 1974年 | 4,500円 |
| 7 | LEX XII TABULARUM 12表法原文・邦訳および解説 | 佐藤篤士 著 | 1969年 | 1,500円 |
| 8 | 開発途上国における国有化 | 入江啓四郎 著 | 1974年 | 2,300円 |
| 9 | 社会主義比較法学　チッレ 著 | 直川誠蔵 訳 | 1979年 | 2,700円 |
| 10 | 西ドイツ現代刑事訴訟・刑法・行刑論文集　ペーテルス 著 | 内田一郎 編訳 | 1980年 | 3,600円 |
| 11 | 現代ドイツ公法学を築いた碩学たち | 佐藤立夫 著 | 1982年 | 4,000円 |
| 12 | 中国における法の継承性論争 | 西村幸次郎 編訳 | 1983年 | 3,700円 |
| 13 | 比較法社会学研究 | 黒木三郎 著 | 1984年 | 8,500円 |
| 14 | 刑法審査修正関係諸案 | 杉山晴康他 著 | 1984年 | 3,000円 |
| 15 | 西ドイツの新用益賃貸借法制 | 田山輝明 編・監訳 | 1986年 | 3,000円 |
| 16 | アメリカ合衆国の連邦最高裁判所 DUE PROCESS OF LAW の保障　ウィルバー 著 | 内田一郎 編訳 | 1986年 | 3,000円＊ |
| 17 | 英米不法行為判例研究 | 矢頭敏也 著 | 1988年 | 4,500円 |
| 18 | 刑法改正審査委員会決議録刑法草案 | 杉山晴康他 編 | 1989年 | 3,300円 |
| 19 | Intellectual Property Protection and Management | 土井輝生 著 | 1992年 | 10,000円 |
| 20 | イギリス法と欧州共同体法 | 矢頭敏也 訳編 | 1992年 | 5,000円 |
| 21 | 改訂 LEX XII TABULARUM 12表法　原文・邦訳および解説 | 佐藤篤士 著 | 1993年 | 5,000円 |
| 22 | ドイツ憲法　エクハルト・シュタイン 著 | 浦田賢治他 訳 | 1993年 | 8,000円＊ |
| 23 | 知的・精神的障害者とその権利―研修と実務の手引―　フォルカー・ヤコビ 著 | 田山輝明 監訳 | 1996年 | 3,500円 |
| 24 | International Business Transactions: Contract and Dispute Resolution | 土井輝生 著 | 1996年 | 8,000円 |
| 25 | 中国の経済発展と法 | 小口彦太 編 | 1998年 | 7,000円 |
| 26 | ヨーロッパにおける民事訴訟法理論の諸相 | 早稲田大学外国民事訴訟法研究会 編 | 1999年 | 5,000円 |

| | | | |
|---|---|---|---|
| 27 | 核兵器使用の違法性―国際司法裁判所の勧告的意見―<br>バロース 著　浦田賢治 監訳 | 2001年 | 7,500円 |
| 28 | 国家の法的関与と自由―アジア・オセアニア法制の<br>　比較研究―　　　　　　　　　　大須賀明 編<br>State Legal Intervention and Freedom : Comparative<br>Studies on Asian-Oceanic Legal Systems | 2001年 | 9,800円 |
| 29 | 注解 中華人民共和国新刑法　　野村稔・張　凌 共著 | 2002年 | 4,900円 |
| 30 | 比較法研究の新段階―法の継受と移植の理論<br>　　　　　　　　　　　　　早稲田大学比較法研究所 編 | 2003年 | 2,900円 |
| 31 | Reflections on Global Constitutionalism　浦田賢治 著 | 2005年 | 2,500円 |
| 32 | 日本法の国際的文脈―西欧・アジアとの連鎖<br>　　　　　　　　　　　　　早稲田大学比較法研究所 編 | 2005年 | 2,800円 |
| 33 | 日本法のアイデンティティに関する総合的・<br>　比較法的研究―源流の法とグローバル化の法<br>　　　　　　　　　　　　　早稲田大学比較法研究所 編 | 2006年 | 2,800円 |

＊は絶版です　　　　　　　　　　　　　　　　価格は税込です